곰픽+곰믹스 라이선스 키(6개월)

교사증정용 라이선스 키는 구매한
지역 총판에 문의하시기 바랍니다.

이렇게만 공부하면 자격증딴다!

DIAT 디지털정보활용능력

멀티미디어제작

곰픽 + 곰믹스 **for DIAT**

발 행 일 : 2025년 11월 03일(1판 1쇄)
I S B N : 979-11-92695-87-7 (13000) ⎫ A type : S/W 미포함
정　　가 : 16,000원

I S B N : 979-11-92695-88-4 (14000) ⎫ B type : S/W 곰픽+곰믹스 포함
정　　가 : 21,000원

집　　필 : KIE기획연구실
진　　행 : 김진원
본문디자인 : 디자인앨리스

발 행 처 : (주)아카데미소프트
발 행 인 : 유성천
주　　소 : 경기도 파주시 정문로 588번길 24
홈페이지 : www.aso.co.kr

CONTENTS

PART 01

DIAT 시험
안내/자료 사용 방법
및 곰픽 화면 구성

DIAT 시험 안내

☑ 디지털정보활용능력(DIAT) 시험 과목 및 합격 기준
☑ 디지털정보활용능력(DIAT) 검정 기준

1. 디지털정보활용능력(DIAT / Digital Information Ability Test)

- 컴퓨터와 인터넷을 이용한 정보가 넘쳐나고 사물과 사물 간에도 컴퓨터와 인터넷이 연결된 디지털정보시대에 기본적인 정보통신기술, 정보처리기술의 활용분야에 대해 학습이나 사무업무를 수행할 수 있도록 종합적으로 묶어 효과적으로 구성한 자격종목
- 총6개 과목으로 구성(작업식 5개 과목, 객관식 1개 과목)되어 1개 과목만으로도 자격취득이 가능하며 합격점수에 따라 초·중·고급자격이 부여
- 과목별로 시험을 응시하며 시험 당일 한 회차에 최대 3개 과목까지 응시 가능

2. 필요성

- 사무업무에 즉시 활용 가능한 작업식 위주의 실기시험
- 정보통신·OA·멀티미디어·인터넷 등 분야별 등급화를 통한 실무능력 인증

3. 자격 종류

- **자격구분** : 공인민간자격
- **공인번호** : 과학기술정보통신부 제2020-2호
- **등록번호** : 2008-0265

4. 시험 과목

검정과목	사용프로그램	검정방법	문항수	시험시간	배점
프리젠테이션	– MS 파워포인트 2021 – 한컴오피스 한쇼 2022	작업식	4문항	40분	200점
스프레드시트	– MS 엑셀 2021 – 한컴오피스 한셀 2022		5문항	40분	200점
워드프로세서	– 한컴오피스 한글 2022		2문항	40분	200점
멀티미디어제작	– 포토샵/곰믹스 for DIAT – 곰픽/곰믹스 for DIAT		3문항	40분	200점
인터넷정보검색	– 인터넷		8문항	40분	100점
정보통신상식	– CBT 프로그램	객관식	40문항	40분	100점

- **합격기준**
  - **고급** : 해당과제의 80% ~ 100% 해결능력   - **중급** : 해당과제의 60% ~ 79% 해결능력
  - **고급** : 해당과제의 40% ~ 59% 해결능력

※ 검정 수수료 및 시험 일정은 www.ihd.or.kr 홈페이지 하단의 [자격안내]에서 확인할 수 있습니다.

5. DIAT 멀티미디어 검정 기준

과목	대분류	중분류	문제수
이미지 제작	이미지 보정	이미지 크기 조정/이미지 자르기	3
		밝기 및 레벨 조정	
		색조 및 채도 조정	
		Tool 활용	
		파일 저장 규칙	
	이미지 편집	사진합성/이미지 크기 조정	
		Filter 기능을 활용한 이미지 편집	
		Type Tool 기능을 활용한 텍스트 편집	
		Layer Style 조정	
		Layer Mask 기능 활용	
		Shape Tool 기능 활용	
		파일 저장 규칙	
디지털 영상 편집	이미지 영상 편집	기본재생시간지정/파일저장규칙	
		클립 가져오기/순서 지정하기	
		클립 재생 시간 변경하기	
		비디오 효과/비디오 전환 지정하기	
		음악 파일 삽입 및 편집하기	
		자막 넣기	
	비디오 영상 편집	기본재생시간지정/파일저장규칙	
		클립 가져오기/순서 지정하기	
		동영상 클립 트리밍/결합/분할하기	
		비디오 효과/비디오 전환 지정하기	
		음악파일 삽입 및 편집하기	
		자막 넣기	
계			3

6. DIAT 회원 가입 및 시험 접수 안내

❶ 아카데미소프트(https://aso.co.kr) 홈페이지 자료실에 PDF로 제공합니다.

❷ [자료실]-[공지]-'DIAT 회원 가입 PDF 및 시험 접수 안내' 파일을 클릭

DIAT 자료 사용 방법

☑ 자료 다운로드 방법
☑ 한국정보통신진흥협회 자격검정 시스템 답안 제출 방법

1. 자료 다운로드 방법

❶ 웹 브라이저를 실행하여 아카데미소프트(https://aso.co.kr) 홈페이지에 접속합니다. 이어서, [교재소개]–[DIAT 자격증]–[DIAT 멀티미디어제작(곰픽+곰믹스 for DIAT)] 교재를 클릭합니다.

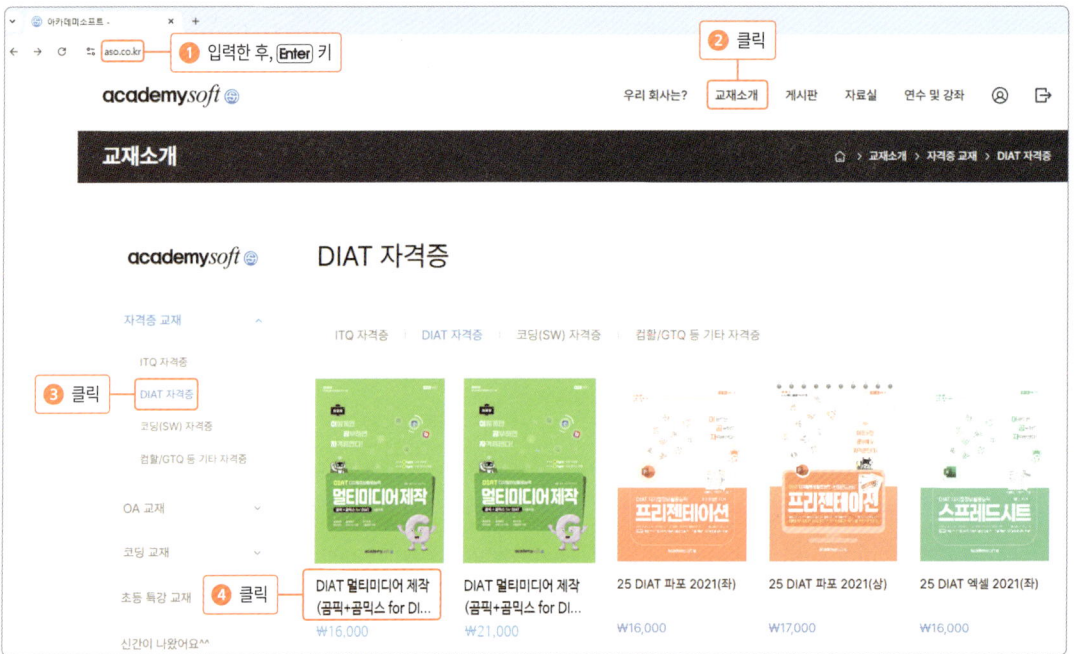

❷ 교재 이미지 오른쪽에 [교재 학습자료]를 클릭하면 [다운로드] 폴더에 저장됩니다.

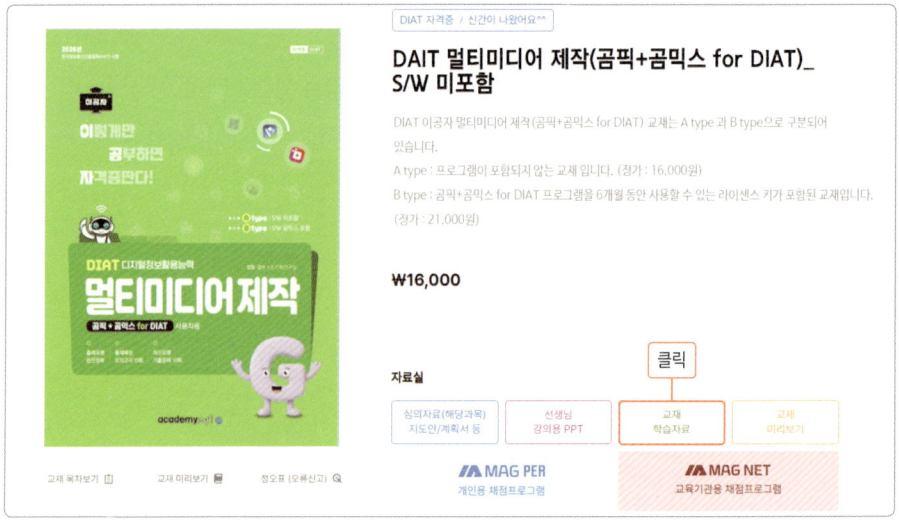

2. 한국정보통신진흥협회 자격검정 시스템 답안 제출 방법

❶ 모니터 화면에 본인의 인적 사항을 확인 후 입실합니다.

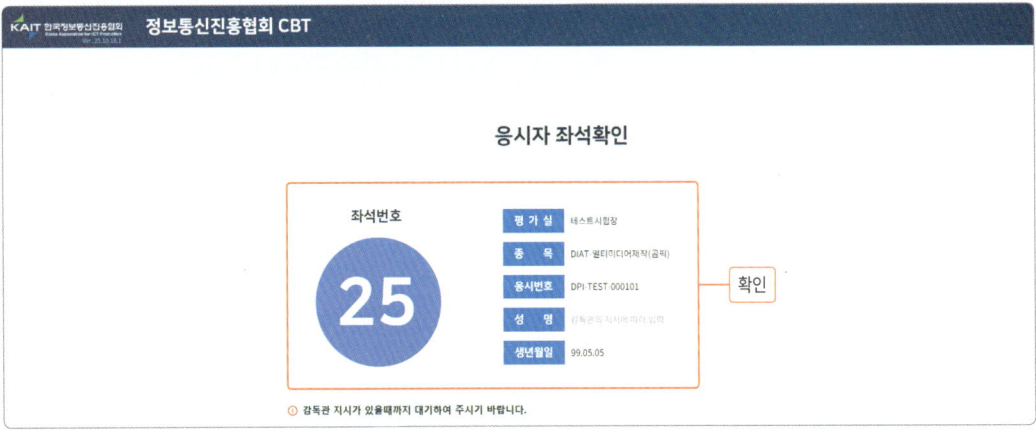

❷ 감독관이 [준비] 단추를 클릭하면 **수험자 성명 입력란이 활성화되고, 본인의 이름을 입력하여 로그인**합니다.

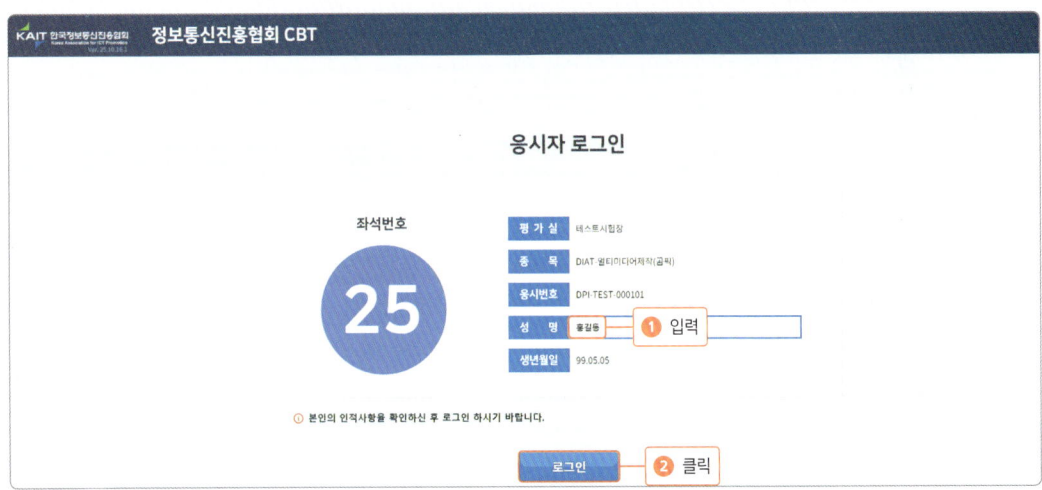

❸ **로그인이 완료 된 수험자는 바탕화면에 곰픽과 곰믹스 프로그램을 수험자가 직접 실행**하여 키보드, 마우스, 응시 프로그램의 기능을 점검합니다. 프로그램을 점검 후 이상이 없으면 **[점검완료]** 버튼을 클릭합니다.

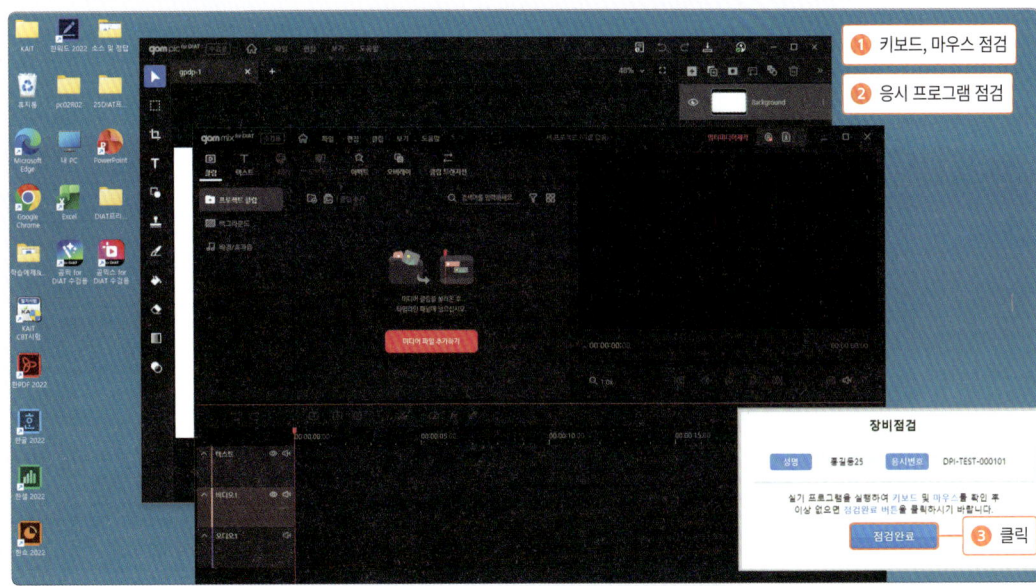

❹ 점검이 완료된 수험자는 유의사항이 표시됩니다. **유의사항 안내(1)** 정독 후 **[다음으로]** 버튼을 클릭하여 유의
사항 안내(2)로 이동합니다.

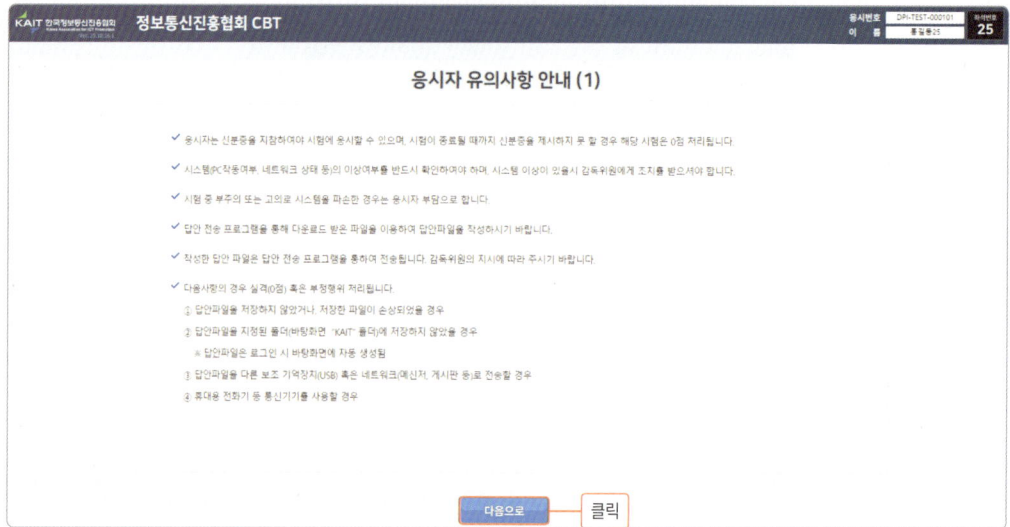

❺ 유의사항 확인이 완료되면 시험 시작 시간에 맞춰 시험을 진행합니다.

※ 시험이 시작되면 답안 파일은 [바탕화면]-[KAIT]-[제출파일] 폴더에서 답안 파일을 실행 후 작업해야 합니다.

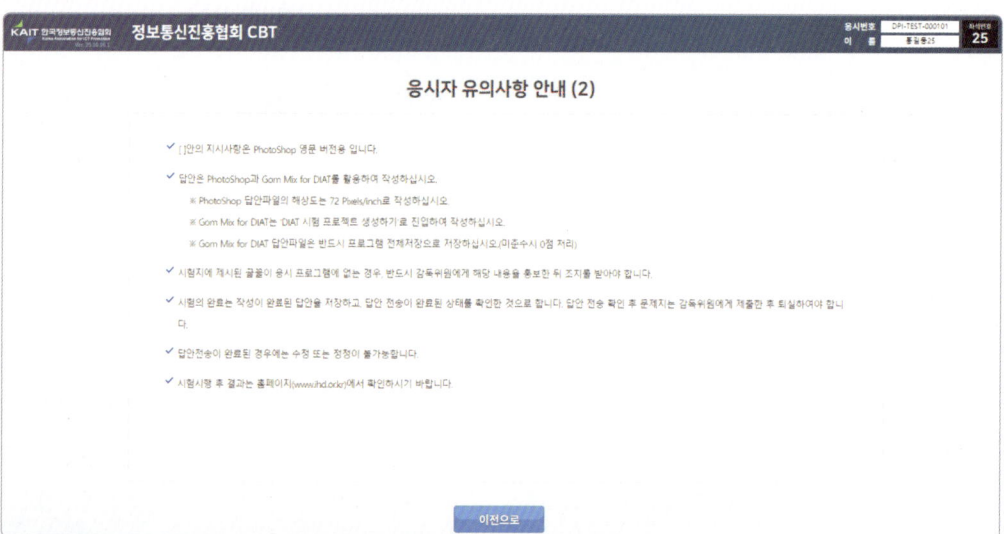

❻ 감독관이 **[시험 시작]** 버튼을 클릭하면 5초 카운트 후 시험이 시작됩니다. **수험자는 [바탕화면]-[KAIT]-[제출
파일] 폴더에서 답안 파일을 실행**합니다.

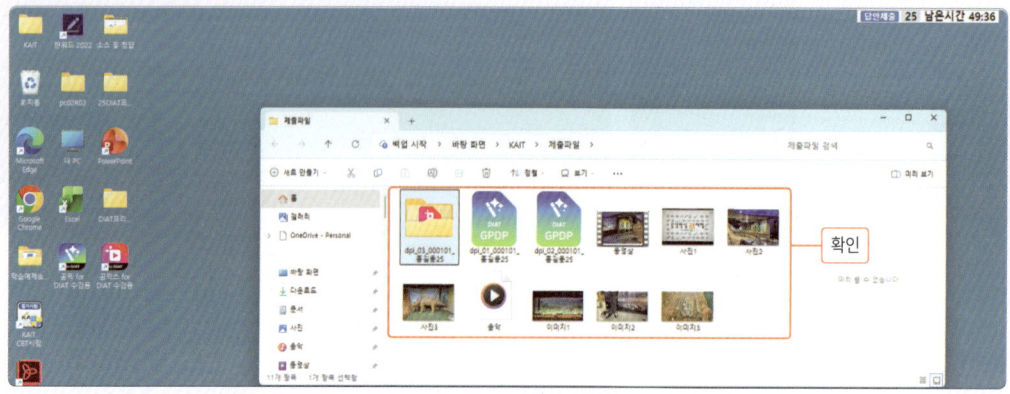

❼ **[dpi_03_수험번호_이름] 폴더에 dpi_03_수험번호_이름.gmep** 파일을 실행하여 답안을 작성합니다.

　※ 답안 파일명과 저장 경로는 지정되어 있습니다. 곰믹스 시험 중 좌측상단에 [파일]–[프로젝트 전체 저장] 버튼을 클릭하여
　　저장해 주시기 바랍니다.

　※ 답안 파일명과 저장 경로를 변경하면 0점 처리됩니다. 답안 경로 [바탕화면]–[KAIT]–[제출파일]–[dpi_03_수험번호_이름] 폴더

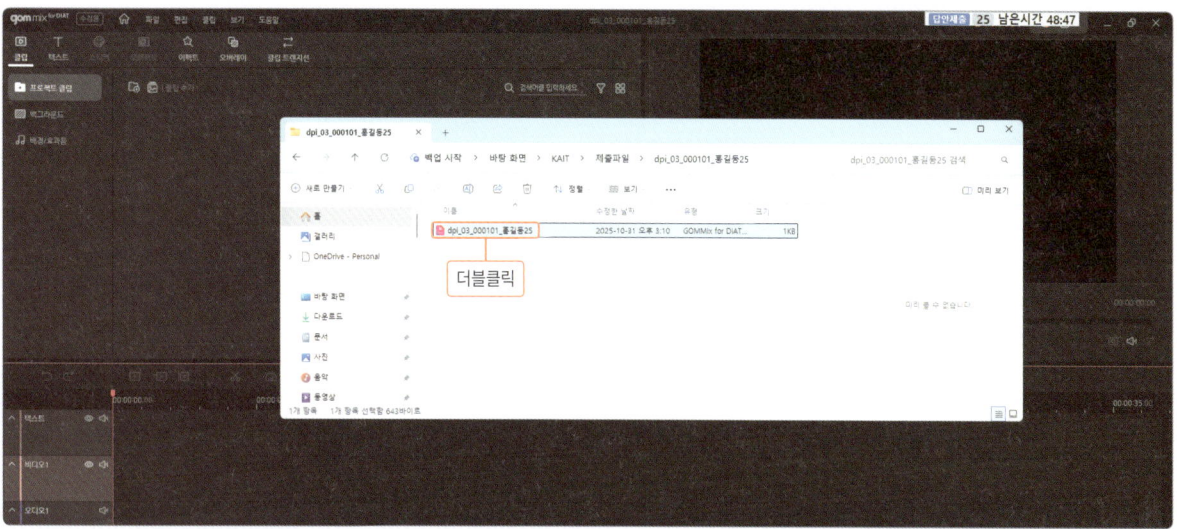

❽ **dpi_01,02_수험번호_이름.gpdp** 파일을 실행하여 답안을 작성합니다. 곰픽 답안 파일은 2개입니다.

　※ 답안 파일명과 저장 경로는 지정되어 있습니다. 곰픽 시험 중 좌측상단에 [파일]–[내보내기] 버튼을 클릭하여 저장해 주시기
　　바랍니다.

　※ 답안 파일명과 저장 경로를 변경하면 0점 처리됩니다. 답안 경로 [바탕화면]–[KAIT]–[제출파일] 폴더

❾ **답안 파일에 이상이 없을 시 [답안제출] 버튼**을 클릭합니다. 답안을 수정할 수 없음에 동의 후 하단에 **[답안제출]
버튼**을 클릭합니다.

❿ **시험 시간이 종료되면 작업중이던 화면이 가려지면서 시험이 종료**됩니다. 곰믹스 답안 파일을 [파일]–[프로젝트
전체 저장]을 클릭하여 최종 저장합니다. 이어서, 응시 프로그램을 종료한 다음 [답안전송] 버튼을 클릭하면
감독관 PC로 답안 파일이 전송됩니다.

　※ 곰픽도 같은 방법으로 [파일]–[내보내기]를 클릭한 다음 응시 프로그램 종료 후 [답안전송] 버튼 클릭

곰픽 For DIAT 화면 구성

☑ 화면 구성

1. 기본 구성

● 편집하고자 하는 이미지를 불러오면 탑바 영역, 편집 도구 영역, 레이어 영역으로 구성된 편집 화면을 보실 수 있습니다.

① **탑바 메뉴 영역**

파일 관리, 환경설정 등 프로젝트의 전반적인 작업이 가능한 탑바 메뉴 패널입니다.

② **편집 도구 메뉴 영역**

이미지 편집을 위해 도구를 선택하고 활용할 수 있는 편집 도구 메뉴 영역입니다. 선택 도구, 자르기, 텍스트, 도형, 브러쉬, 페인트 통, 그라디언트 레이어, 지우개, 조정, 필터로 구성되어 있으며, 각 툴을 선택하면 설정 창이 나타납니다.

③ **레이어 영역**

새 레이어 추가 및 삭제, 복제, 순서 등 레이어 관리를 할 수 있는 레이어 영역입니다.
레이어 마스크, 클리핑 마스크, 혼합 모드 등의 합성 및 레이어 관련 효과를 사용할 수도 있습니다.

PART 02

문제1

곰픽 for DIAT

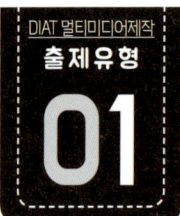

곰픽 for DIAT의 기본 익히기

☑ 새로운 캔버스 열기   ☑ 예제 이미지 불러와 복사하기
☑ 브러쉬로 그림 그리기   ☑ 색칠하여 완성하기   ☑ 저장하기

 **미리보기**

소스 파일 : 직접 작성   **정답 파일** : 2-1유형(완성).gpdp / jpg

[원본파일]

[결과파일]

▶ 다음과 같이 캔버스를 설정하시오.
  ● 크기 ⇒ 너비(600 픽셀) × 높이(400 픽셀)

▶ '사진2-1.jpg' 이미지를 불러와 기존 캔버스에 복사한 후, 결과 파일로 완성하시오.

▶ JPG 파일과 GPDP 파일로 각각 저장하시오.

Digital Information Ability Test

난이도	권장 시간 / 시험 시간	유형 점수 / 시험 점수
★★☆☆☆	5분 / 40분	50점/200점

➜ **주의 사항 : 실수가 많은 내용**
  ☑ 곰픽 도구의 선택 방법과 사용 방법을 배웁니다.
  ☑ 예제 이미지를 불러와 복사하고, 색상을 변경하여 색칠합니다.
  ☑ GPDP 파일과 JPG 파일로 저장하고, 그 차이점을 이해합니다.

➜ **주요 단축키 : 시간 단축에 도움**
  ☑ 저장 : **Ctrl** + **S**   다른 이름으로 저장하기 : **Shift** + **Ctrl** + **S**

 새로운 캔버스 열기

① 새로운 캔버스를 열기 위하여, [곰픽 for DIAT]를 실행한 다음 [새로 만들기]를 클릭합니다.

② [새로 만들기] 대황 상자에서 조건으로 제시된 너비 (가로)와 높이(세로)를 입력하고 <확인> 단추를 클릭합니다.
  ※ **캔버스 크기 :** 너비(600), 높이(400)

③ 'gpdp-1'의 이름으로 새로운 캔버스가 열립니다.

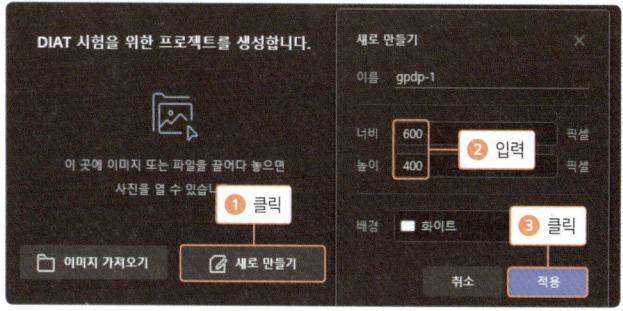

 나머지 설정 확인하기
  [새로 만들기] 대화상자에서 너비와 높이를 지정한 후, 나머지 사항은 기본값을 사용합니다.(배경 : 화이트)

 예제 이미지 불러와 복사하기

① [파일]–[열기] 메뉴를 선택하여, '사진2-1.jpg' 이미지를 선택하고 <열기> 단추를 클릭합니다.
  ※ [PART 02 [문제 1] 곰픽 for DIAT]–[출제유형01]

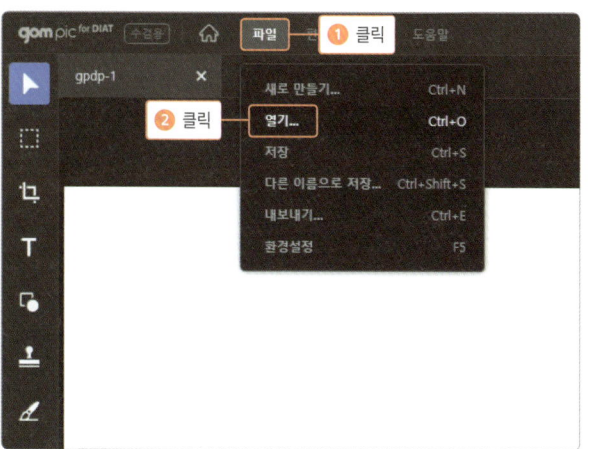 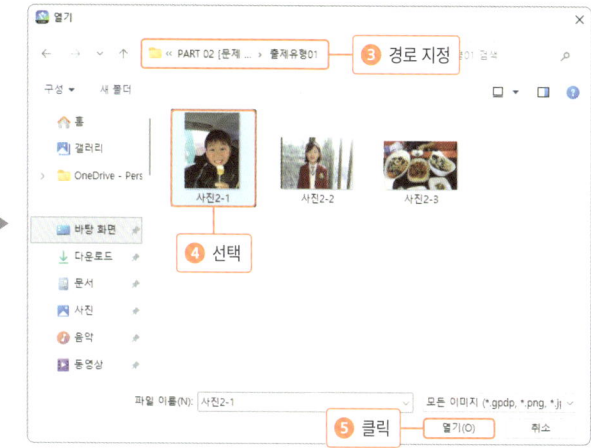

② 이어서, <새로운 파일로 열기> 단추를 클릭합니다.

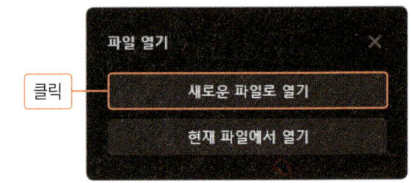

③ [도형 선택(▦)]을 클릭한 후, [원형/타원형(●)]을 선택합니다.

④ [마우스 포인터가 '○' 모양으로 바뀌면, 얼굴 부분을 드래그하여 원형 모양으로 선택 영역을 지정합니다.

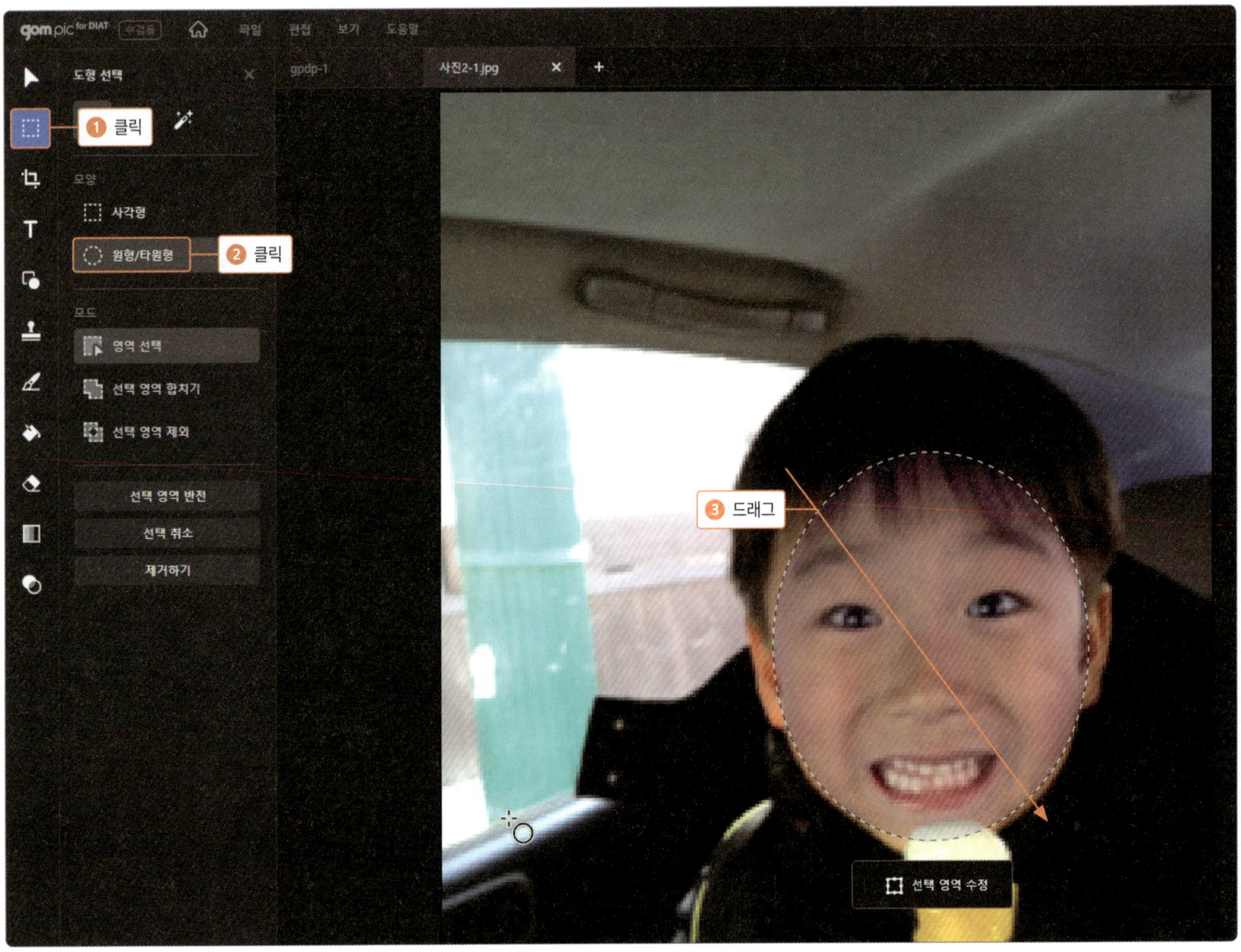

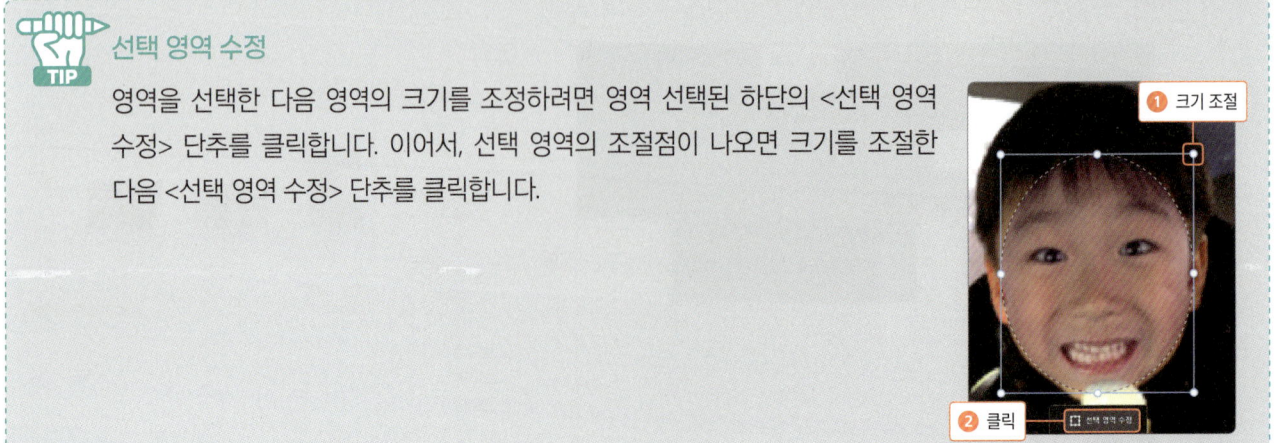

선택 영역 수정

영역을 선택한 다음 영역의 크기를 조정하려면 영역 선택된 하단의 <선택 영역 수정> 단추를 클릭합니다. 이어서, 선택 영역의 조절점이 나오면 크기를 조절한 다음 <선택 영역 수정> 단추를 클릭합니다.

⑤ 선택 영역을 복사하기 위하여, ⌐Ctrl⌐+⌐C⌐ 키를 눌러 선택 영역을 복사합니다. 이어서, [gpdp-1] 캔버스를 선택한 후, ⌐Ctrl⌐+⌐V⌐ 키를 눌러 선택 영역을 붙여넣고 캔버스의 중앙으로 이동 후, ⌐Ctrl⌐+⌐D⌐ 키를 눌러 영역을 해제합니다.

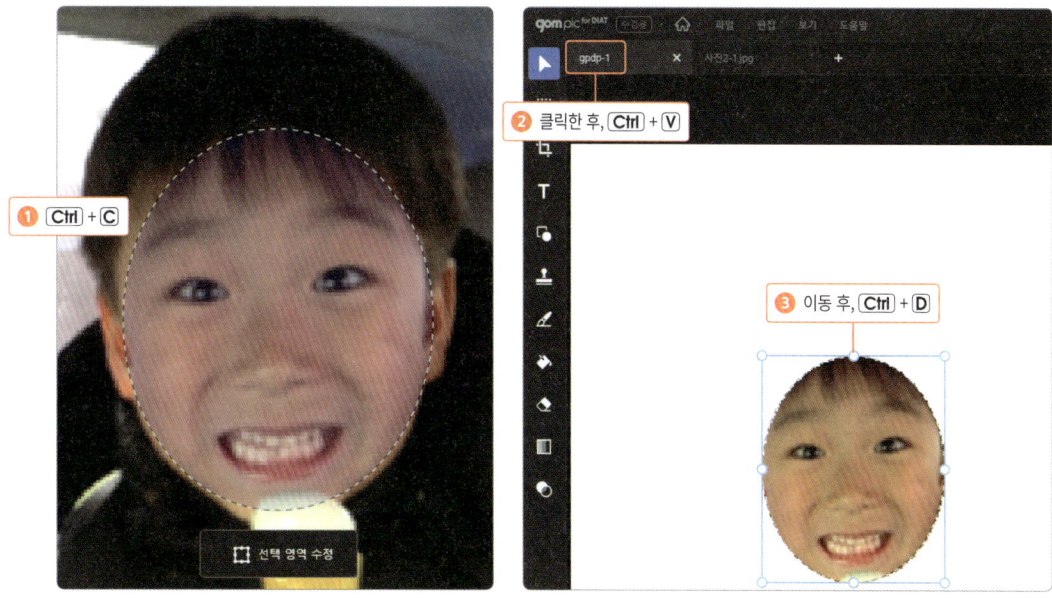

유형체크 03 브러쉬로 그림 그리기

① 얼굴을 복사한 후, [레이어] 팔레트에 'Layer 2(레이어 2)'로 추가된 것을 확인할 수 있습니다.

② [새 레이어 추가] 단추를 클릭하면 'Layer 3(레이어 3)'라는 이름의 새로운 레이어가 만들어집니다.

> **TIP 레이어에 대하여**
> 레이어는 '층'이라는 뜻으로, 포토샵 등과 같은 그래 픽 프로그램에서는 겹쳐져 있는 투명한 필름이라고 생각하면 됩니다. 각각의 레이어에 다른 그림들을 배치해 놓고 겹쳐 놓으면 한 장의 그림처럼 보이지 만, 실제로는 여러 장에 나누어져 있어 원하는 레이 어의 그림만 따로 편집할 수 있습니다.

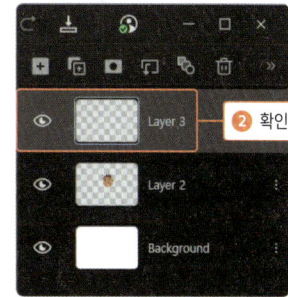

③ [브러쉬(🖊)]를 클릭한 다음, 색상(검정), 브러쉬 크기(20px), 무늬(단색)을 확인합 니다.
※ 검정 색상 코드(000000)

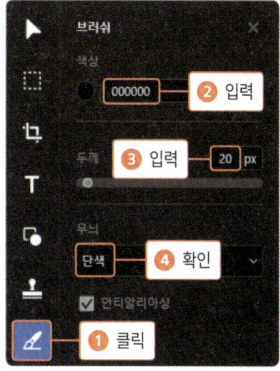

④ 캔버스의 얼굴 주위에 꽃 모양을 그립니다.

　※ [편집]-[실행취소]를 클릭하거나 Ctrl + Z 키를 누르면 이전 상태로 되돌릴
　　 수 있습니다.

유형체크 04 색칠하여 완성하기

① [도형 선택(▦)]을 클릭한 후, [마술봉 선택(✦)]을 선택합니다. 이어서, 꽃 모양의 안쪽 부분을 클릭해 선택 영역
으로 지정합니다.

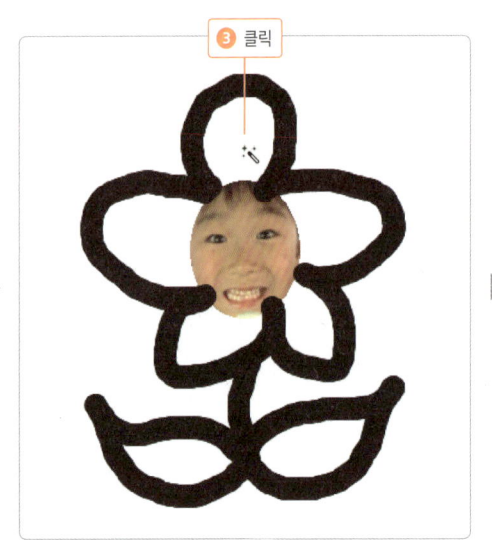

② [페인트(✦)]를 클릭한 다음 [색상]을 클릭한 후, 원하는 색상을 선택하고
<확인> 단추를 클릭합니다.

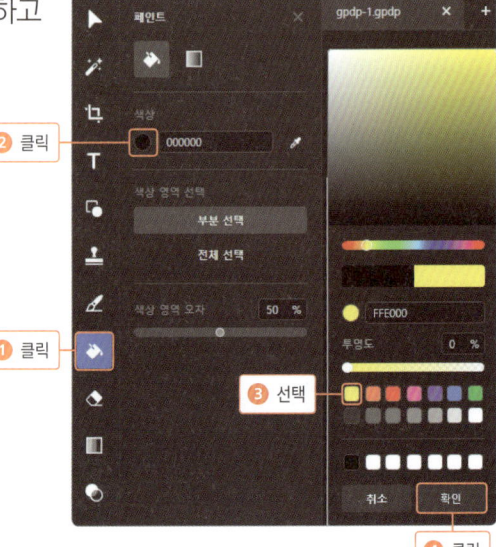

❸ 선택된 영역을 클릭하여 색을 칠합니다. 색을 칠한 다음 `Ctrl`+`D` 키를 눌러 선택을 해제합니다.

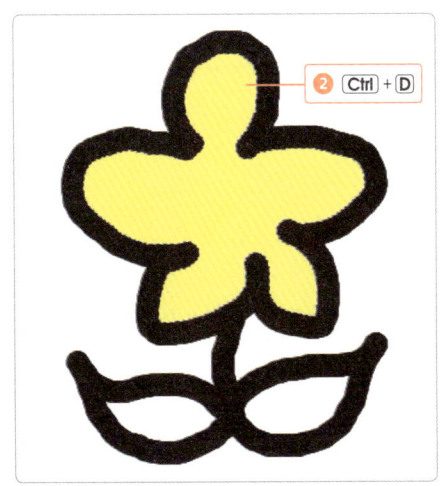

❹ [레이어] 팔레트에서 [Layer 2(레이어 2)]를 드래그하여 [Layer 3(레이어 3)] 위쪽으로 이동시킵니다. 겹치는 순서가 변경되어 얼굴 이미지가 꽃 그림의 앞쪽으로 표시됩니다.

❺ [레이어] 팔레트에서 [Layer 3(레이어 3)]을 클릭해 'Layer 3' 작업 상태로 만듭니다.

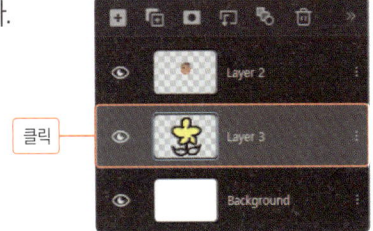

❻ [페인트(🪣)]를 클릭한 다음 색상을 초록색 계열로 변경하고 왼쪽 나뭇잎 내부를 클릭하여 색을 칠한 다음 오른쪽 나뭇잎 내부를 클릭하여 색을 칠합니다.

❶ [파일]-[저장] 메뉴를 클릭하여, '2-1유형(내이름)'의 파일 명으로 저장합니다(Ctrl + S).

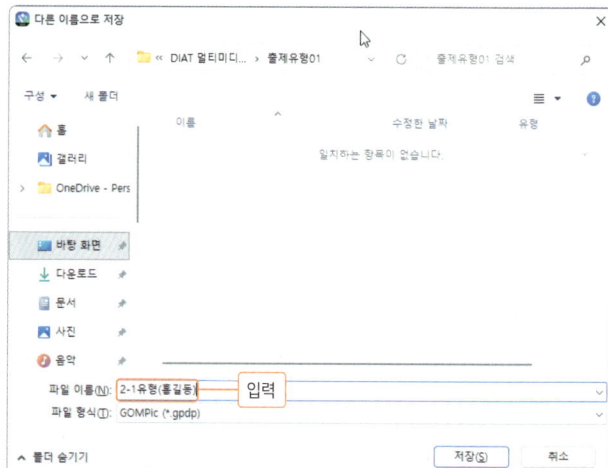

 곰픽 파일 형식(GPDP)

곰픽에서 저장하는 파일은 기본적으로 GPDP 의 확장자를 갖습니다. 여러 레이어를 포함하고 있는 결과물을 나중에 다시 편집하기 위해서는 반드시 GPDP 형식으로 저장해야만 합니다.

❷ JPG 파일로 저장하기 위하여, [파일]-[다른 이름으로 저장] 메뉴를 클릭합니다(Shift + Ctrl + S).

❸ [파일 형식] 목록 단추를 클릭하여 [JPEG (*.jpg; *.jpeg; *.jpe; *.jfif)]를 선택한 다음, 파일 이름을 '2-1유형(내이름)'으로 지정하여 저장합니다. 이때 [파일 저장] 품질 '95%'를 확인하고 <저장> 단추를 클릭합니다.

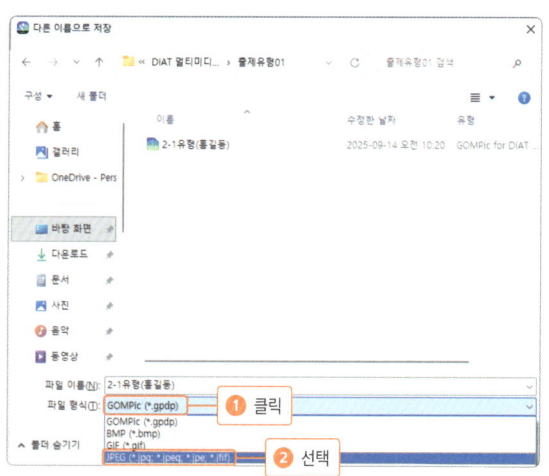

❹ 이미지가 JPG 파일로 저장됩니다.(곰픽 화면에서는 아무런 변화가 없습니다.)

※ 실제 시험에서는 [파일]-[내보내기]를 이용해서 GPDP 파일과 JPG 파일을 한 번에 저장합니다.(P038참조)

 JPG 형식으로 저장

곰픽 파일(GPDP 형식)의 이미지 내용을 확인하고 편집하려면 반드시 곰픽 프로그램이 있어야만 합니다. 다른 응용 프로그램이나 인터넷에서 이미지를 사용하기 위하여 JPG 형식으로 저장하는 것입니다. JPG 형식은 이미지 를 압축하여 저장하는 방식으로 GIF, PNG 파일 등과 함께 가장 많이 사용되는 이미지 형식입니다.

JPG 파일 열어 확인하기

[파일]-[열기] 메뉴를 선택하여, 앞에서 저장한 '2-1유형(내이름).jpg' 이미지를 불러옵 니다(Ctrl + O). JPG 파일에서는 GPDP 파일과 다르게 레이어가 합쳐진 상태로 표시 된 것을 확인할 수 있습니다.

확인

곰픽 for DIAT의 기본 익히기

완전정복- 01 | **원본 파일을 처리조건에 따라 결과파일로 완성하시오.**

작성 시간 / 권장 시간
분 / 5분

• **소스 파일** : 직접 작성　• **정답 파일** : 2-1정복1(완성).jpg / gpdp

[**원본파일**]

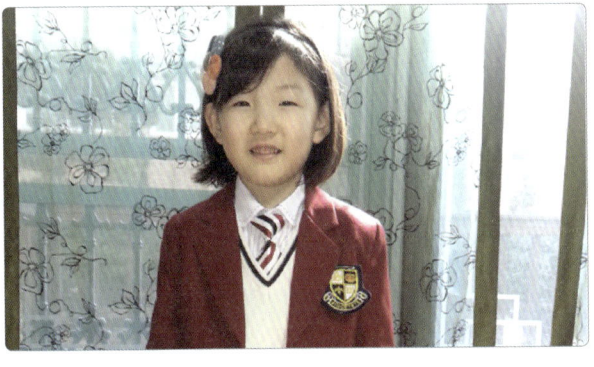

[**결과파일**]

▶ 다음과 같이 캔버스를 설정하시오.

　• 크기 ⇒ 너비(600 픽셀) × 높이(400 픽셀)

▶ '사진2-2.jpg' 이미지를 불러와 기존 캔버스에 복사한 후, 결과 파일로 완성하시오.

▶ JPG 파일과 GPDP 파일로 각각 저장하시오.

완전정복- 02 | **원본 파일을 처리조건에 따라 결과파일로 완성하시오.**

작성 시간 / 권장 시간
분 / 5분

• **소스 파일** : 직접 작성　• **정답 파일** : 2-1정복2(완성).jpg / gpdp

[**원본파일**]

[**결과파일**]

▶ 다음과 같이 캔버스를 설정하시오.

　• 크기 ⇒ 너비(650 픽셀) × 높이(430 픽셀)

▶ '사진2-3.jpg' 이미지를 불러와 기존 캔버스에 복사한 후, 결과 파일로 완성하시오.

▶ JPG 파일과 GPDP 파일로 각각 저장하시오.

이미지 수정하기

☑ 캔버스 크기 변경하기   ☑ 예제 이미지 불러오기
☑ 예제 이미지 제거 및 복사하기

 **미리보기**

• **소스** 파일 : 2-2유형.gpdp   • **정답** 파일 : 2-2유형(완성).gpdp

[원본파일]

[결과파일]

▶ '2-2유형.gpdp' 파일을 불러와 다음과 같이 캔버스 크기를 변경하시오.
   ● 크기 ⇒ 너비(600 픽셀) × 높이(400 픽셀)

▶ '사진2-4.jpg' 이미지를 불러와 기존 캔버스에 복사한 후, 다음과 같이 처리하시오.
   ● 이미지 복사 ⇒ 크기 변형으로 캔버스 크기에 맞게 변형, 레이어 이름 – Photo
   ● ① ⇒ 복제 도장을 이용하여 이미지 제거
   ● ② ⇒ 복제 도장을 이용하여 이미지 복사

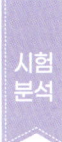
난이도	권장 시간 / 시험 시간	유형 점수 / 시험 점수
★ ★ ☆ ☆ ☆	5분 / 40분	50점/200점

➡ **주의 사항 : 실수가 많은 내용**

　☑ 복제 도장 도구는 **Alt** 키로 복사 또는 제거할 이미지의 원본 위치를 지정합니다.

➡ **주요 단축키 : 시간 단축에 도움**

　☑ 저장 : **Ctrl**+**S**　열기 : **Ctrl**+**O**

유형체크 01 캔버스 크기 변경하기

① [출제유형02] 폴더에서 '2-2유형.gpdp' 파일을 더블클릭합니다.

　※ [PART 02 [문제 1] 곰픽 for DIAT]-[출제유형02]

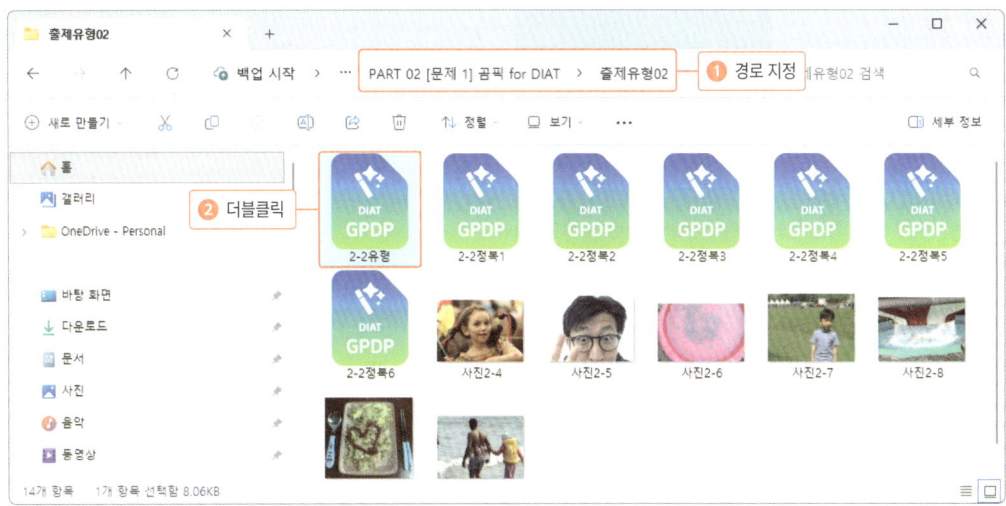

> **DIAT 문제 파일**
>
> DIAT 시험에서는 [바탕화면]-[KAIT]-[제출파일] 폴더에 있는 'dpi_01_123456_성명' 파일을 더블클릭합니다.

② 캔버스의 크기를 변경하기 위해서 편집 도구 상자의 [자르기]
 -[크기 변경]을 클릭한 후, 캔버스의 크기를 변경합니다.

　(가로 : 600, 세로 : 400)

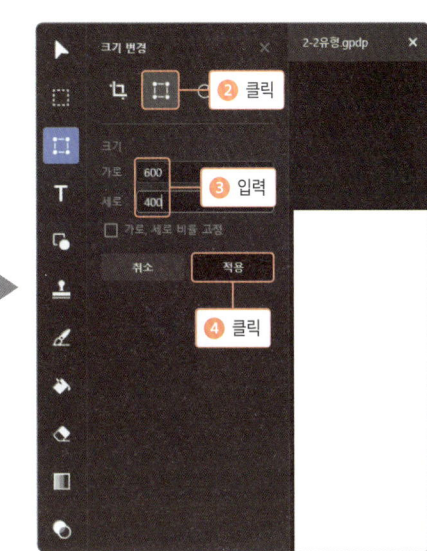

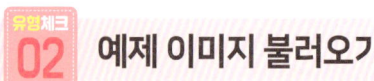

예제 이미지 불러오기

1 조건으로 제시된 '사진2-4' 파일을 불러온 후, [현재 파일에서 열기]를 클릭합니다.

※ [소스 및 정답]-[소스 파일]-[PART 02 [문제 1] 곰픽 for DIAT]-[출제유형02]-'사진2-4.jpg'

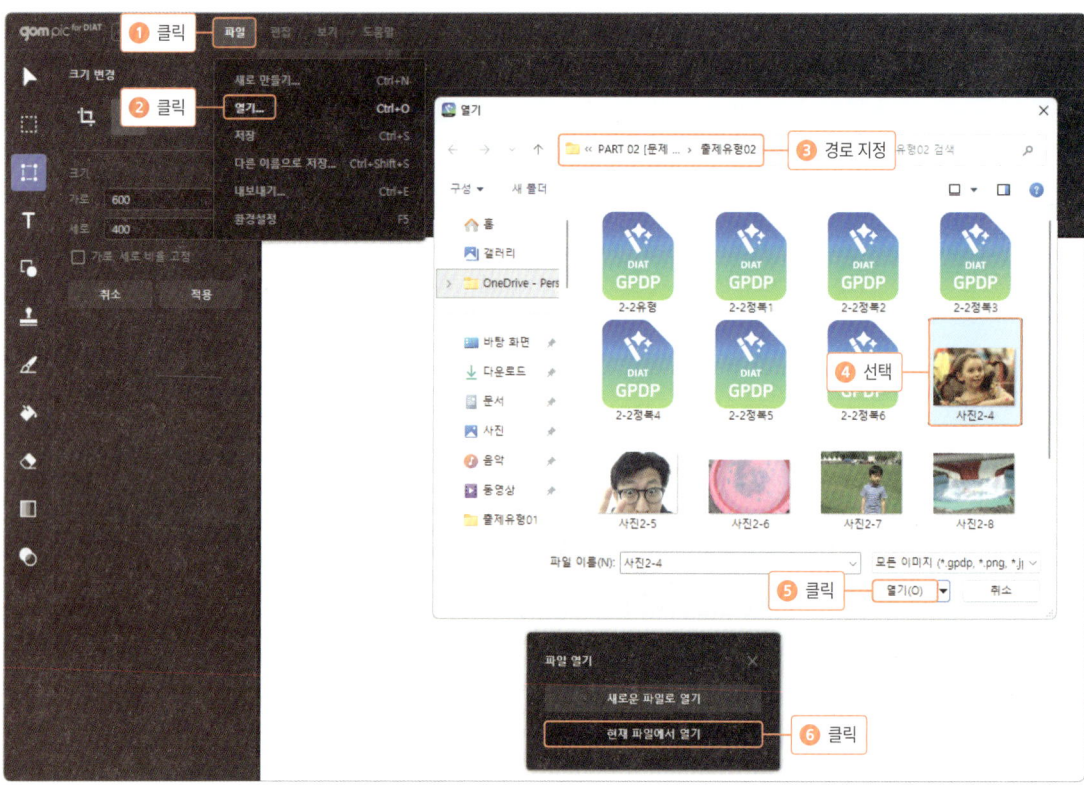

2 불러온 이미지를 캔버스 크기에 맞추어 크기를 조절합니다.

크기 조절

❸ 화면 오른쪽 상단 레이어에서 [사진2-4] 레이어 이름을 더블클릭한 다음 이름을 변경합니다.
  ※ 레이어 이름 – Photo

❰유형체크❱ 03 예제 이미지 제거 및 복사하기

❶ 화면을 확대하기 위해서 Ctrl 키를 누르면서 마우스 휠을 굴립니다. 이어서, Space Bar 키를 누르면서 드래그하여 작업할 화면을 맞춰줍니다.
  ※ 화면 이동은 마우스 포인터가 🖐 모양일 때 드래그

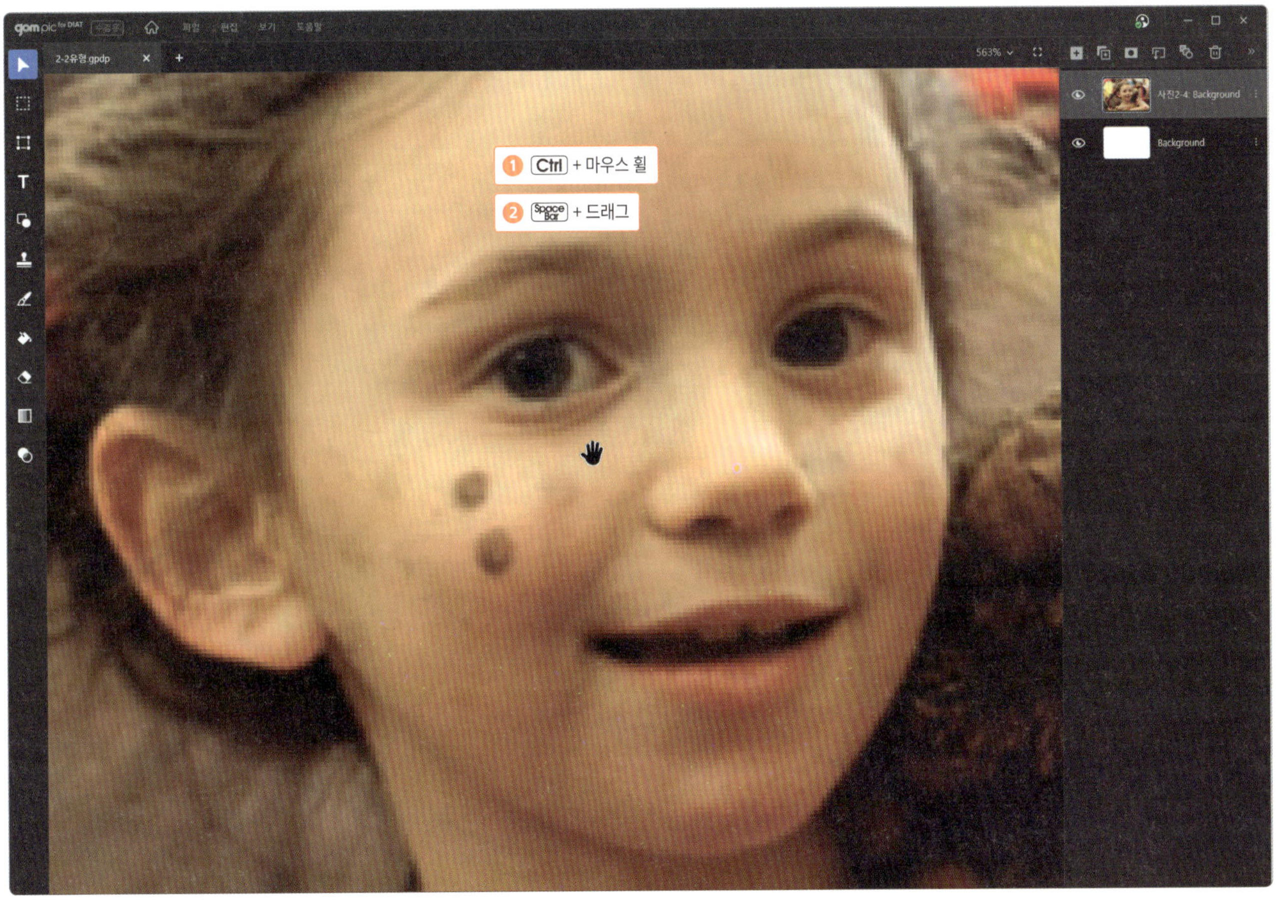

![편집 화면]

> **TIP 복제 도장**
>
> 이미지의 특정 부분을 다른 부분의 이미지로 복구해 줍니다. 이때 기존 이미지의 질감대로 복구되므로 자연스러운 효과를 낼 수 있습니다. 이미지의 특정 부분을 지우거나 복사하는 용도로 많이 사용됩니다.

② 편집 도구 상자의 [복제 도장]을 클릭한 다음 크기(10)를 변경한 다음 가져올 부분의 이미지 위치를 지정하기 위하여, **Alt** 키를 누른 채 깨끗한 부분을 클릭(⊙)합니다.

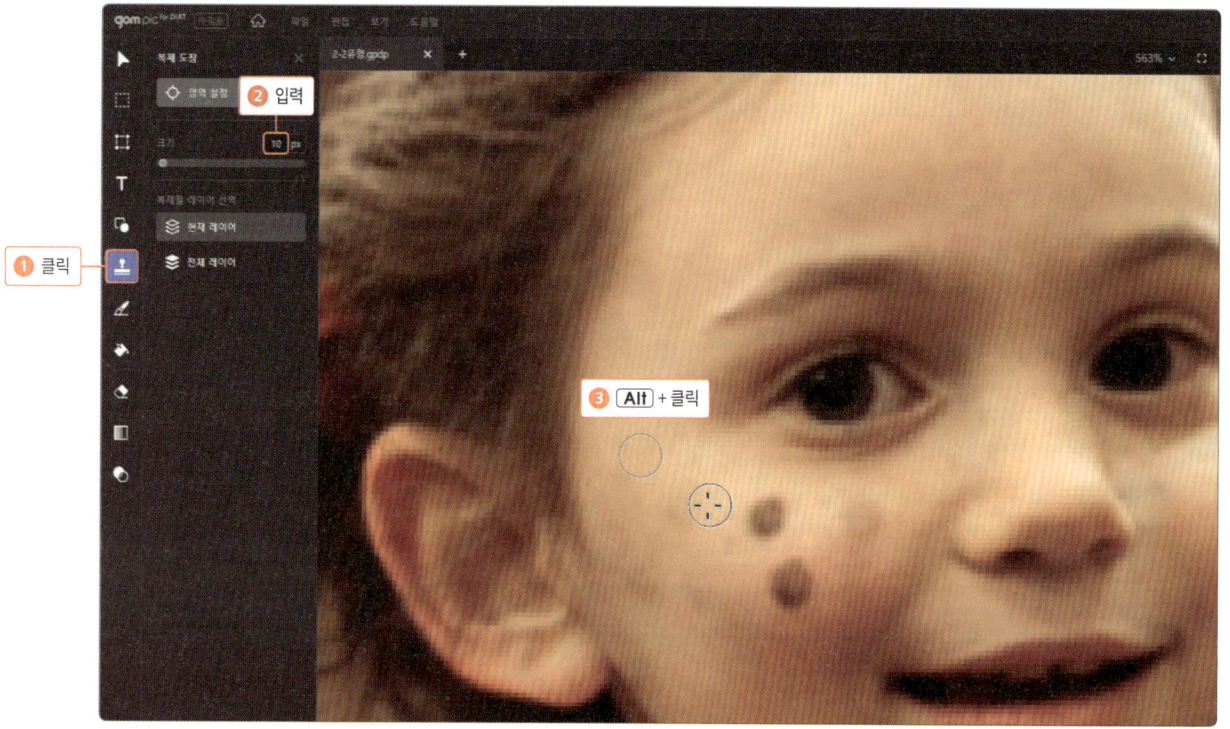

③ 이어서, **Alt** 키에서 손을 떼고 낙서가 되어 있는 부분을 클릭, 또는 드래그하여 지워 줍니다.

 ※ [편집]-[실행취소]를 클릭하거나 **Ctrl** + **Z** 키를 누르면 이전 상태로 되돌릴 수 있습니다.

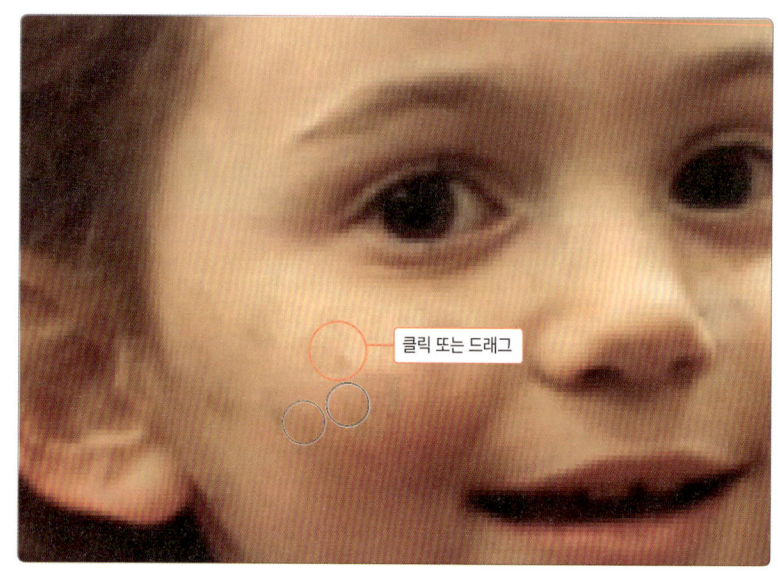

④ 같은 방법으로 아이의 팔 부분의 하트를 **Alt** 키를 누르면서 클릭한 다음 하트 모양을 복제합니다.

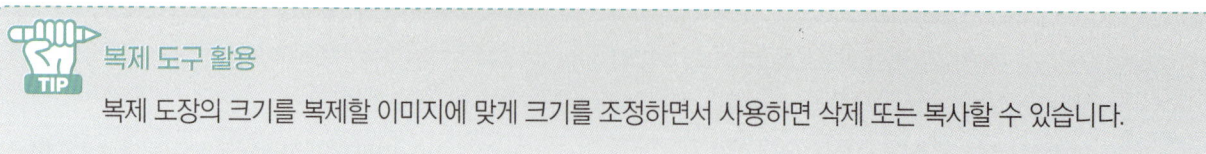

복제 도구 활용
TIP
 복제 도장의 크기를 복제할 이미지에 맞게 크기를 조정하면서 사용하면 삭제 또는 복사할 수 있습니다.

⑤ 전체 이미지가 보이도록 축소한 다음 결과를 저장합니다.

완전정복- 01 원본 파일을 처리조건에 따라 결과파일로 완성하시오.

• **소스 파일** : 2-2정복1.gpdp　　• **정답 파일** : 2-2정복1(완성).gpdp

작성 시간 / 권장 시간

분 / 5분

[원본파일]　　　　　　　　　　　　　[결과파일]

▶ '2-2정복1.gpdp' 파일을 불러와 다음과 같이 캔버스 크기를 변경하시오.

• 크기 ⇒ 너비(600 픽셀) × 높이(400 픽셀)

▶ '사진2-5.jpg' 이미지를 불러와 기존 캔버스에 복사한 후, 다음과 같이 처리하시오.

• 이미지 복사 ⇒ 크기 변형으로 캔버스 크기에 맞게 변형, 레이어 이름 – Photo
• ① ⇒ 복제 도장을 이용하여 이미지 제거

완전정복- 02 원본 파일을 처리조건에 따라 결과파일로 완성하시오.

• **소스 파일** : 2-2정복2.gpdp　　• **정답 파일** : 2-2정복2(완성).gpdp

작성 시간 / 권장 시간

분 / 5분

[원본파일]　　　　　　　　　　　　　[결과파일]

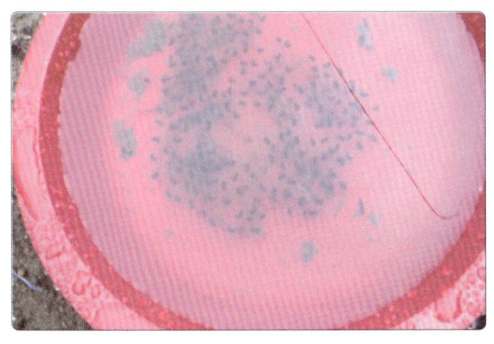　　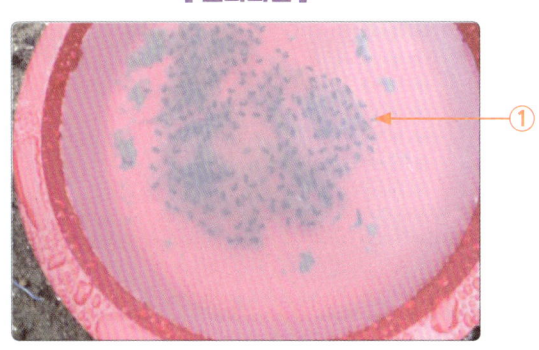

▶ '2-2정복2.gpdp' 파일을 불러와 다음과 같이 캔버스 크기를 변경하시오.

• 크기 ⇒ 너비(650 픽셀) × 높이(420 픽셀)

▶ '사진2-6.jpg' 이미지를 불러와 기존 캔버스에 복사한 후, 다음과 같이 처리하시오.

• 이미지 복사 ⇒ 크기 변형으로 캔버스 크기에 맞게 변형, 레이어 이름 – Photo
• ① ⇒ 복제 도장을 이용하여 이미지 제거

원본 파일을 처리조건에 따라 결과파일로 완성하시오.

· **소스 파일** : 2-2정복3.gpdp · **정답 파일** : 2-2정복3(완성).gpdp

작성 시간 / 권장 시간
분 / 5분

[원본파일]

[결과파일]

▶ '2-2정복3.gpdp' 파일을 불러와 다음과 같이 캔버스 크기를 변경하시오.

  ● 크기 ⇒ 너비(600 픽셀) × 높이(450 픽셀)

▶ '사진2-7.jpg' 이미지를 불러와 기존 캔버스에 복사한 후, 다음과 같이 처리하시오.

  ● 이미지 복사 ⇒ 크기 변형으로 캔버스 크기에 맞게 변형, 레이어 이름 – Photo

  ● ① ⇒ 복제 도장을 이용하여 이미지 복사

원본 파일을 처리조건에 따라 결과파일로 완성하시오.

· **소스 파일** : 2-2정복4.gpdp · **정답 파일** : 2-2정복4(완성).gpdp

작성 시간 / 권장 시간
분 / 5분

[원본파일]

[결과파일]

▶ '2-2정복4.gpdp' 파일을 불러와 다음과 같이 캔버스 크기를 변경하시오.

  ● 크기 ⇒ 너비(600 픽셀) × 높이(430 픽셀)

▶ '사진2-8.jpg' 이미지를 불러와 기존 캔버스에 복사한 후, 다음과 같이 처리하시오.

  ● 이미지 복사 ⇒ 크기 변형으로 캔버스 크기에 맞게 변형, 레이어 이름 – Photo

  ● ① ⇒ 복제 도장을 이용하여 이미지 복사

원본 파일을 처리조건에 따라 결과파일로 완성하시오.

· **소스 파일** : 2-2정복5.gpdp · **정답 파일** : 2-2정복5(완성).gpdp

작성 시간 / 권장 시간

분 / 5분

[원본파일]

[결과파일]

▶ '2-2정복5.gpdp' 파일을 불러와 다음과 같이 캔버스 크기를 변경하시오.

● 크기 ⇒ 너비(500 픽셀) × 높이(450 픽셀)

▶ '사진2-9.jpg' 이미지를 불러와 기존 캔버스에 복사한 후, 다음과 같이 처리하시오.

● 이미지 복사 ⇒ 크기 변형으로 캔버스 크기에 맞게 변형, 레이어 이름 – Photo
● ① ⇒ 복제 도장을 이용하여 이미지 제거
● ② ⇒ 복제 도장을 이용하여 이미지 복사

원본 파일을 처리조건에 따라 결과파일로 완성하시오.

· **소스 파일** : 2-2정복6.gpdp · **정답 파일** : 2-2정복6(완성).gpdp

작성 시간 / 권장 시간

분 / 5분

[원본파일]

[결과파일]

▶ '2-2정복6.gpdp' 파일을 불러와 다음과 같이 캔버스 크기를 변경하시오.

● 크기 ⇒ 너비(600 픽셀) × 높이(430 픽셀)

▶ '사진2-10.jpg' 이미지를 불러와 기존 캔버스에 복사한 후, 다음과 같이 처리하시오.

● 이미지 복사 ⇒ 크기 변형으로 캔버스 크기에 맞게 변형, 레이어 이름 – Photo
● ① ⇒ 복제 도장을 이용하여 이미지 제거
● ② ⇒ 복제 도장을 이용하여 이미지 제거

색상 보정과 밝기 조정

☑ 밝기 조정하기   ☑ 원하는 부분 선택하기
☑ 색조/채도 변경하기

 **미리보기**

· **소스 파일** : 2-3유형.gpdp   · **정답 파일** : 2-3유형(완성).gpdp

[**원본파일**]   [**결과파일**]

▶ '2-3유형.gpdp' 파일을 불러와 파일을 불러와 다음과 같이 처리하시오.

  ● 밝기 조정 ⇒ 노출을 이용하여 이미지 조정 (노출 : 30)

  ● ① ⇒ 색조/채도를 이용하여 초록색 계열로 조정

Digital Information Ability Test

난이도	권장 시간 / 시험 시간	유형 점수 / 시험 점수
★★★☆☆	5분 / 40분	50점/200점

→ **주의 사항 : 실수가 많은 내용**

☑ 편집할 이미지 영역을 선택하는 여러 가지 방법을 알고 적당한 방법을 적용해야 합니다.

☑ 밝기 조정과 색상 변경은 문제에 제시된 정확한 메뉴를 선택하여 작업합니다.

→ **주요 단축키 : 시간 단축에 도움**

☑ 선택 해제 : Ctrl + D   실행 취소 : Ctrl + Z

유형체크 01 밝기 조정하기

① [출제유형03] 폴더에서 '2-3유형1.gpdp' 파일을 더블클릭합니다.

※ [소스 및 정답]-[소스 파일]-[PART 02 [문제 1] 곰픽 for DIAT]-[출제유형03]

② 편집 도구 상자에서 [조정]-[노출]을 클릭한 다음 노출(30)을 입력한 다음 <적용> 단추를 클릭합니다.

 노출이란?

카메라의 조리개로 빛의 양을 조절하는 원리와 비슷합니다. 노출 값이 높아질수록 빛의 양이 많아져 이미지가 밝아지며, 낮아질수록 빛의 양이 줄어들어 이미지가 어두워집니다.

유형체크 02 원하는 부분 선택하기

① 편집 도구 상자에서 [도형 선택]-[마술봉 선택]을 클릭합니다.

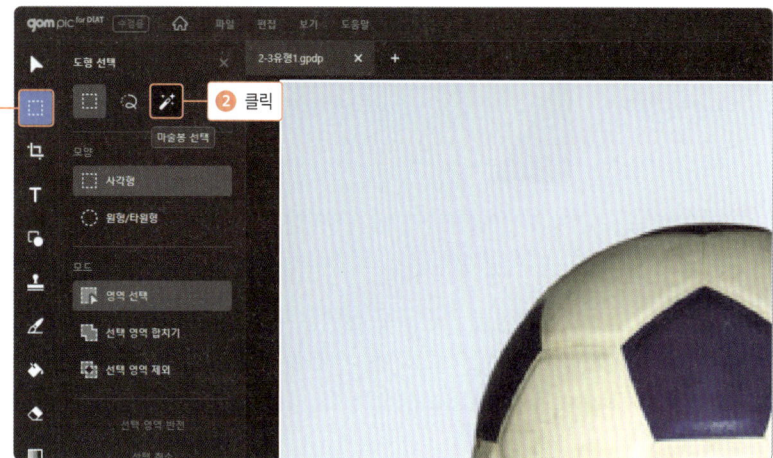

❷ 화면을 확대한 다음 [마술봉 선택]에서 색상 영역 오차(30%)를 변경한 후, 축구공의 파란색 무늬 부분을 클릭해 선택합니다.

※ 화면 확대 : Ctrl 키를 누르면서 마우스 휠 드래그

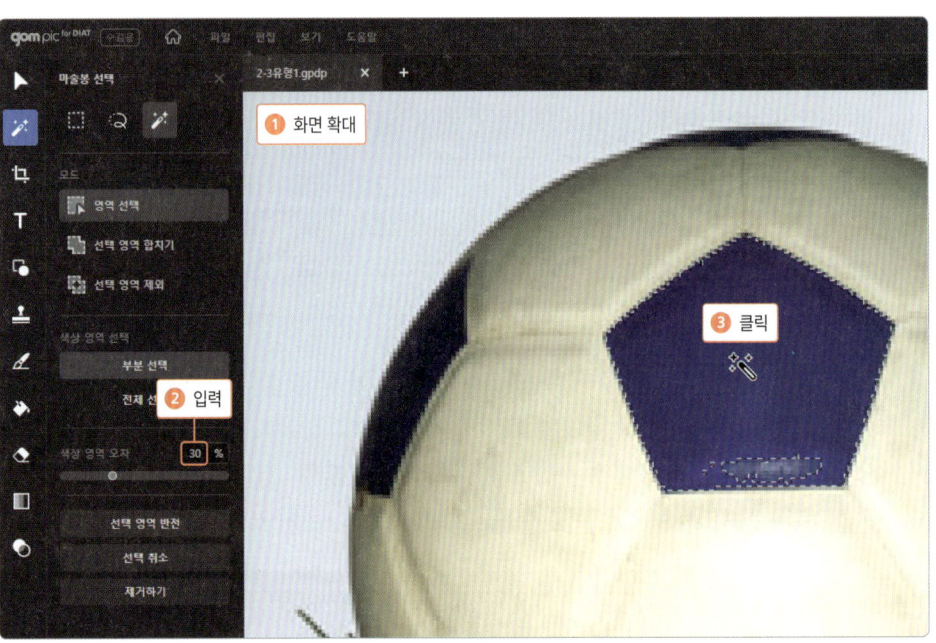

❸ 파란색 무늬 부분을 추가 선택하기 위해서 [마술봉 선택]에서 [선택 영역 합치기]를 클릭한 다음 선택이 안된 파란색 무늬 부분을 클릭합니다. 이어서, 나머지 파란색 무늬도 선택합니다.

※ 선택 영역이 잘못되었을 때는 실행 취소(Ctrl + Z)를 하여 다시 선택합니다.

색상 영역 오차

비슷한 색상을 기준으로 선택할 때 색상 범위를 0%~100%까지 지정합니다. 높은 숫자를 지정할수록 넓은 범위 (비슷한 더 많은 색상)를 선택할 수 있지만, 너무 높다면 불필요한 영역까지 선택될 수 있으므로 적당한 값을 찾아 선택해야 합니다.

❶ 편집 도구 상자에서 [조정]–[색조/채도]를 클릭한 다음 색조(–110)와 채도(110)를 입력 후, <적용> 단추를 클릭합니다.

❷ Ctrl + D 키를 눌러 선택 상태를 해제한 다음 결과를 저장합니다.

미리보기 · 소스 파일 : 2-3유형2.gpdp · 정답 파일 : 2-3유형2(완성).gpdp

[원본파일]

[결과파일]

▶ '2-3유형2.gpdp' 파일을 불러와 파일을 불러와 다음과 같이 처리하시오.
- 밝기 조정 ⇒ 밝기/대비를 이용하여 이미지 조정 (밝기 : 10, 대비 : 4)
- ① ⇒ 세피아를 이용하여 빨간색 계열로 조정

01 밝기 조정하기

❶ [출제유형03] 폴더에서 '2-3유형2.gpdp' 파일을 더블클릭합니다.

※ [소스 및 정답]–[소스 파일]–[PART 02 [문제 1] 곰픽 for DIAT]–[출제유형03]

❷ 편집 도구 상자에서 [조정]–[밝기/대비]를 클릭한 다음 밝기(10)와 대비(4)를 입력한 다음 <적용> 단추를 클릭합니다.

02 영역 선택 후, 색상 변경하기

❶ 편집 도구 상자에서 [도형 선택]–[올가미 선택]을 클릭합니다.

❷ 화면을 확대한 다음 올가미 선택으로 나무를 선택합니다.

❸ 선택 영역을 추가하려면 [선택 영역 합치기]를 선택하고 추가하려는 영역을 선택합니다. 반대로 선택 영역을 제외하기 위해서는 [선택 영역 제외]를 클릭하고 제외할 영역을 선택합니다.

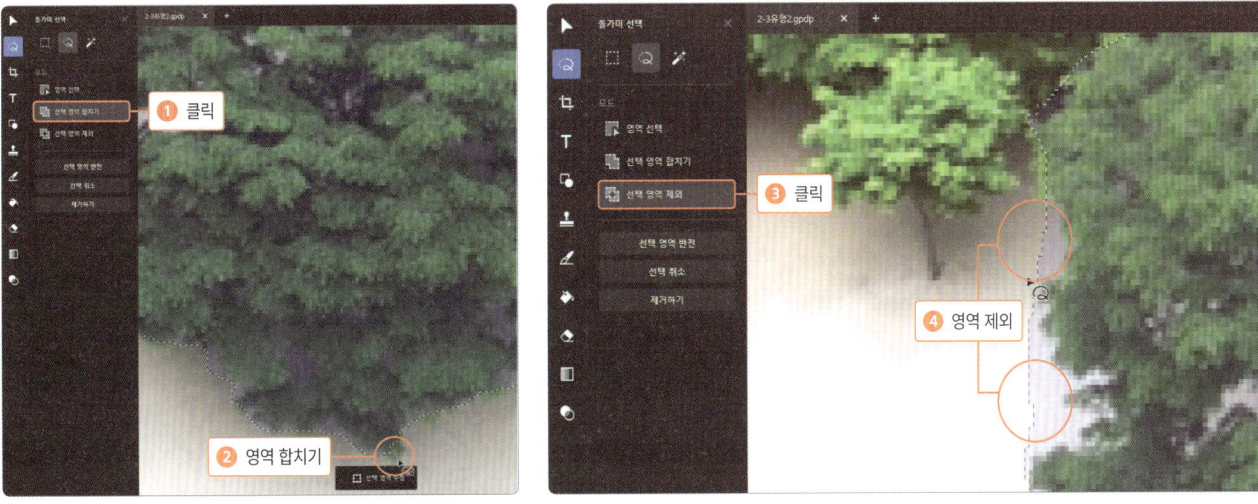

❹ 선택이 완료되면 편집 도구 상자에서 [조정]-[세피아]를 클릭한 다음 U 값(110)과 V 값(165)을 입력 후, <적용> 단추를 클릭합니다.

❺ Ctrl+D 키를 눌러 선택 상태를 해제한 다음 결과를 저장합니다.

색상 보정과 밝기 조정

완전정복- 01 원본 파일을 처리조건에 따라 결과파일로 완성하시오.

· **소스 파일** : 2-3정복1.gpdp   · **정답 파일** : 2-3정복1(완성).gpdp

작성 시간 / 권장 시간

분 / 5분

[원본파일]

[결과파일]

①

▶ '2-3정복1.gpdp' 파일을 불러와 다음과 같이 처리하시오.

● 밝기 조정 ⇒ 감마를 이용하여 이미지 조정 (어두운 영역 : 1.25)
● ① ⇒ 색조/채도를 이용하여 초록색 계열로 조정

완전정복- 02 원본 파일을 처리조건에 따라 결과파일로 완성하시오.

· **소스 파일** : 2-3정복2.gpdp   · **정답 파일** : 2-3정복2(완성).gpdp

작성 시간 / 권장 시간

분 / 5분

[원본파일]

[결과파일]

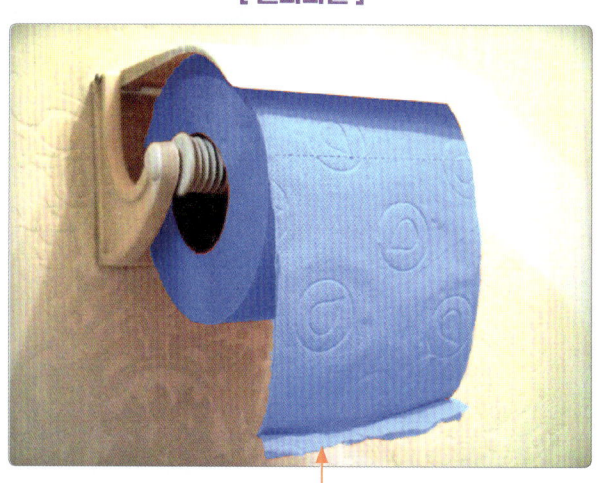

①

▶ '2-3정복2.gpdp' 파일을 불러와 다음과 같이 처리하시오.

● 밝기 조정 ⇒ 노출을 이용하여 이미지 조정 (노출 : 25)
● ① ⇒ 세피아를 이용하여 파란색 계열로 조정

원본 파일을 처리조건에 따라 결과파일로 완성하시오.

· 소스 파일 : 2-3정복3.gpdp · 정답 파일 : 2-3정복3(완성).gpdp

작성 시간 / 권장 시간

분 / 5분

[원본파일]

[결과파일]

①

▶ '2-3정복3.gpdp' 파일을 불러와 다음과 같이 처리하시오.

- 밝기 조정 ⇒ 밝기/대비를 이용하여 이미지 조정 (밝기 : 15, 대비 : 3)
- ① ⇒ 색조/채도를 이용하여 파란색 계열로 조정

원본 파일을 처리조건에 따라 결과파일로 완성하시오.

· 소스 파일 : 2-3정복4.gpdp · 정답 파일 : 2-3정복4(완성).gpdp

작성 시간 / 권장 시간

분 / 5분

[원본파일]

[결과파일]

①

▶ '2-3정복4.gpdp' 파일을 불러와 다음과 같이 처리하시오.

- 밝기 조정 ⇒ 노출을 이용하여 이미지 조정 (노출 : 34)
- ① ⇒ 색조/채도를 이용하여 노란색 계열로 조정

원본 파일을 처리조건에 따라 결과파일로 완성하시오.

· 소스 파일 : 2-3정복5.gpdp   · 정답 파일 : 2-3정복5(완성).gpdp

작성 시간 / 권장 시간
분 / 5분

[원본파일]

[결과파일]

▶ '2-3정복5.gpdp' 파일을 불러와 다음과 같이 처리하시오.

- 밝기 조정 ⇒ 밝기/대비를 이용하여 이미지 조정 (밝기 : 20, 대비 : 5)
- ① ⇒ 세피아를 이용하여 초록색 계열로 조정

원본 파일을 처리조건에 따라 결과파일로 완성하시오.

· 소스 파일 : 2-3정복6.gpdp   · 정답 파일 : 2-3정복6(완성).gpdp

작성 시간 / 권장 시간
분 / 5분

[원본파일]

[결과파일]

▶ '2-3정복6.gpdp' 파일을 불러와 다음과 같이 처리하시오.

- 밝기 조정 ⇒ 감마를 이용하여 이미지 조정 (어두운 영역 : 1.35)
- ① ⇒ 색조/채도를 이용하여 보라색 계열로 조정

MEMO

04 필터 적용 및 도형 입력 후 내보내기

☑ 필터 적용하기
☑ 도형 입력하고 내보내기

 **미리보기**

• **소스** 파일 : 2-4유형1.gpdp • **정답 파일** : 2-4유형1(완성).gpdp

[원본파일]

[결과파일]

▶ '2-4유형1.gpdp' 파일을 불러와 파일을 불러와 다음과 같이 처리하시오.

   ● 필터 효과 ⇒ 글로우를 이용하여 이미지 조정 (반경 : 2, 밝기 : 5, 대비 : 2)

   ● 필터 효과 ⇒ 선명하게를 이용하여 이미지 조정 (양 : 5)

난이도	권장 시간 / 시험 시간	유형 점수 / 시험 점수
★★☆☆☆	5분 / 40분	50점/200점

시험 분석

➡ **주의 사항 : 실수가 많은 내용**

☑ 필터 종류와 입력값을 정확히 입력합니다.

☑ 도형을 임의로 그린 다음 정확한 처리조건에 맞게 크기를 지정합니다.

☑ [내보내기] 기능은 모든 작업이 끝나면 저장하는 기능입니다. 실제 시험장의 저장위치는 바탕화면 [KAIT]-[제출 파일] 폴더에 저장합니다.

☑ [내보내기] 기능으로 저장을 하면 'JPEG', 'GPDP', 'XML' 확장자를 가진 3개의 파일이 생성됩니다.

➡ **주요 단축키 : 시간 단축에 도움**

☑ 내보내기 : Ctrl + E

유형체크 01 필터 적용하기

① [출제유형04] 폴더에서 '2-4유형1.gpdp' 파일을 더블클릭합니다.

※ [소스 및 정답]-[소스 파일]-[PART 02 [문제 1] 곰픽 for DIAT]-[출제유형04]

② 편집 도구 상자에서 [필터]-[글로우]을 클릭한 다음 반경(2), 밝기(5), 대비(2)를 입력한 다음 <적용> 단추를 클릭합니다.

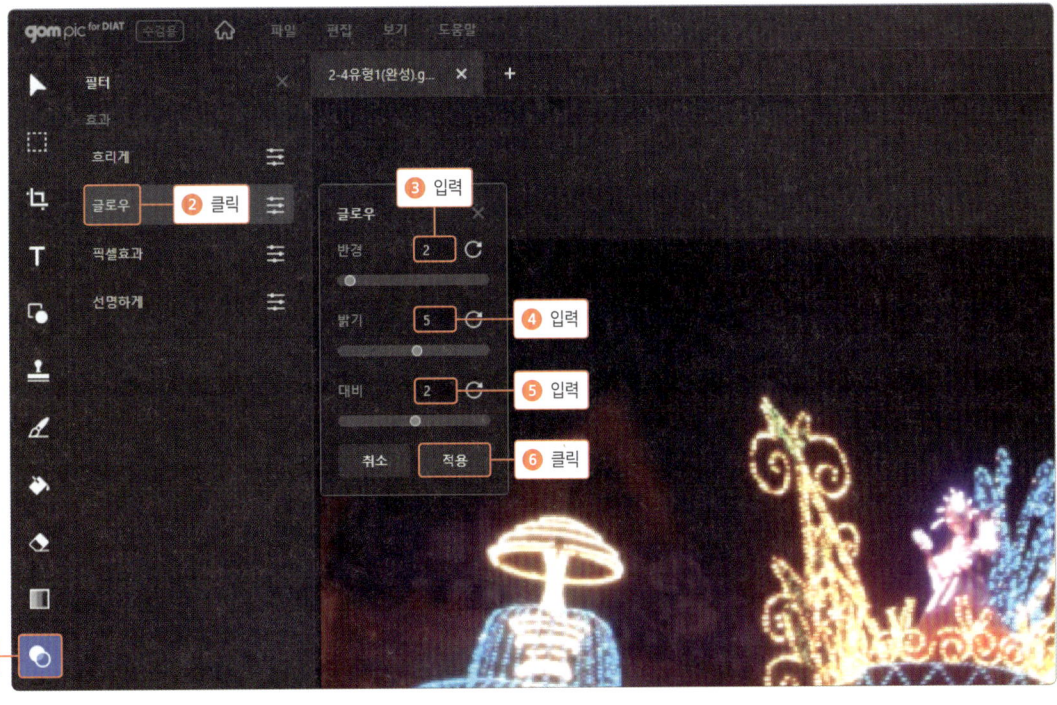

TIP 필터

흐리게 : 가우시안 블러 효과를 적용합니다.

글로우 : 반경, 밝기, 대비 값을 조절하여 빛이 나는 듯한 효과를 적용합니다.

픽셀 효과 : 이미지의 픽셀 사이즈를 극대화합니다. 수치가 높을수록 모자이크 효과가 나옵니다.

선명하게 : 이미지의 선명도를 조절합니다.

③ 편집 도구 상자에서 [필터] –[선명 하게]를 클릭한 다음 양(5)을 입력한 다음 <적용> 단추를 클릭합니다.

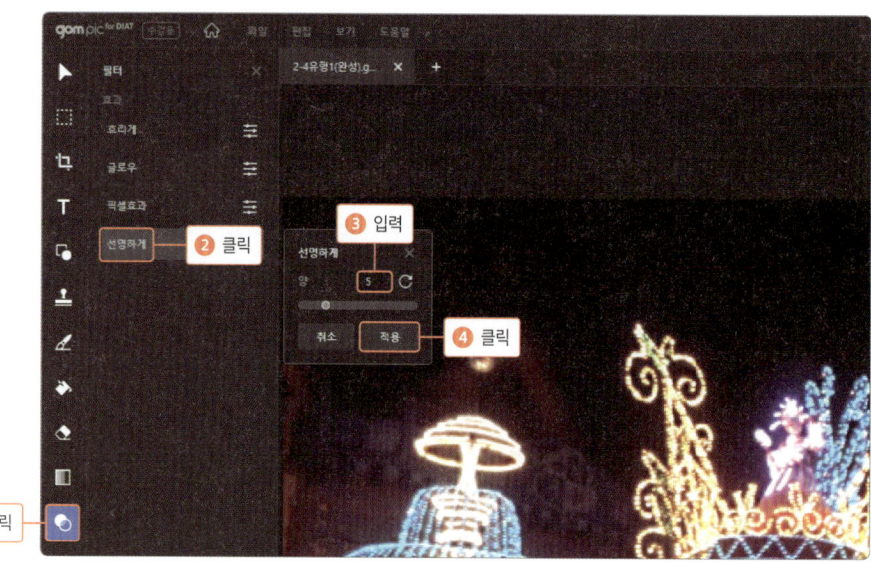

④ 필터가 적용된 결과를 확인한 다음 저장합니다.

 **미리보기** ・**소스 파일** : 2-4유형2.gpdp ・**정답 파일** : 2-4유형2(완성).gpdp

[원본파일]	**[결과파일]**
	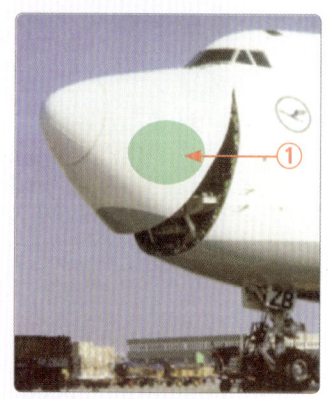

▶ '2-4유형2.gpdp' 파일을 불러와 파일을 불러와 다음과 같이 처리하시오.
  ● 필터 효과 ⇒ 흐리게 이용하여 이미지 조정 (반경 : 2)

▶ 도형 도구를 이용하여 다음과 같이 처리하시오.
  ● ① ⇒ 원형/타원형(크기 : 100 × 80), 채우기(색상 : 4CB245), 혼합모드(곱하기, 불투명도 : 50)

▶ 지시사항이 없는 경우는 기본값을 적용하시오.

이미지 파일 저장	① [파일] – [내보내기]를 눌러서 저장		
	② 저장위치 : [바탕화면] – [KAIT] – [제출파일]		
이미지 파일명	**JPG**	dpi_01_수검번호_성명	※ 예시 : 수검번호가 DPI-2506-123456인 경우
	GPDP	dpi_01_수검번호_성명	"**dpi_01_123456_성명**"으로 저장할 것

※ 'JPG'와 'GPDP' 파일 중 하나라도 누락하여 저장 시에는 "0점" 처리됩니다.

01 필터 적용하기

1 [출제유형04] 폴더에서 '2-4유형2.gpdp' 파일을 더블클릭합니다.
   ※ [소스 및 정답]-[소스 파일]-[PART 02 [문제 1] 곰픽 for DIAT]-[출제유형04]

2 편집 도구 상자에서 [필터]-[흐리게]를 클릭한 다음 반경(2)을 입력한 다음 <적용> 단추를 클릭합니다.

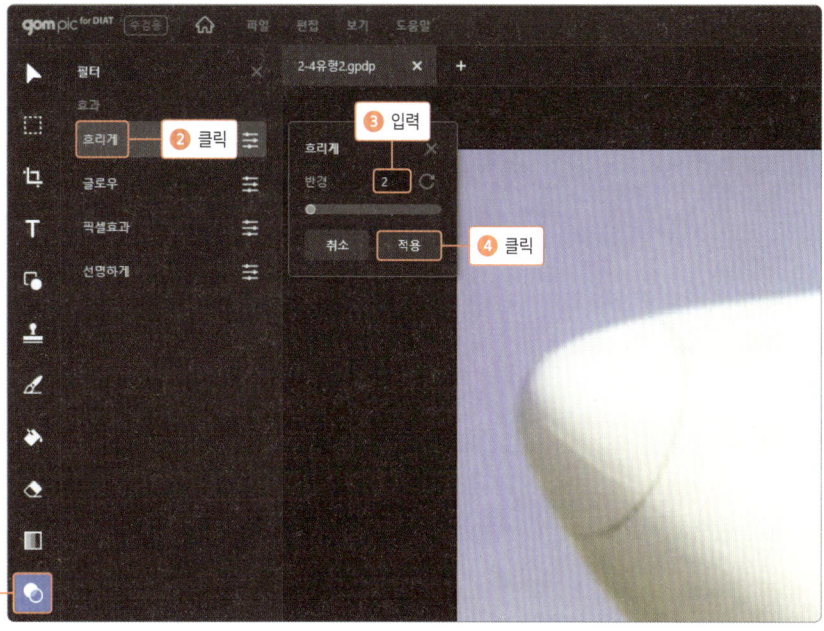

02 도형 입력하고 내보내기

1 편집 도구 상자에서 [도형]-[원형/타원형]을 클릭한 다음 [채우기]-[단색]에서 색상 코드를 입력하고 Enter 키를 눌러 채우기 색상을 변경합니다.
   ※ 색상 코드 : 4CB245

  색상 코드 입력
곰픽에서 색상 코드 입력은 영문 대소문자를 구분하지 않습니다. 소문자로 입력하여도 자동으로 대문자로 변경됩니다.

❷ 마우스 포인터가 변경되면 캔버스에 드래그하여 도형을 추가합니다. 이어서, 레이어가 생성되면 레이어의 대상정보
(▮)를 클릭하여 가로와 세로 크기를 지정합니다.

※ 도형 크기 : 가로(100), 세로(80)

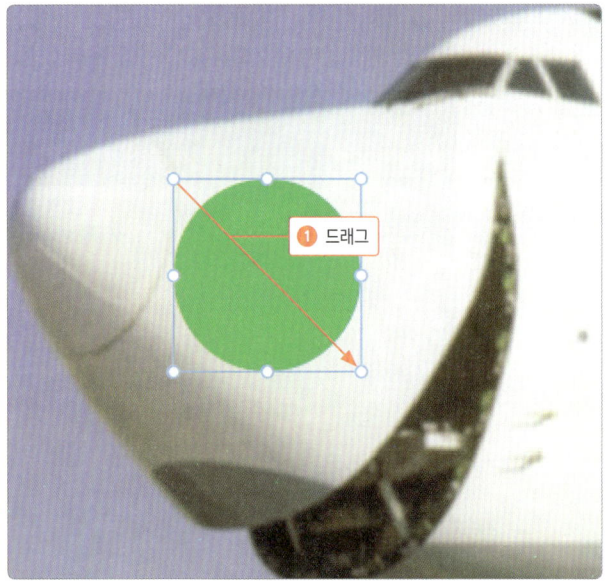

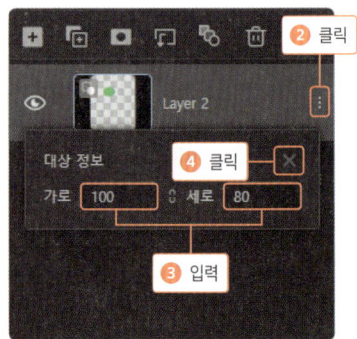

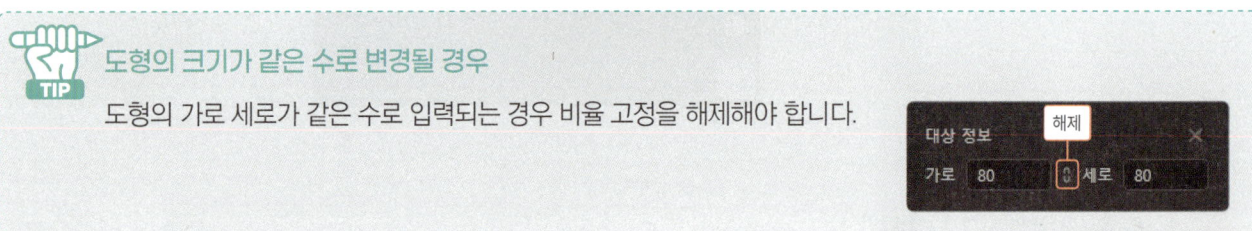

❸ 편집 도구 상자에서 [직접 선택]을 클릭한 다음 도형을 다음과 같이 위치합니다. 이어서, 도형 레이어가 선택된 상태
에서 혼합모드(▮)를 클릭하고 지정합니다.

※ 혼합모드 : 곱하기, 불투명도(50)

④ 작업이 완료되면 [파일]-[내보내기]를 클릭한 다음 본인의 폴더를 지정하고 <저장> 단추를 클릭합니다.

※ 실제 시험장의 저장위치는 바탕화면 [KAIT]-[제출파일] 폴더에 저장합니다.

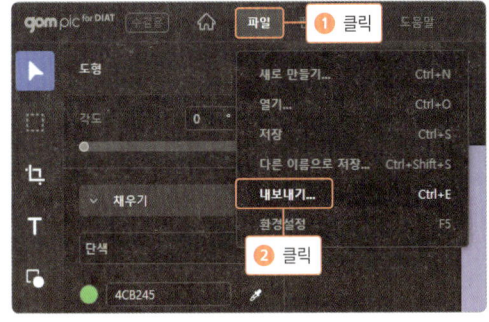

⑤ 파일 저장 옵션 창이 표시되면 품질(95%)을 확인하고 <저장>을 클릭합니다.

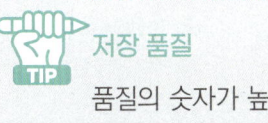 **저장 품질**

품질의 숫자가 높을수록 고화질로 출력됩니다. 품질의 숫자를 너무 낮게 지정하면 이미지가 저화질로 나오기 때문에 품질의 숫자를 꼭 확인합니다.

⑥ 저장된 폴더에서 3개의 파일이 있는지 확인합니다.

※ JPEG(이미지 파일), GPDP(곰픽 파일), XML(이미지의 정보를 담고 있는 DIAT 채점용 파일)

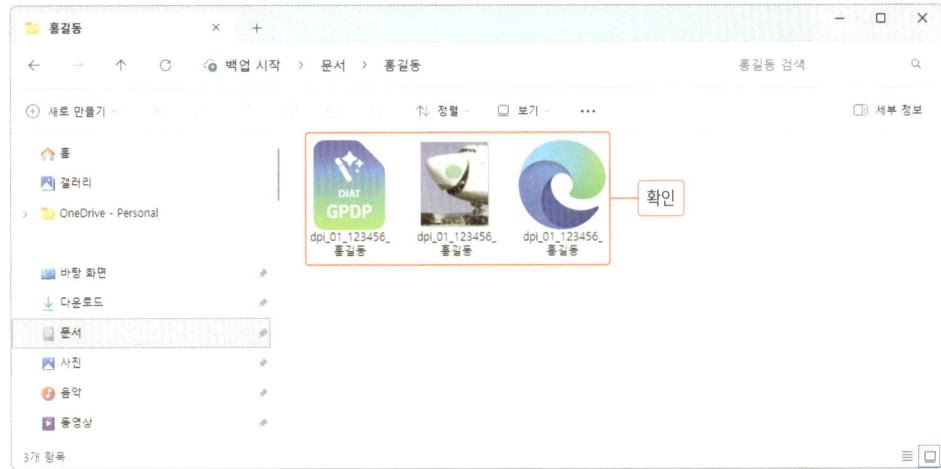

필터 적용 및 도형 입력 후 내보내기

완전정복- 01 원본 파일을 처리조건에 따라 결과파일로 완성하시오.

· 소스 파일 : 2-4정복1.gpdp   · 정답 파일 : 2-4정복1(완성).gpdp

작성 시간 / 권장 시간

분 / 5분

[원본파일]

[결과파일]

①

▶ '2-4정복1.gpdp' 파일을 불러와 다음과 같이 캔버스를 설정하시오.

- 크기 ⇒ 너비(600 픽셀) × 높이(400 픽셀)

▶ '사진2-10.jpg' 이미지를 불러와 기존 캔버스에 복사한 후, 다음과 같이 처리하시오.

- 이미지 복사 ⇒ 크기 변형으로 캔버스 크기에 맞게 변형, 레이어 이름 – Photo
- 필터 효과 ⇒ 선명하게를 이용하여 이미지 조정 (양 : 3)
- ① ⇒ 세피아를 이용하여 초록색 계열로 조정

완전정복- 02 원본 파일을 처리조건에 따라 결과파일로 완성하시오.

· 소스 파일 : 2-4정복2.gpdp   · 정답 파일 : 2-4정복2(완성).gpdp

작성 시간 / 권장 시간

분 / 5분

[원본파일]

[결과파일]

① ②

▶ '2-4정복2.gpdp' 파일을 불러와 다음과 같이 캔버스를 설정하시오.

- 크기 ⇒ 너비(650 픽셀) × 높이(433 픽셀)

▶ '사진2-11.jpg' 이미지를 불러와 기존 캔버스에 복사한 후, 다음과 같이 처리하시오.

- 이미지 복사 ⇒ 크기 변형으로 캔버스 크기에 맞게 변형, 레이어 이름 – Image
- 필터 효과 ⇒ 글로우를 이용하여 이미지 조정 (반경 : 2, 밝기 : 3, 대비 : 3)
- ① ⇒ 복제 도장을 이용하여 이미지 복사   · ② ⇒ 색조/채도를 이용하여 파란색 계열로 조정

원본 파일을 처리조건에 따라 결과파일로 완성하시오.

· **소스 파일** : 2-4정복3.gpdp　· **정답 파일** : 2-4정복3(완성).gpdp

작성 시간 / 권장 시간
분 / 10분

[원본파일]

[결과파일]

▶ '2-4정복3.gpdp' 파일을 불러와 다음과 같이 캔버스를 설정하시오.

- 크기 ⇒ 너비(600 픽셀) × 높이(400 픽셀)

▶ '사진2-12.jpg' 이미지를 불러와 기존 캔버스에 복사한 후, 다음과 같이 처리하시오.

- 이미지 복사 ⇒ 크기 변형으로 캔버스 크기에 맞게 변형, 레이어 이름 – Photo
- 밝기 조정 ⇒ 감마를 이용하여 이미지 조정 (어두운 영역 : 1.10, 밝은 영역 : 1.20)
- ① ⇒ 복제 도장을 이용하여 이미지 제거
- ② ⇒ 색조/채도를 이용하여 초록색 계열로 조정

▶ 도형 도구를 이용하여 다음과 같이 처리하시오.

- ③ ⇒ 원형/타원형(크기 : 200 × 50), 채우기(색상 : 4CA207), 혼합모드(곱하기, 불투명도 : 50)

▶ 지시사항이 없는 경우는 기본값을 적용하시오.

이미지 파일 저장	① [파일] – [내보내기]를 눌러서 저장 ② 저장위치 : [바탕화면] – [KAIT] – [제출파일]		
이미지 파일명	**JPG**	dpi_01_수검번호_성명	※ 예시 : 수검번호가 DPI-2506-123456인 경우
	GPDP	dpi_01_수검번호_성명	"**dpi_01_123456_성명**"으로 저장할 것

원본 파일을 처리조건에 따라 결과파일로 완성하시오.

• **소스 파일** : 2-4정복4.gpdp • **정답 파일** : 2-4정복4(완성).gpdp

작성 시간 / 권장 시간

분 / 10분

[원본파일]

[결과파일]

③

②

①

▶ '2-4정복4.gpdp' 파일을 불러와 다음과 같이 캔버스를 설정하시오.

　● 크기 ⇒ 너비(480 픽셀) × 높이(340 픽셀)

▶ '사진2-13.jpg' 이미지를 불러와 기존 캔버스에 복사한 후, 다음과 같이 처리하시오.

　● 이미지 복사 ⇒ 크기 변형으로 캔버스 크기에 맞게 변형, 레이어 이름 – Car

　● 필터 효과 ⇒ 선명하게를 이용하여 이미지 조정 (양 : 7)

　● ① ⇒ 복제 도장을 이용하여 이미지 복사

　● ② ⇒ 세피아를 이용하여 파란색 계열로 조정

▶ 도형 도구를 이용하여 다음과 같이 처리하시오.

　● ③ ⇒ 모서리가 둥근 사각형(크기 : 100 × 60), 채우기(색상 : 27DC49), 혼합모드(어둡게, 불투명도 : 50)

▶ 지시사항이 없는 경우는 기본값을 적용하시오.

이미지 파일 저장	① [파일] - [내보내기]를 눌러서 저장 ② 저장위치 : [바탕화면] - [KAIT] - [제출파일]		
이미지 파일명	JPG	dpi_01_수검번호_성명	※ 예시 : 수검번호가 DPI-2506-123456인 경우
	GPDP	dpi_01_수검번호_성명	"**dpi_01_123456_성명**"으로 저장할 것

PART 03

곰픽 for DIAT

레이어 마스크 만들기

- ☑ 캔버스 크기 변경하기　　　　☑ 배경색 칠하기
- ☑ 사진에 마스크 설정하기

 **미리보기**

· 소스 파일 : 3-1유형.gpdp　　**정답 파일** : 3-1유형(완성).gpdp

[원본파일]

[결과파일]

▶ '3-1유형.gpdp' 파일을 불러와 다음과 같이 캔버스 크기를 변경하시오.

- 크기 ⇒ 너비(600 픽셀) × 높이(400 픽셀)
- 배경 ⇒ 색상 : (22B94F)

▶ '사진3-1.jpg' 이미지를 불러와 기존 캔버스에 복사한 후, 다음과 같이 처리하시오.

- 이미지 복사 ⇒ 레이어 마스크 설정, 세로 방향으로 흐릿하게

시험 분석

➜ **주의 사항 : 실수가 많은 내용**

☑ 배경색의 색상 코드를 정확히 입력합니다.

☑ 레이어 마스크에 적용되는 그라디언트 레이어 색상은 검정(000000)에서 흰색(FFFFFF)입니다.

➜ **주요 단축키 : 시간 단축에 도움**

☑ 저장 : **Ctrl**+**S** 열기 : **Ctrl**+**O**

유형체크 01 캔버스 열고 배경 색상 지정하기

① [출제유형01] 폴더에서 '3-1유형.gpdp' 파일을 더블클릭합니다.

※ [소스 및 정답]-[소스 파일]-[PART 03 [문제 2] 곰픽 for DIAT]-[출제유형01]

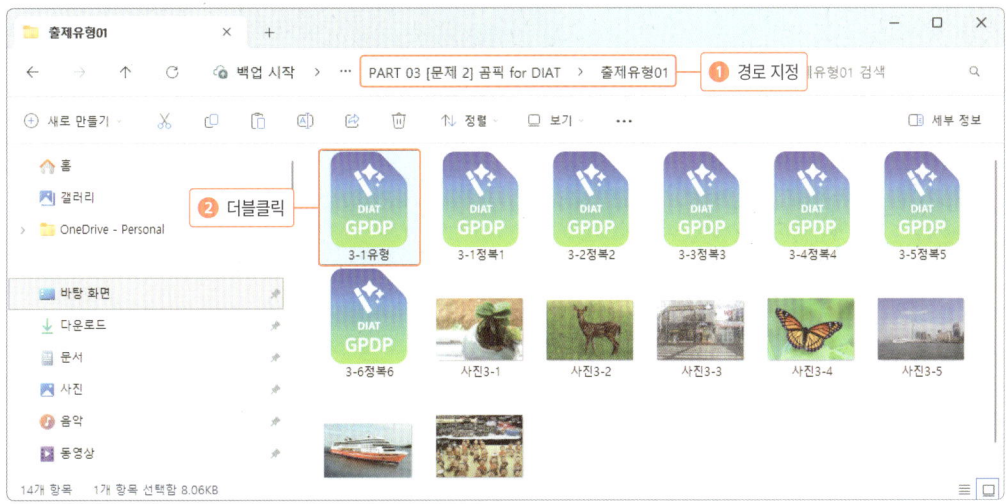

 DIAT 문제 파일

DIAT 시험에서는 [바탕화면]-[KAIT]-[제출파일] 폴더에 있는 'dpi_01_123456_성명' 파일을 더블클릭합니다.

② 캔버스의 크기를 변경하기 위해서 편집 도구 상자의 [자르기]
-[크기 변경]을 클릭한 후, 캔버스의 크기를 변경합니다.
(가로 : 600, 세로 : 400)

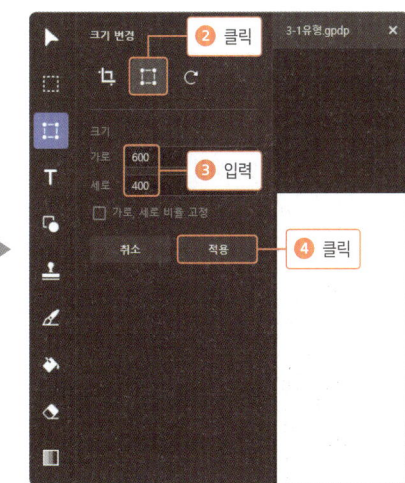

❸ 편집 도구 상자에서 [페인트]를 클릭한 다음 색상 코드를 입력합니다. 이어서, 마우스 포인터가 페인트 모양(🖐)으로 변경되면 캔버스를 클릭합니다.

※ **색상 코드** : 22B94F

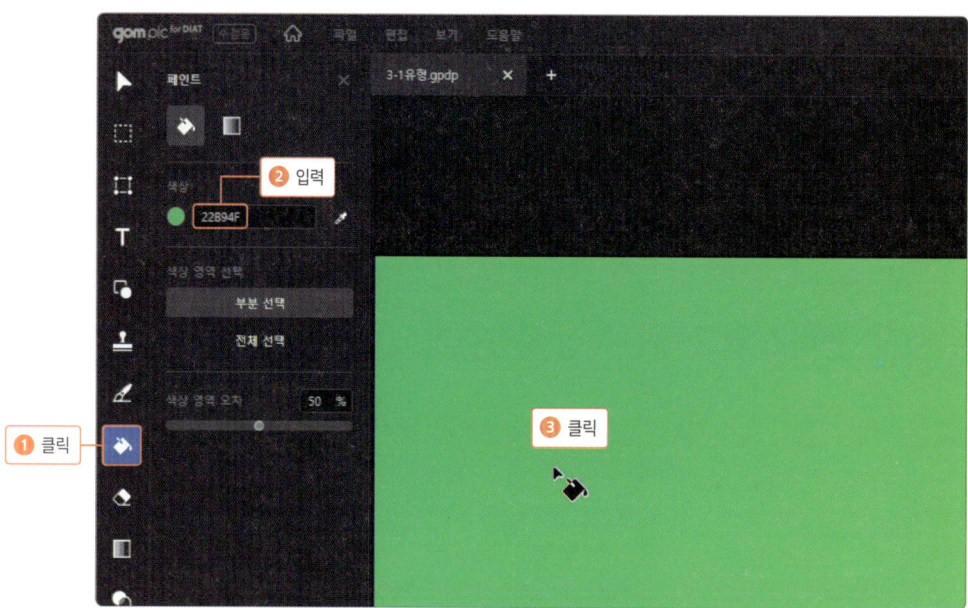

❶ 조건으로 제시된 '사진3-1' 파일을 불러온 후, [현재 파일에서 열기]를 클릭합니다.

※ [소스 및 정답]-[소스 파일]-[PART 03 [문제 2] 곰픽 for DIAT]-[출제유형01]-'사진3-1.jpg'

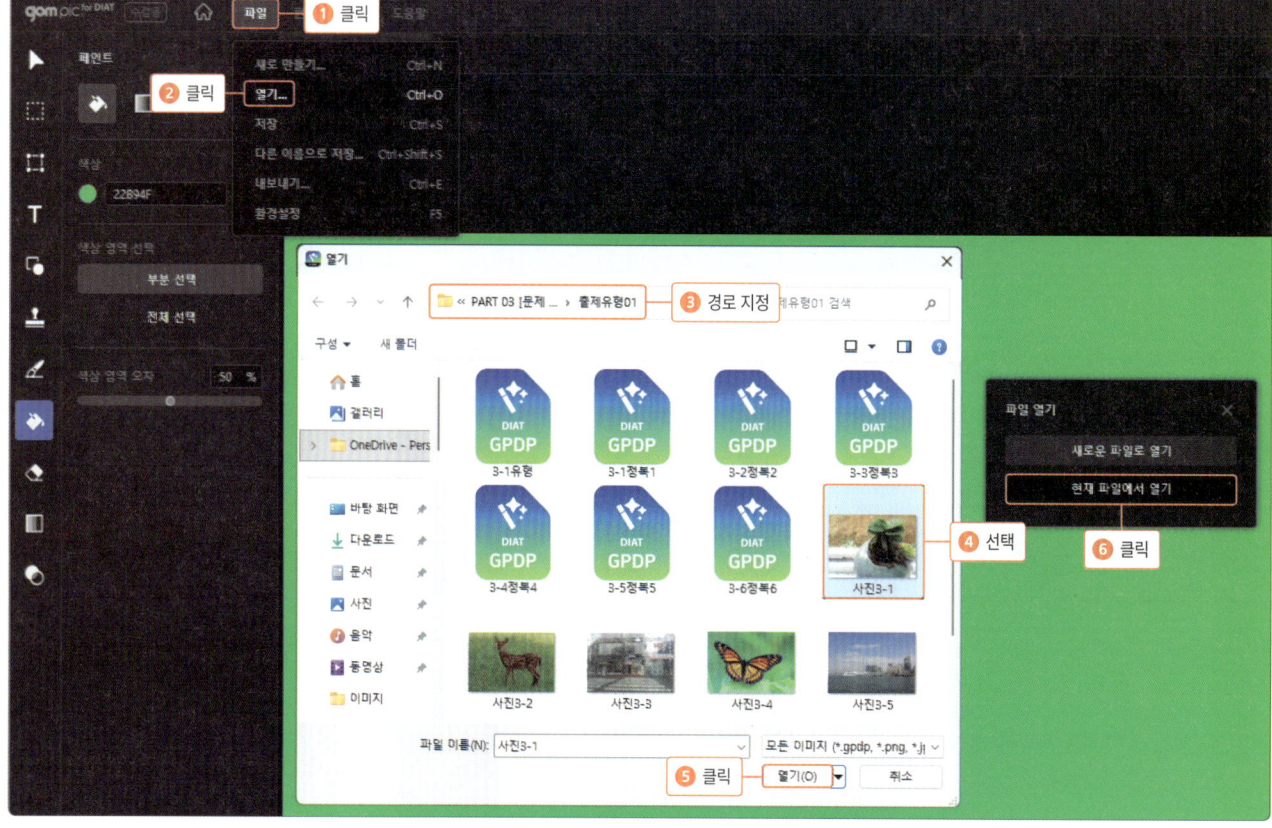

② 불러온 이미지를 캔버스 크기에 맞추어 크기를 조절합니다.

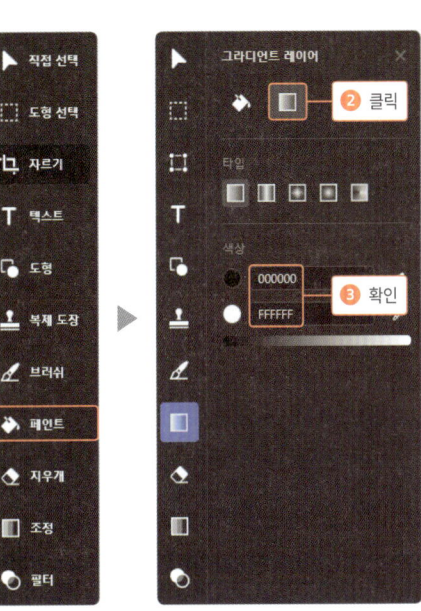

③ 오른쪽 레이어 창에서 '사진3-1' 레이어가 선택된 상태에서 [레이어 마스크 추가(◉)]를 클릭합니다.

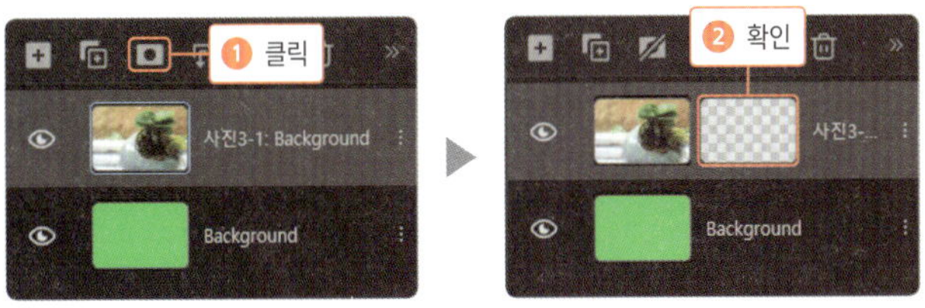

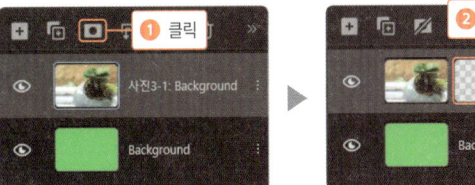

④ 편집 도구 상자에서 [페인트]를 클릭한 다음 [그라디언트 레이어]를 클릭합니다. 이어서, 타입과 색상을 확인합니다.

※ 레이어 마스크에 사용하는 색상은 검정(000000)에서 흰색(FFFFFF)입니다.

❺ Shift 키를 누르면서 캔버스의 아래쪽에서 위쪽으로 드래그합니다. 이어서, 레이어 마스크가 적용되면 Enter 키를
눌러 마무리합니다.

※ 적용된 레이어 마스크가 마음에 들지 않는다면 다시 드래그합니다.

❻ 모든 작업이 완료되었으면 저장합니다.

완전정복- 01 원본 파일을 처리조건에 따라 결과파일로 완성하시오.

· **소스 파일** : 3-1정복1.gpdp　· **정답 파일** : 3-1정복1(완성).gpdp

작성 시간 / 권장 시간

분 / 5분

[원본파일]　　　　　　　　　[결과파일]

▶ '3-1정복1.gpdp' 파일을 불러와 다음과 같이 캔버스 크기를 변경하시오.

　● 크기 ⇒ 너비(600 픽셀) × 높이(400 픽셀)　● 크기 ⇒ 색상 : (F0DD58)

▶ '사진3-2.jpg' 이미지를 불러와 기존 캔버스에 복사한 후, 다음과 같이 처리하시오.

　● 이미지 복사 ⇒ 레이어 마스크 설정, 대각선 방향으로 흐릿하게

완전정복- 02 원본 파일을 처리조건에 따라 결과파일로 완성하시오.

· **소스 파일** : 3-1정복2.gpdp　· **정답 파일** : 3-1정복2(완성).gpdp

작성 시간 / 권장 시간

분 / 5분

[원본파일]　　　　　　　　　[결과파일]

▶ '3-1정복2.gpdp' 파일을 불러와 다음과 같이 캔버스 크기를 변경하시오.

　● 크기 ⇒ 너비(650 픽셀) × 높이(450 픽셀)　● 크기 ⇒ 색상 : (6368F4)

▶ '사진3-3.jpg' 이미지를 불러와 기존 캔버스에 복사한 후, 다음과 같이 처리하시오.

　● 이미지 복사 ⇒ 레이어 마스크 설정, 세로 방향으로 흐릿하게

원본 파일을 처리조건에 따라 결과파일로 완성하시오.

· **소스 파일** : 3-1정복3.gpdp　　· **정답 파일** : 3-1정복3(완성).gpdp

작성 시간 / 권장 시간

분 / 5분

[원본파일]　　　　　　　　　　　　**[결과파일]**

▶ '3-1정복3.gpdp' 파일을 불러와 다음과 같이 캔버스 크기를 변경하시오.

  ● 크기 ⇒ 너비(600 픽셀) × 높이(400 픽셀)

  ● 배경 ⇒ 색상 : (D3ED78)

▶ '사진3-4.jpg' 이미지를 불러와 기존 캔버스에 복사한 후 다음과 같이 처리하시오.

  ● 이미지 복사 ⇒ 레이어 마스크 설정, 가로 방향으로 흐릿하게

원본 파일을 처리조건에 따라 결과파일로 완성하시오.

· **소스 파일** : 3-1정복4.gpdp　　· **정답 파일** : 3-1정복4(완성).gpdp

작성 시간 / 권장 시간

분 / 5분

[원본파일]　　　　　　　　　　　　**[결과파일]**

▶ '3-1정복4.gpdp' 파일을 불러와 다음과 같이 캔버스 크기를 변경하시오.

  ● 크기 ⇒ 너비(650 픽셀) × 높이(450 픽셀)

  ● 배경 ⇒ 색상 : (091D59)

▶ '사진3-5.jpg' 이미지를 불러와 기존 캔버스에 복사한 후, 다음과 같이 처리하시오.

  ● 이미지 복사 ⇒ 레이어 마스크 설정, 세로 방향으로 흐릿하게

원본 파일을 처리조건에 따라 결과파일로 완성하시오.

· 소스 파일 : 3-1정복5.gpdp · 정답 파일 : 3-1정복5(완성).gpdp

작성 시간 / 권장 시간

분 / 5분

[원본파일]

[결과파일]

▶ '3-1정복5.gpdp' 파일을 불러와 다음과 같이 캔버스 크기를 변경하시오.

● 크기 ⇒ 너비(600 픽셀) × 높이(400 픽셀)

● 배경 ⇒ 색상 : (5286EC)

▶ '사진3-6.jpg' 이미지를 불러와 기존 캔버스에 복사한 후, 다음과 같이 처리하시오.

● 이미지 복사 ⇒ 레이어 마스크 설정, 대각선 방향으로 흐릿하게

원본 파일을 처리조건에 따라 결과파일로 완성하시오.

· 소스 파일 : 3-1정복6.gpdp · 정답 파일 : 3-1정복6(완성).gpdp

작성 시간 / 권장 시간

분 / 5분

[원본파일]

[결과파일]

▶ '3-1정복6.gpdp' 파일을 불러와 다음과 같이 캔버스 크기를 변경하시오.

● 크기 ⇒ 너비(650 픽셀) × 높이(450 픽셀)

● 배경 ⇒ 색상 : (FFE000)

▶ '사진3-7.jpg' 이미지를 불러와 기존 캔버스에 복사한 후, 다음과 같이 처리하시오.

● 이미지 복사 ⇒ 레이어 마스크 설정, 대각선 방향으로 흐릿하게

PART 03   [문제2] 곰픽 for DIAT

도형과 텍스트 만들기

☑ 도형 추가하고 그라데이션 채우기
☑ 텍스트 입력하기

문제 미리보기

· **소스 파일** : 3-2유형.gpdp   · **정답 파일** : 3-2유형(완성).gpdp

[원본파일]

[결과파일]

▶ '3-2유형.gpdp' 이미지를 불러와 도형 도구와 텍스트를 이용하여 다음과 같이 처리하시오.

● ① ⇒ 사각형(크기 : 280 × 90), 그라데이션(색상 : 55CB4B – CEFFD3)

● 문화 공원으로 놀러 오세요. ⇒ 글꼴(궁서), 글꼴 스타일(굵게, 기울임꼴), 크기(16pt),
채우기(색상 : EFFF73), 외곽선(두께 : 3px, 색상 : 3131D0)

난이도	권장 시간 / 시험 시간	유형 점수 / 시험 점수
★★★☆☆	5분 / 40분	80점/200점

시험 분석

➤ **주의 사항 : 실수가 많은 내용**

☑ 도형의 크기를 정확히 입력합니다.

☑ 시험에 출제되는 도형은 단색 보다는 그라데이션 색상이 출제됩니다. 그라데이션 색상 코드를 정확히 입력합니다.

☑ 텍스트는 채우기 색상 코드와 외곽선 색상 코드를 정확히 입력합니다.

➤ **주요 단축키 : 시간 단축에 도움**

☑ 다른 이름으로 저장하기 : **Ctrl** + **Shift** + **S**

유형체크 01 도형 입력하기

① [출제유형02] 폴더에서 '3-2유형.gpdp' 파일을 더블클릭합니다.

※ [소스 및 정답]–[소스 파일]–[PART 03 [문제 2] 곰픽 for DIAT]–[출제유형02]

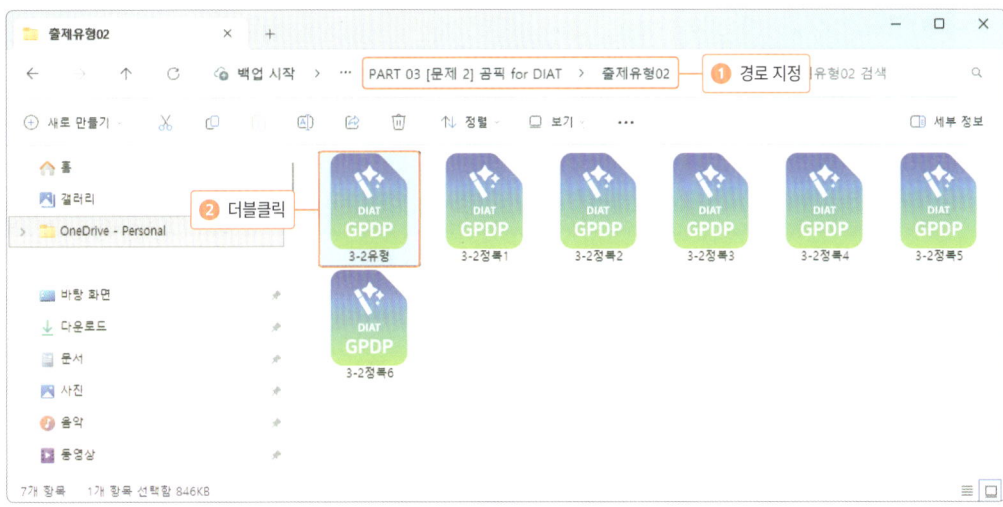

② 편집 도구 상자에서 [도형]–[사각형]을 선택하고 [채우기]–[그라이데이션]을 선택합니다. 이어서, 그라데이션 색상 코드를 입력한 다음 [외곽선]은 선택을 해제합니다.

※ 색상(55CB4B – CEFFD3)

③ 다음과 같이 캔버스에 드래그하여 도형을 추가합니다. 이어서, 오른쪽 레이어의 대상 정보(▯)를 클릭한 다음 가로와 세로 크기를 입력하고 위치를 맞춰줍니다.

※ **도형 크기** : 가로(280), 세로(90)

TIP 도형 크기 대상 정보

도형을 그린 다음 레이어의 대상 정보(▯)를 클릭하고 도형의 크기를 변경한 다음 반드시 대상정보 창을 닫고 다음 작업을 해야합니다. 대상 정보창이 열려 있는 상태에서는 다른 작업을 할 수가 없습니다.

유형체크 02 텍스트 입력하기

① 편집 도구 상자에서 [텍스트]를 클릭한 다음 글꼴 서식을 지정합니다.

※ 궁서, 굵게, 기울임꼴, 16pt, 채우기(색상 : EFFF73), 외곽선(두께 : 3px, 색상 : 3131D0)

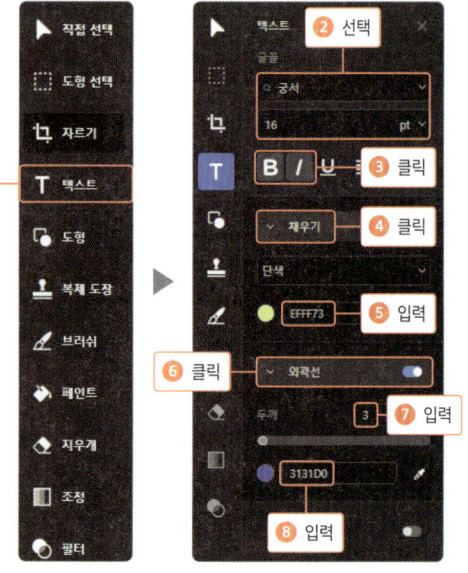

② 마우스 포인터가 변경되면 입력된 도형에 클릭합니다.

③ 텍스트를 입력하고 Esc 키를 눌러 내용 입력을 마칩니다. 이어서, 다음과 같이 위치를 변경합니다.

> **TIP 텍스트**
>
> 텍스트 입력을 마치고 조절점을 움직이면 글꼴의 크기가 변경되므로 조절점으로 크기를 변경했다면 글꼴의 크기를 다시 지정해야 합니다.

④ 작업이 완료되면 [파일]-[다른 이름으로 저장]을 눌러 본인의 폴더에 저장합니다.
※ 단축키 : Ctrl + Shift + S

도형과 텍스트 만들기

완전정복- 01

원본 파일을 처리조건에 따라 결과파일로 완성하시오.

• 소스 파일 : 3-2정복1.gpdp   • 정답 파일 : 3-2정복1(완성).gpdp

작성 시간 / 권장 시간
분 / 5분

[원본파일]

[결과파일]

▶ '3-2정복1.gpdp' 이미지를 불러와 도형 도구와 텍스트를 이용하여 다음과 같이 처리하시오.

- ① ⇒ 모서리가 둥근 사각형(크기 : 400 × 100), 그라데이션(색상 : 090C63 – B6D1E7)
- Cargo Train ⇒ 글꼴(Arial), 글꼴 스타일(굵게, 기울임꼴), 크기(40pt),
  채우기(색상 : FFFFFF), 외곽선(두께 : 5px, 색상 : 9923AD)

완전정복- 02

원본 파일을 처리조건에 따라 결과파일로 완성하시오.

• 소스 파일 : 3-2정복2.gpdp   • 정답 파일 : 3-2정복2(완성).gpdp

작성 시간 / 권장 시간
분 / 5분

[원본파일]

[결과파일]

▶ '3-2정복2.gpdp' 이미지를 불러와 도형 도구와 텍스트를 이용하여 다음과 같이 처리하시오.

- ① ⇒ 원형/타원형(크기 : 350 × 90), 그라데이션(색상 : 00FF00 – FFFF00)
- Friendship ⇒ 글꼴(Arial), 글꼴 스타일(굵게, 밑줄), 크기(35pt),
  채우기(색상 : EE0044), 외곽선(두께 : 5px, 색상 : FFFF00)

원본 파일을 처리조건에 따라 결과파일로 완성하시오.

· 소스 파일 : 3-2정복3.gpdp　·정답 파일 : 3-2정복3(완성).gpdp

작성 시간 / 권장 시간

분 / 5분

[원본파일]　　　　　　　　　[결과파일]

▶ '3-2정복3.gpdp' 이미지를 불러와 도형 도구와 텍스트를 이용하여 다음과 같이 처리하시오.

- ① ⇒ 사각형(크기 : 280 × 80), 그라데이션(색상 : F77B08 – FFE000)
- Cargo Train ⇒ 글꼴(굴림), 글꼴 스타일(굵게), 크기(40pt),
채우기(색상 : 003CFF), 외곽선(두께 : 6px, 색상 : 68F339)

원본 파일을 처리조건에 따라 결과파일로 완성하시오.

· 소스 파일 : 3-2정복4.gpdp　·정답 파일 : 3-2정복4(완성).gpdp

작성 시간 / 권장 시간

분 / 5분

[원본파일]　　　　　　　　　[결과파일]

▶ '3-2정복4.gpdp' 이미지를 불러와 도형 도구와 텍스트를 이용하여 다음과 같이 처리하시오.

- ① ⇒ 모서리가 둥근 사각형(크기 : 240 × 110), 그라데이션(색상 : 004141 – A2C0FF)
- Rain ⇒ 글꼴(Arial), 글꼴 스타일(기울임꼴), 크기(60pt),
채우기(색상 : 89FF84), 외곽선(두께 : 10px, 색상 : 111F48)

원본 파일을 처리조건에 따라 결과파일로 완성하시오.

· 소스 파일 : 3-2정복5.gpdp · 정답 파일 : 3-2정복5(완성).gpdp

작성 시간 / 권장 시간

분 / 5분

[원본파일]

[결과파일]

▶ '3-2정복5.gpdp' 이미지를 불러와 도형 도구와 텍스트를 이용하여 다음과 같이 처리하시오.

● ① ⇒ 원형/타원형(크기 : 320 × 100), 그라데이션(색상 : 6A6E05 – FFFF98)
● GOLF tournament ⇒ 글꼴(Arial), 글꼴 스타일(굵게), 크기(24pt),
　　　　　　　　　채우기(색상 : 47D242), 외곽선(두께 : 3px, 색상 : 621C5A)

원본 파일을 처리조건에 따라 결과파일로 완성하시오.

· 소스 파일 : 3-2정복6.gpdp · 정답 파일 : 3-2정복6(완성).gpdp

작성 시간 / 권장 시간

분 / 5분

[원본파일]

[결과파일]

▶ '3-2정복6.gpdp' 이미지를 불러와 도형 도구와 텍스트를 이용하여 다음과 같이 처리하시오.

● ① ⇒ 모서리가 둥근 사각형(크기 : 320 × 70), 그라데이션(색상 : D2A942 – FFFFFF)
● 최선을 다했어요 ⇒ 글꼴(궁서체), 글꼴 스타일(굵게), 크기(25pt),
　　　　　　　　　채우기(색상 : 48FFFC), 외곽선(두께 : 7px, 색상 : 133584)

클리핑 마스크 적용하기

☑ 도형 입력하기
☑ 클리핑 마스크 적용하기

미리보기

소스 파일 : 3-3유형.gpdp   **정답 파일** : 3-3유형(완성).gpdp

[원본파일]

[결과파일]

▶ '3-3유형.gpdp' 파일을 불러와 도형 도구와 '사진3-8.jpg'를 이용하여 클리핑 마스크를 생성하시오.

● ② ⇒ 모서리가 둥근 사각형(크기 : 150 × 130), 외곽선(두께 : 6px, 색상 : 044E93)

그림자(두께 : 5px, 거리 : 3px, 분산도 : 3px, 각도 : 210°)

난이도	권장 시간 / 시험 시간	유형 점수 / 시험 점수
★ ★ ★ ★ ☆	5분 / 40분	80점/200점

➡ 주의 사항 : 실수가 많은 내용

☑ 입력된 도형은 크기, 외곽선, 그림자를 지정합니다.

☑ 도형을 입력한 다음 사진을 불러와 크기와 위치를 맞추고 클리핑 마스크를 적용합니다.

☑ 클리핑 마스크란 사진이 도형의 크기에 맞게 잘려져 보이는 기능입니다. 레이어의 순서에 주의해야 합니다.

➡ 주요 단축키 : 시간 단축에 도움

☑ 다른 이름으로 저장하기 : Ctrl + Shift + S

유형체크 01 도형 입력하기

① [출제유형03] 폴더에서 '3-3유형.gpdp' 파일을 더블클릭합니다.

  ※ [소스 및 정답]-[소스 파일]-[PART 03 [문제 2] 곰픽 for DIAT]-[출제유형03]

② 편집 도구 상자에서 [도형]-[모서리가 둥근 사각형]을 클릭한 다음 외곽선과 그림자를 지정합니다.

  ※ 외곽선(두께 : 6px, 색상 : 044E93), 그림자(두께 : 5px, 거리 : 3px, 분산도 : 3px, 각도 : 210°)

❸ 다음과 같이 캔버스에 드래그하여 도형을 추가합니다. 이어서, 오른쪽 레이어의 대상 정보(⋮)를 클릭한 다음 가로와 세로 크기를 입력하고 위치를 맞춰줍니다.

※ **도형 크기** : 가로(180), 세로(140)

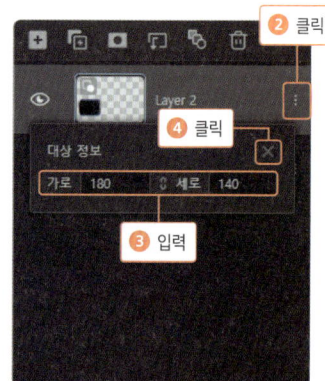

 도형 크기 및 위치 변경

도형을 그린 다음 [직접 선택(▶)] 도구를 이용하여 크기 및 위치를 변경합니다.

유형체크 02 클리핑 마스크 적용하기

❶ [파일]-[열기]를 클릭하고 '사진3-8.jpg' 파일을 불러온 다음 [현재 파일에서 열기]를 클릭합니다.

※ [소스 및 정답]-[소스 파일]-[PART 03 [문제 2] 곰픽 for DIAT]-[출제유형03] 폴더

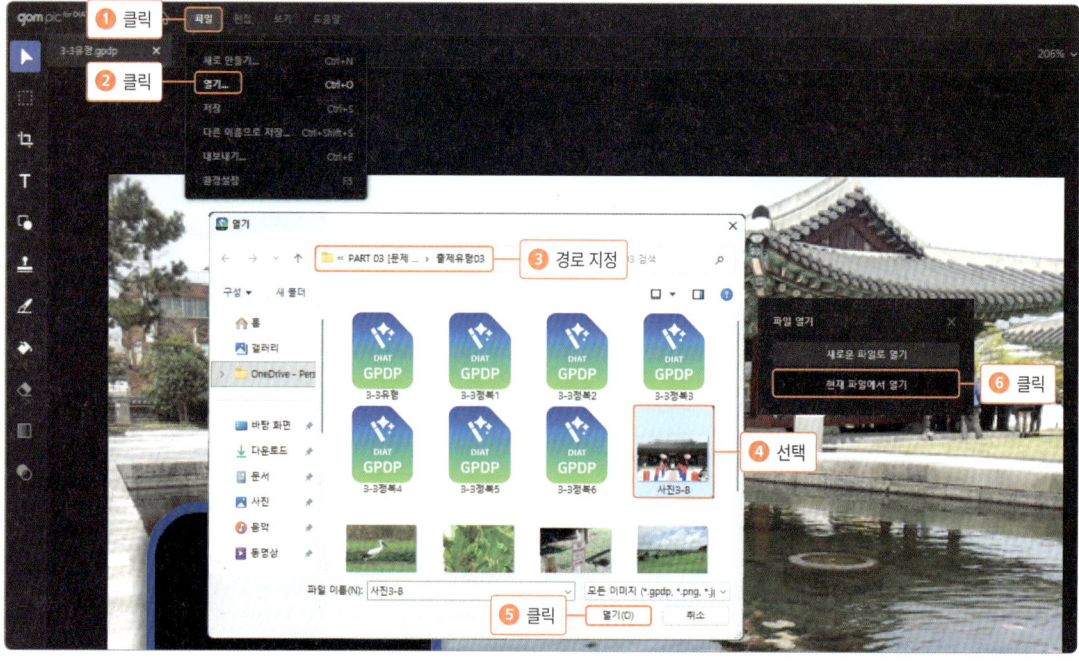

❷ 그림은 만들어진 도형 위에 덮도록 크기와 위치를 변경합니다.

위치 및 크기 변경

❸ '사진3-8' 레이어가 선택된 상태에서 [클리핑 마스크]를
클릭합니다.

❶ 클릭

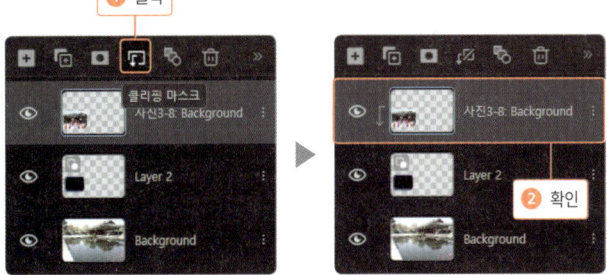

❷ 확인

TIP 클리핑 마스크를 지정하는 다른 방법

레이어와 레이어 사이에 Alt 키를 누르면서 클릭을 하면 클리핑 마스크가 적용
됩니다.

Alt + 클릭

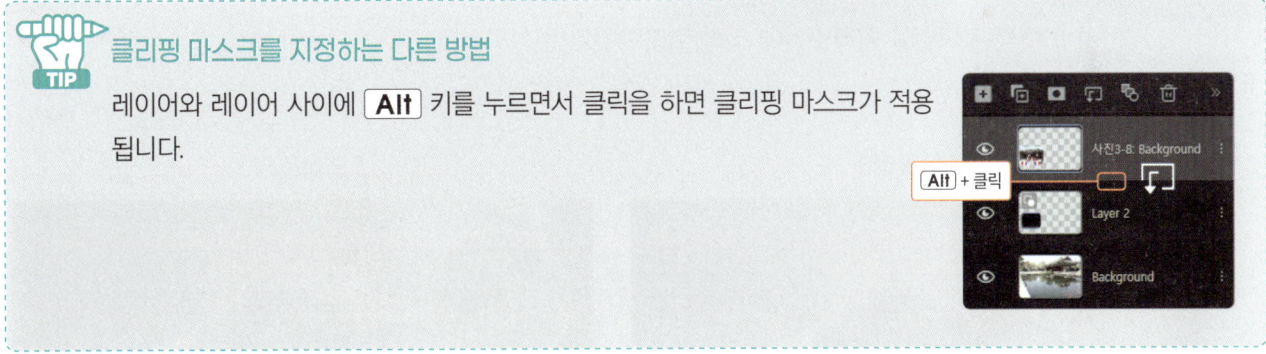

---

❹ 클리핑 마스크가 적용된 사진의 크기와 위치를 조절한 다음 저장합
니다.

완전정복- 01

원본 파일을 처리조건에 따라 결과파일로 완성하시오.

· 소스 파일 : 3-3정복1.gpdp · 정답 파일 : 3-3정복1(완성).gpdp

작성 시간 / 권장 시간
분 / 5분

[원본파일]

[결과파일]

▶ '3-3정복1.gpdp' 파일을 불러와 도형 도구와 '사진3-9.jpg'를 이용하여 클리핑 마스크를 생성하시오.

● ② ➡ 사각형(크기 : 150 × 150), 외곽선(두께 : 3px, 색상 : 1C8834)

그림자(두께 : 2px, 거리 : 2px, 분산도 : 5px, 각도 : 90˚)

완전정복- 02

원본 파일을 처리조건에 따라 결과파일로 완성하시오.

· 소스 파일 : 3-3정복2.gpdp · 정답 파일 : 3-3정복2(완성).gpdp

작성 시간 / 권장 시간
분 / 5분

[원본파일]

[결과파일]

▶ '3-3정복2.gpdp' 파일을 불러와 도형 도구와 '사진3-10.jpg'를 이용하여 클리핑 마스크를 생성하시오.

● ② ➡ 원형/타원형(크기 : 130 × 130), 외곽선(두께 : 4px, 색상 : FFE000)

그림자(두께 : 5px, 거리 : 4px, 분산도 : 1px, 각도 : 270˚)

원본 파일을 처리조건에 따라 결과파일로 완성하시오.

· 소스 파일 : 3-3정복3.gpdp   · 정답 파일 : 3-3정복3(완성).gpdp

[원본파일]

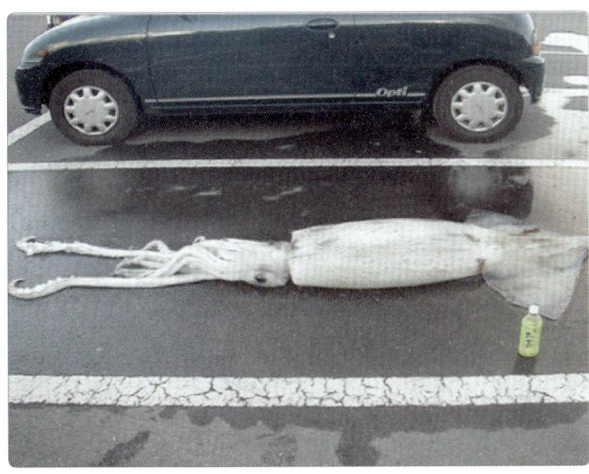

[결과파일]

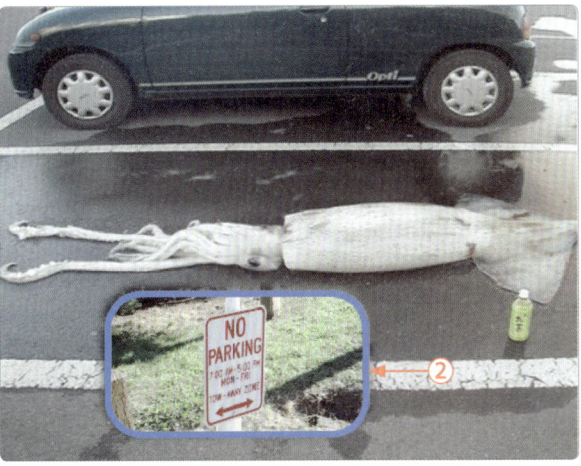

▶ '3-3정복3.gpdp' 파일을 불러와 도형 도구와 '사진3-11.jpg'를 이용하여 클리핑 마스크를 생성하시오.

● ② ⇒ 모서리가 둥근 사각형(크기 : 230 × 120), 외곽선(두께 : 6px, 색상 : 0085FF)

그림자(두께 : 4px, 거리 : 2px, 분산도 : 3px, 각도 : 100°)

원본 파일을 처리조건에 따라 결과파일로 완성하시오.

· 소스 파일 : 3-3정복4.gpdp   · 정답 파일 : 3-3정복4(완성).gpdp

[원본파일]

[결과파일]

▶ '3-3정복4.gpdp' 파일을 불러와 도형 도구와 '사진3-12.jpg'를 이용하여 클리핑 마스크를 생성하시오.

● ② ⇒ 원형/타원형(크기 : 170 × 90), 외곽선(두께 : 2px, 색상 : 222E91)

그림자(두께 : 10px, 거리 : 7px, 분산도 : 3px, 각도 : 70°)

원본 파일을 처리조건에 따라 결과파일로 완성하시오.

· 소스 파일 : 3-3정복5.gpdp   · 정답 파일 : 3-3정복5(완성).gpdp

[원본파일]

[결과파일]

▶ 다음과 같이 캔버스를 설정하시오.

- 크기 ⇒ 가로(600 픽셀) × 세로(400 픽셀)
- 배경 ⇒ 색상 : (676EEC)

▶ '사진3-13.jpg' 이미지를 불러와 기존 캔버스에 복사한 후, 다음과 같이 처리하시오.

- 이미지 복사 ⇒ 레이어 마스크 설정, 대각선 방향으로 흐릿하게

▶ 도형 도구와 텍스트를 이용하여 다음과 같이 처리하시오.

- ① ⇒ 사각형(크기 : 250 × 75), 그라데이션(색상 : B46400 - F8E13E)
- 불가능은 없다 ⇒ 글꼴(궁서체), 글꼴 스타일(굵게), 크기(24pt),
  채우기(색상 : FFFFFF), 외곽선(두께 : 4px, 색상 : 0020AD)

▶ 도형 도구와 '사진3-14.jpg'를 이용하여 클리핑 마스크를 생성하시오.

- ② ⇒ 원형/타원형(크기 : 130 × 130), 외곽선(두께 : 7px, 색상 : DBFFB4)
  그림자(두께 : 7px, 거리 : 7px, 분산도 : 3px, 각도 : 230°)

▶ 지시사항이 없는 경우는 기본값을 적용하시오.

- ① [파일] - [내보내기]를 눌러서 저장
- ② 저장위치 : [내폴더]
- ③ 이미지 파일명 : 3-3정복5(완성)

※ 'JPG'와 'GPDP' 파일 중 하나라도 누락하여 저장할 시에는 "0점" 처리됩니다.

[원본파일]

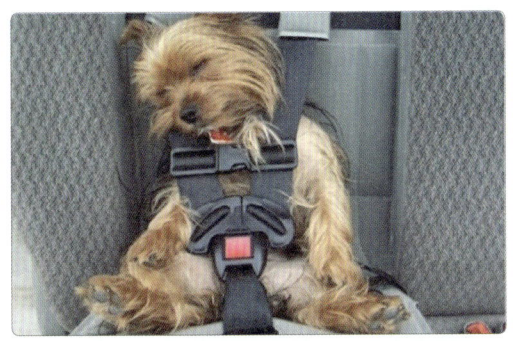

[결과파일]

▶ 다음과 같이 캔버스를 설정하시오.
- 크기 ⇒ 가로(650 픽셀) × 세로(450 픽셀)
- 배경 ⇒ 색상 : (E2FF7C)

▶ '사진3-15.jpg' 이미지를 불러와 기존 캔버스에 복사한 후, 다음과 같이 처리하시오.
- 이미지 복사 ⇒ 레이어 마스크 설정, 가로 방향으로 흐릿하게

▶ 도형 도구와 텍스트를 이용하여 다음과 같이 처리하시오.
- ① ⇒ 모서리가 둥근 사각형(크기 : 290 × 80), 그라데이션(색상 : 2D9F3A - EDAEFF)
- For your Safety ⇒ 글꼴(Arial), 글꼴 스타일(굵게, 기울임꼴), 크기(25pt),
  채우기(색상 : A6C7F0), 외곽선(두께 : 5px, 색상 : 002FFF)

▶ 도형 도구와 '사진3-16.jpg'를 이용하여 클리핑 마스크를 생성하시오.
- ② ⇒ 사각형(크기 : 160 × 140), 외곽선(두께 : 5px, 색상 : EDFF5F)
  그림자(두께 : 8px, 거리 : 5px, 분산도 : 3px, 각도 : 340°)

▶ 지시사항이 없는 경우는 기본값을 적용하시오.
- ① [파일] - [내보내기]를 눌러서 저장
- ② 저장위치 : [내폴더]
- ③ 이미지 파일명 : 3-3정복6(완성)

※ 'JPG'와 'GPDP' 파일 중 하나라도 누락하여 저장할 시에는 "0점" 처리됩니다.

MEMO

PART 04

곰믹스 for DIAT

☑ **출제유형** **01** **곰믹스 for DIAT 기본 익히기**
  ☑ Gom Mix for DIAT에서 파일 가져오기
  ☑ 프로젝트 전체 저장하기

☑ **출제유형** **02** **동영상 파일 설정하기**
  ☑ 오프닝 제목 넣기
  ☑ 텍스트 입력 및 설정하기

☑ **출제유형** **03** **이미지 파일 설정하기**
  ☑ 이미지 클립 길이 지정하기
  ☑ 이미지 오버레이와 클립 트랜지션 전환하기

☑ **출제유형** **04** **시작 부분 텍스트 삽입과 음악 넣기**
  ☑ 시작 부분 텍스트 삽입하기
  ☑ 음악 삽입하고 프로젝트 전체 저장하기

곰믹스 for DIAT 기본 익히기

☑ Gom Mix for DIAT에서 파일 가져오기
☑ 프로젝트 전체 저장하기

 미리보기

· 소스 파일 : 직접 작성   · 정답 파일 : 4-1유형(완성). gmep

≪ 출력형태 ≫

동영상01.mp4   이미지02.jpg 이미지01.jpg 이미지03.jpg

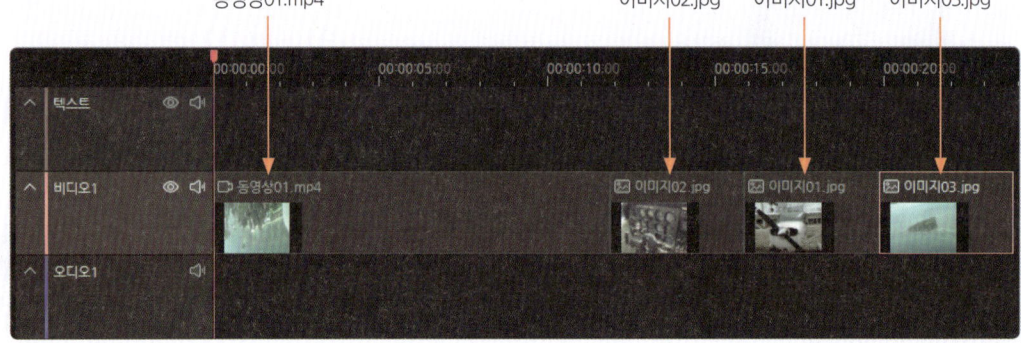

≪ 처리조건 ≫

원본파일	이미지01.jpg, 이미지02.jpg, 이미지03.jpg, 동영상01.mp4

▶ 미디어 소스의 순서를 다음과 같이 지정하시오.

● 미디어 소스 순서 ⇒ 동영상01.mp4 > 이미지02.jpg > 이미지01.jpg > 이미지03.jpg

▶ 다음과 같은 규칙으로 GMEP 파일을 프로젝트 전체 저장하시오

● 저장 위치 : 바탕화면 – KAIT – 제출파일 폴더

GMEP	파일명	dpi_03_수검번호(6자리)_이름.GMEP

(예 : 수검번호가 DPI –24XX –000000인 경우 "dpi_03_000000_이름.GMEP"로 프로젝트 전체 저장할 것)

(* dpi_03_000000_이름.GMEP 파일 누락 / 프로젝트 전체 저장 이외의 기능을 이용하여 저장할 시 "0점"처리됨)

TIP 'Gom Mix for DIAT' 프로그램 확인하기

'Gom Mix for DIAT'는 수검 전용 프로그램으로, 'Gom Mix Max'와는 디자인 및 기능이 다를 수 있으므로 반드시 수검 전용 프로그램을 다운로드하여 사용해야 합니다.

Digital Information Ability Test

**시험
분석**

난이도	권장 시간 / 시험 시간	유형 점수 / 시험 점수
★★☆☆☆	5분 / 40분	70점/200점

➡ 주의 사항 : 실수가 많은 내용

☑ 타임라인 패널에 이미지와 영상의 순서를 조건에 맞게 배치합니다.

☑ 실제 시험장에서는 바탕화면에 있는 [KAIT]-[제출파일] 폴더 안에 'dip_03_수험번호_성명'으로 저장을 합니다.

➡ 주요 단축키 : 시간 단축에 도움

☑ 프로젝트 전체 저장 : Ctrl + Shift + E

Gom Mix for DIAT에서 파일 가져오기

❶ Gom Mix for DIAT(🔴) 프로그램을 실행하여 화면 구성을 알아봅니다.

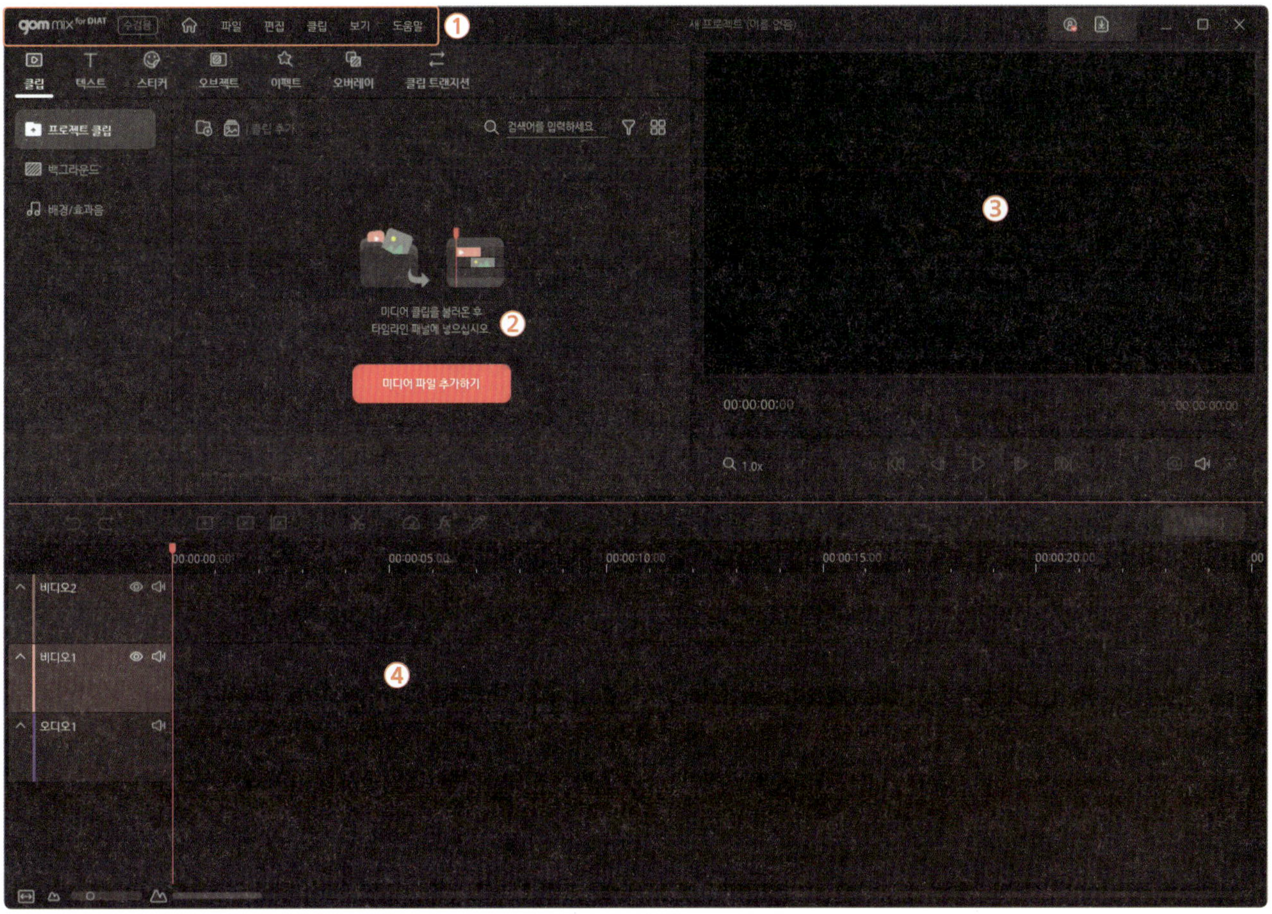

① **탑바 메뉴**
자주 사용하는 기능(파일, 편집, 클립 등)으로 구성되어 있습니다.

② **소스 및 효과 패널**
소스 클립을 불러오거나 꾸밀 수 있습니다.

③ **미리보기 패널**
작업중인 프로젝트의 출력 영상을 보여줍니다.

④ **타임라인 패널**
제작하는 영상의 클립들을 배치하고 편집합니다.

② [클립]-[프로젝트 클립]-[미디어 파일 추가하기(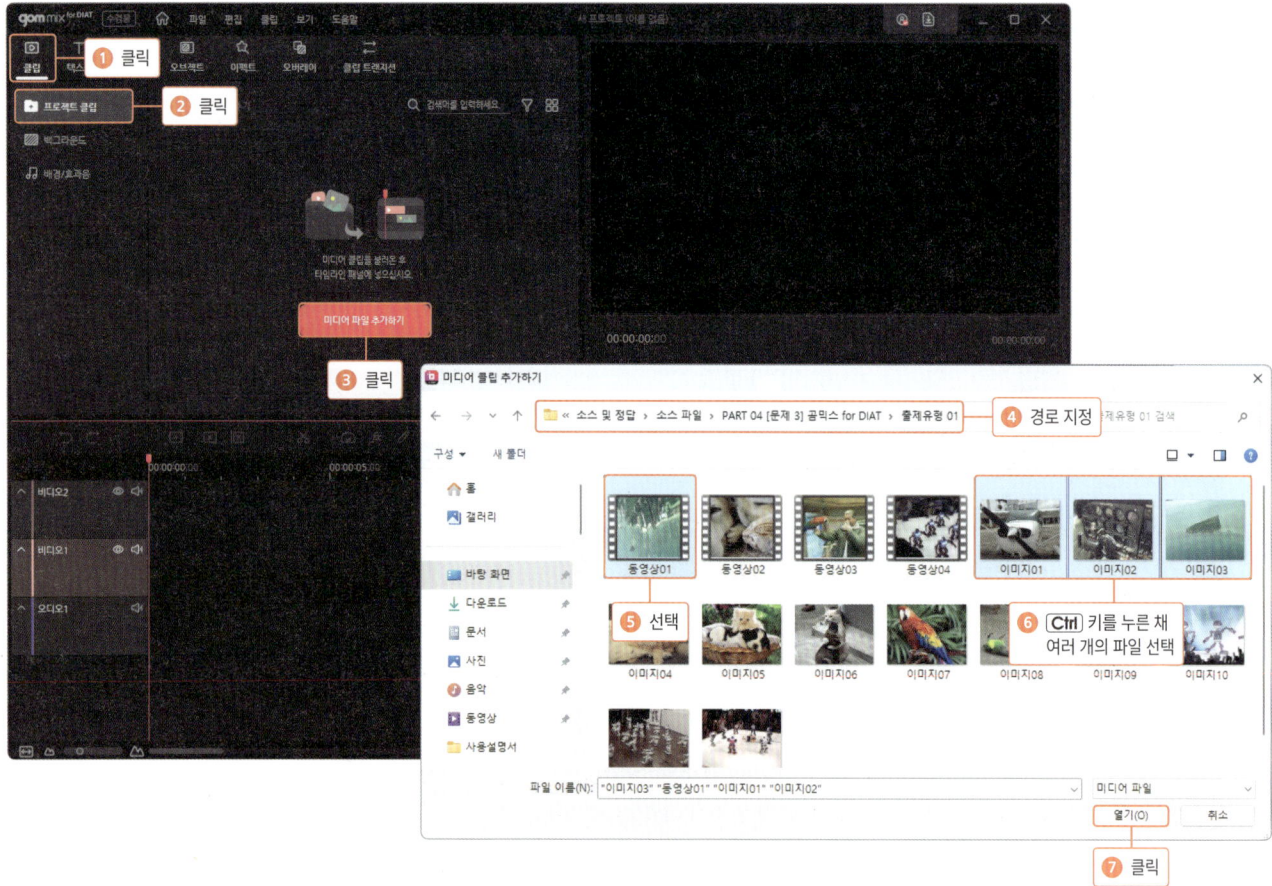미디어 파일 추가하기)]를 클릭합니다.

③ [미디어 클립 불러오기] 대화상자가 나오면 '동영상01.mp4', '이미지01.jpg', '이미지02.jpg', '이미지03.jpg' 파일을 Ctrl 키를 누른 채 선택한 후, <열기> 단추를 클릭합니다.

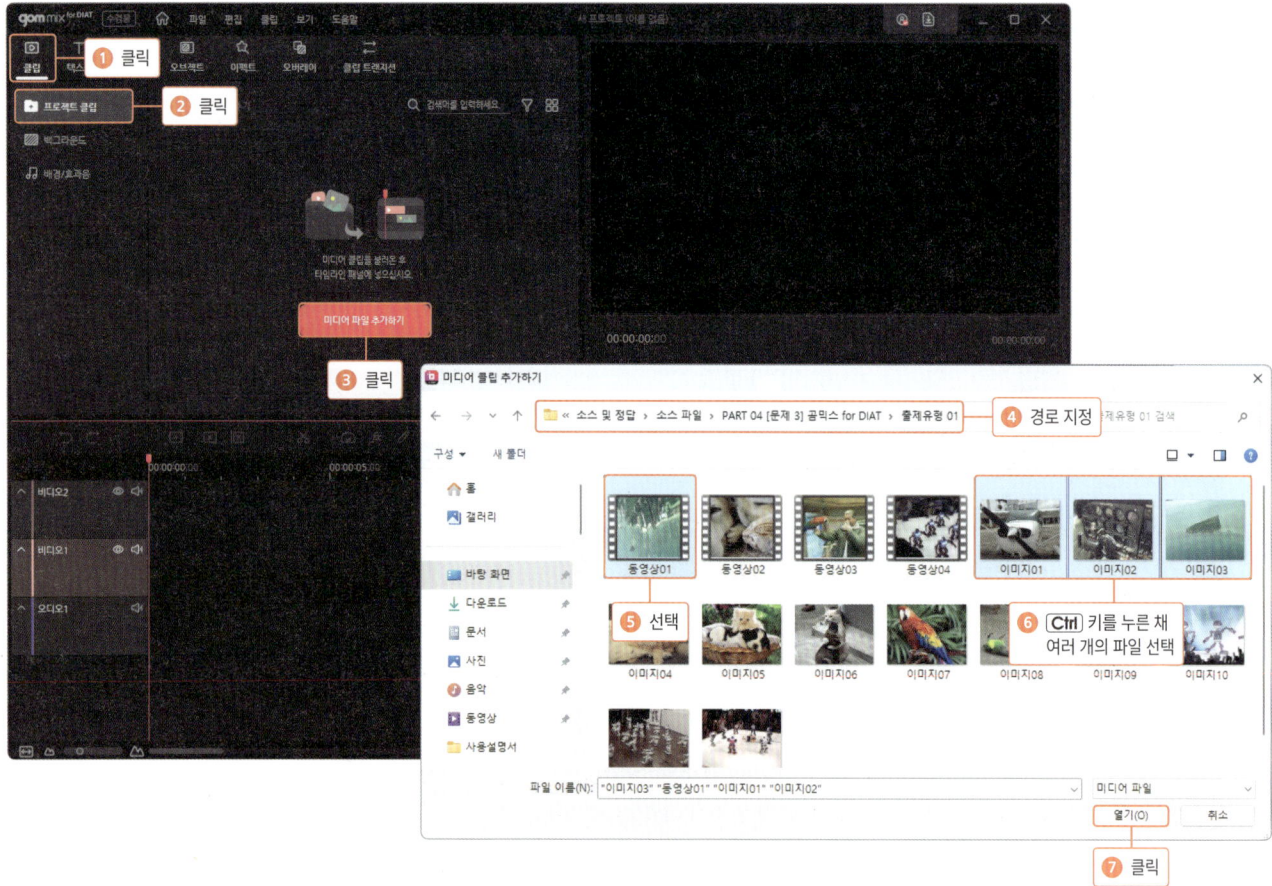

④ 선택한 클립 파일들이 추가된 것을 확인합니다.

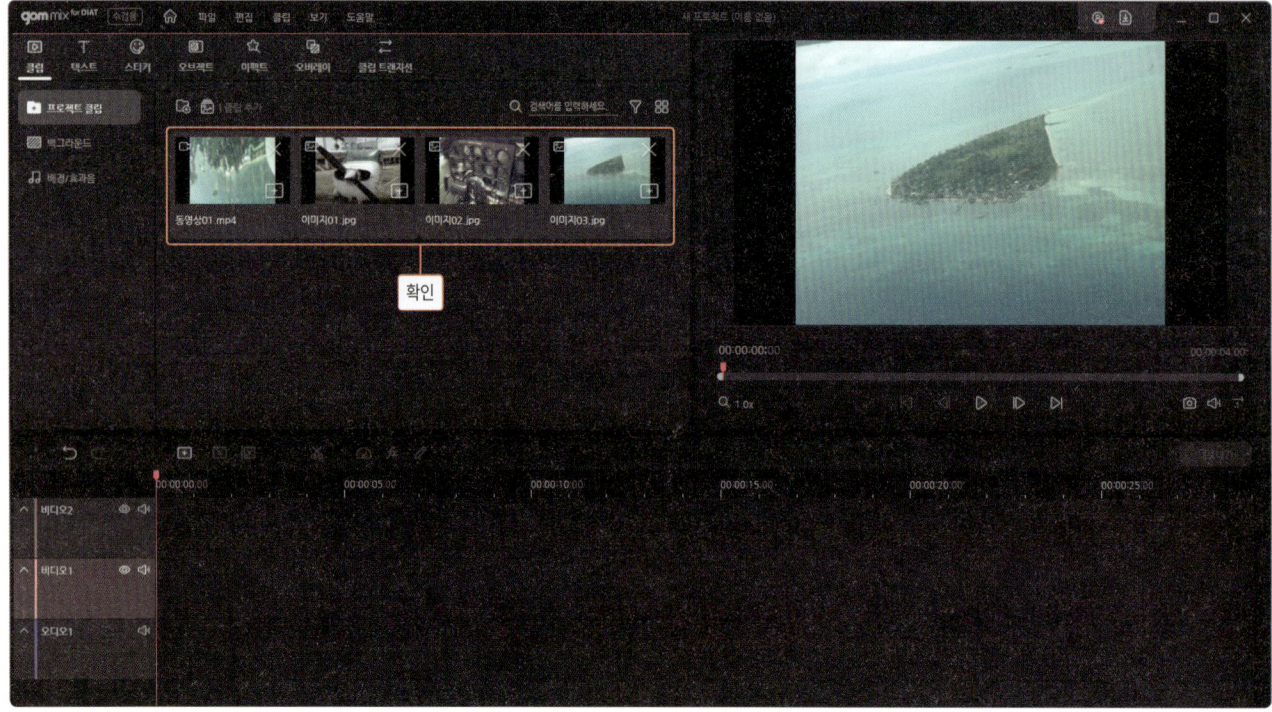

⑤ 프로젝트 클립의 '동영상01.mp4' 파일을 클릭한 다음 [타임라인]-[비디오1] 부분으로 드래그합니다.

⑥ '동영상01.mp4' 파일이 [타임라인]에 삽입되면 [미리보기] 영상이 표시됩니다.

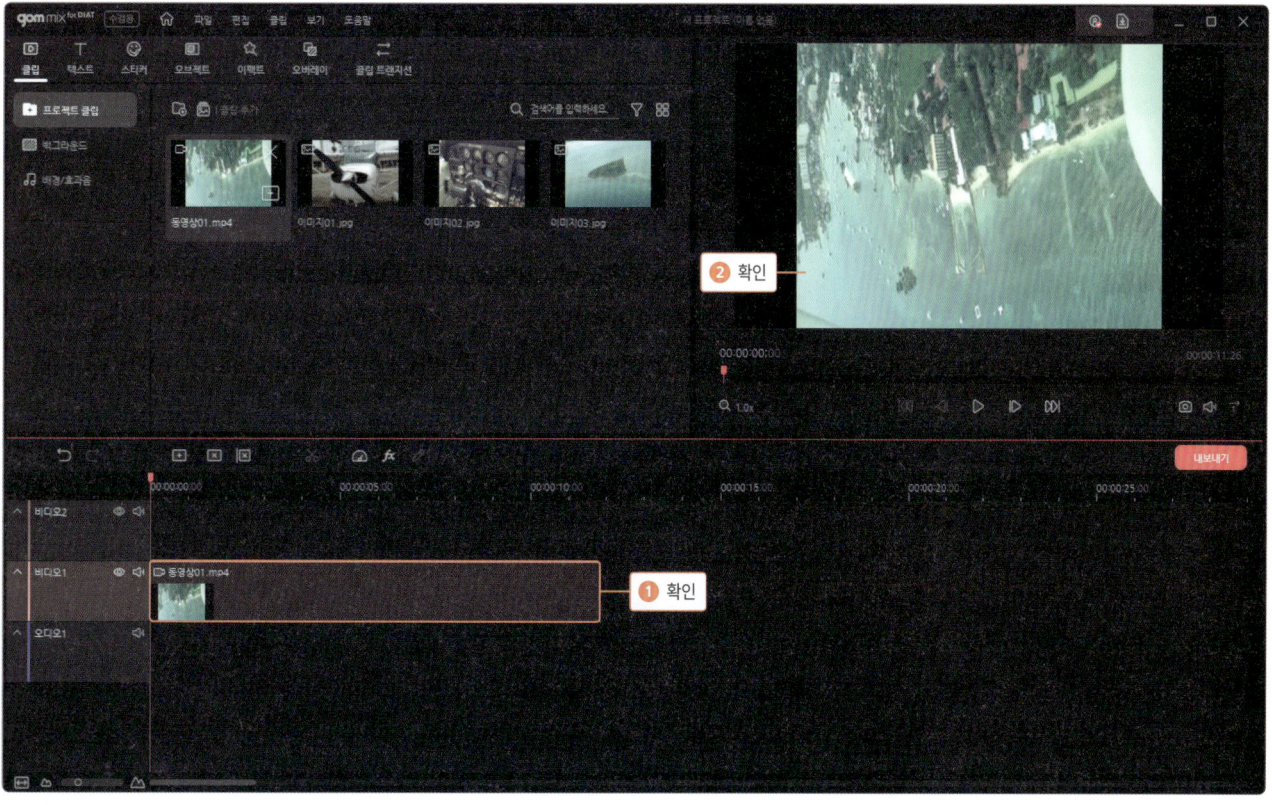

❼ 같은 방법으로 '동영상01.mp4' 파일 뒤에 '이미지02.jpg', '이미지01.jpg', '이미지03.jpg' 파일을 순서대로 [타임라인]에 삽입합니다.

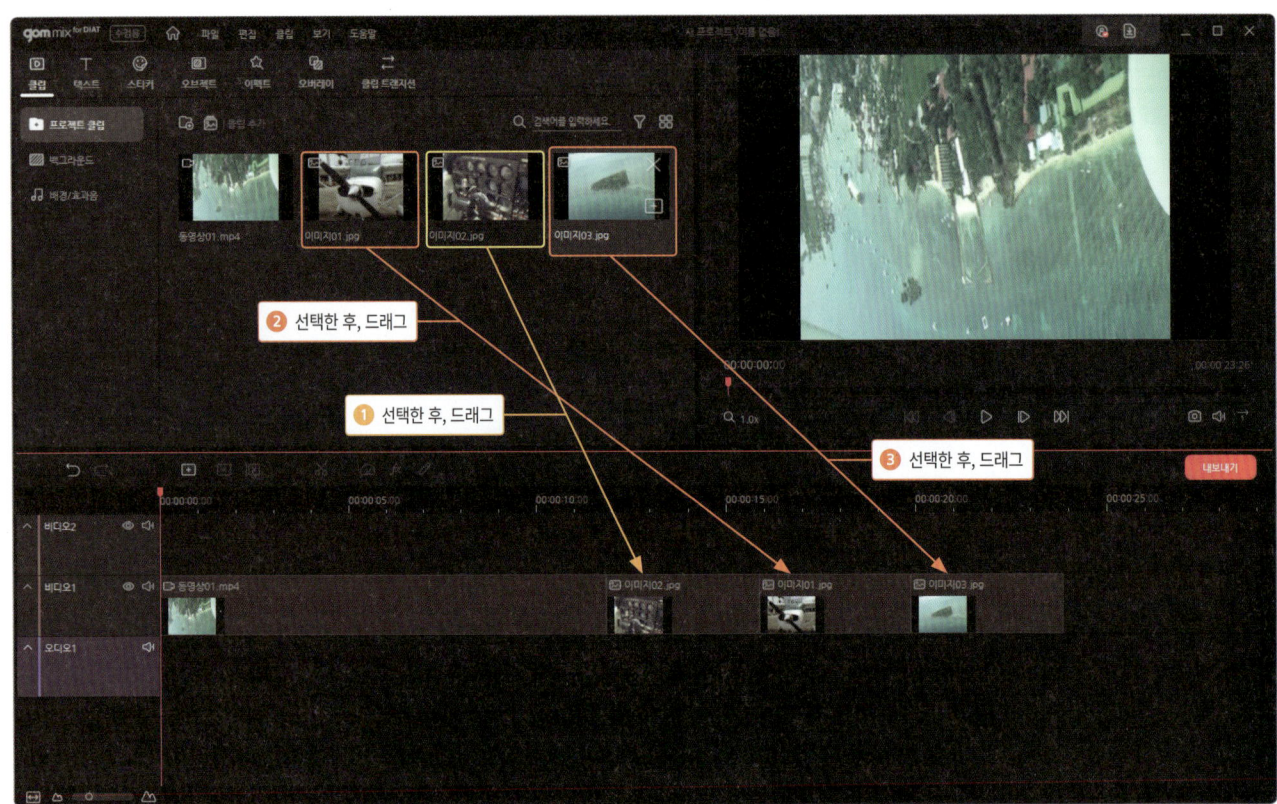

 클립 정보 살펴보기

1. 오른쪽 [타임라인] 영역에서 원하는 파일(클립)을 더블클릭하면 상단의 [미리보기] 창에 해당 클립의 모습이 크게 표시됩니다. 또한, [타임라인] 영역에서 클립 위로 마우스 포인터를 위치하면 클립의 파일명과 시작 시간, 재생 시간이 풍선 도움말로 표시됩니다.

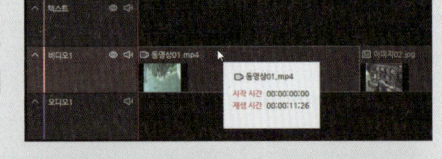

2. [타임라인]에 삽입된 클립을 삭제할 때는 마우스 오른쪽 단추를 클릭하여 [클립 삭제]을 클릭하면 삭제가 됩니다.

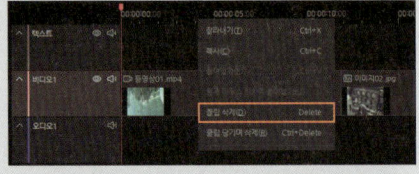

3. [타임라인]의 시간은 확대(⛰)를 클릭하면 시간 간격이 작아지고 축소(⛰)를 클릭하면 시간 간격이 커집니다.

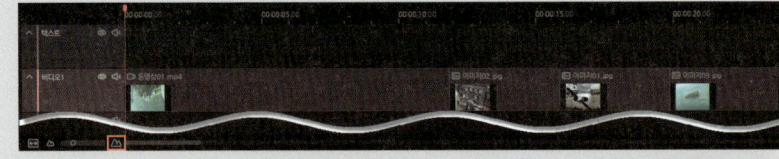

▲ 확대(⛰) 클릭 시

▲ 축소(⛰) 클릭 시

02 프로젝트 전체 저장하기

① [파일]-[프로젝트 전체 저장] 메뉴를 클릭합니다.

② [보관용 프로젝트로 저장] 대화상자가 나오면 [이름]과 [경로 설정]을 지정한 후 <확인> 단추를 클릭합니다.

※ [이름] : 'dpi_03_수험번호_성명'을 입력해 줍니다.
※ [경로 설정] : 불러오기(📁) 단추를 클릭하여 저장할 폴더를 선택해 줍니다

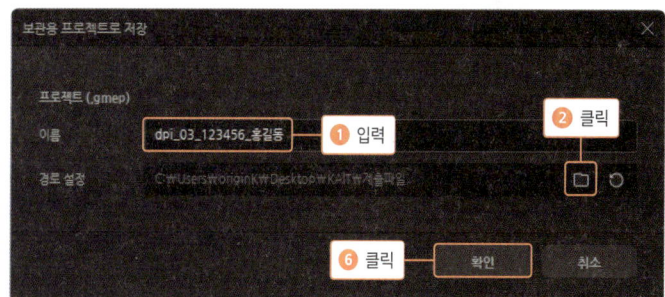

곰믹스 for DIAT 기본 익히기

완전정복-01 원본 파일을 처리조건에 따라 결과파일로 완성하시오.

· **소스 파일** : 직접 작성   · **정답 파일** : 4-1정복1(완성).gmep

작성 시간 / 권장 시간
분 / 5분

[출력형태]

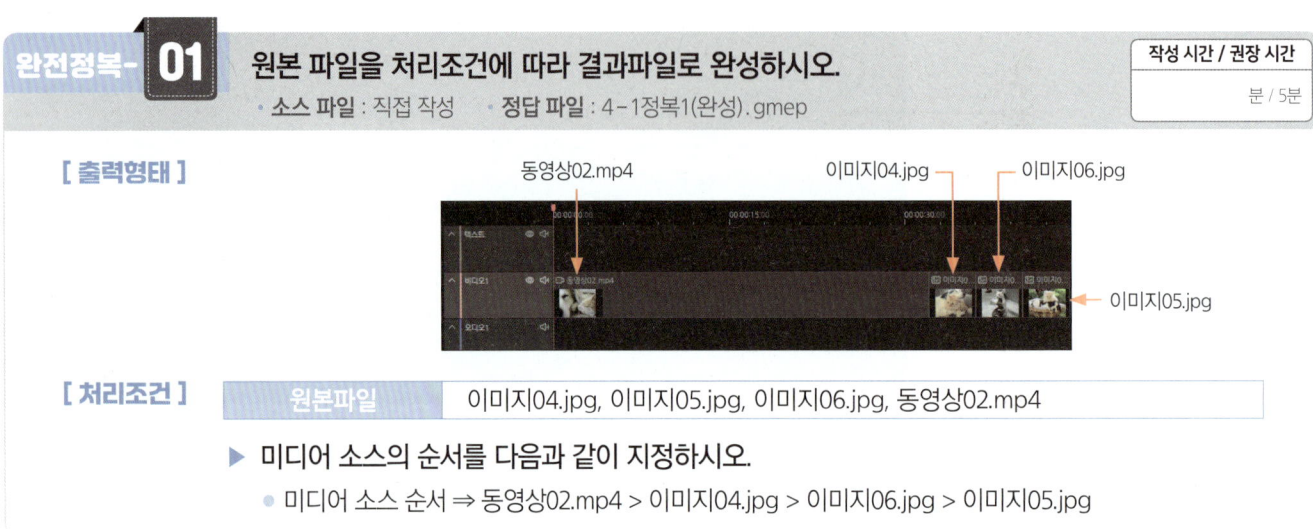

동영상02.mp4   이미지04.jpg   이미지06.jpg   이미지05.jpg

[처리조건]

원본파일	이미지04.jpg, 이미지05.jpg, 이미지06.jpg, 동영상02.mp4

▶ 미디어 소스의 순서를 다음과 같이 지정하시오.

● 미디어 소스 순서 ⇒ 동영상02.mp4 > 이미지04.jpg > 이미지06.jpg > 이미지05.jpg

완전정복-02 원본 파일을 처리조건에 따라 결과파일로 완성하시오.

· **소스 파일** : 직접 작성   · **정답 파일** : 4-1정복2(완성).gmep

작성 시간 / 권장 시간
분 / 5분

[출력형태]

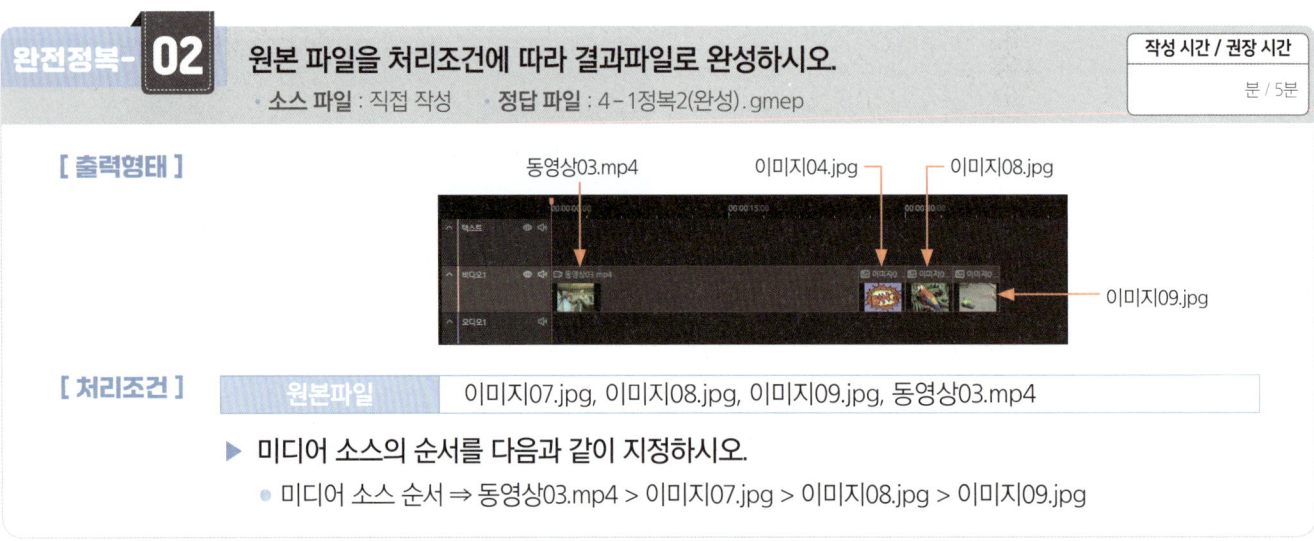

동영상03.mp4   이미지04.jpg   이미지08.jpg   이미지09.jpg

[처리조건]

원본파일	이미지07.jpg, 이미지08.jpg, 이미지09.jpg, 동영상03.mp4

▶ 미디어 소스의 순서를 다음과 같이 지정하시오.

● 미디어 소스 순서 ⇒ 동영상03.mp4 > 이미지07.jpg > 이미지08.jpg > 이미지09.jpg

완전정복-03 원본 파일을 처리조건에 따라 결과파일로 완성하시오.

· **소스 파일** : 직접 작성   · **정답 파일** : 4-1정복3(완성).gmep

작성 시간 / 권장 시간
분 / 5분

[출력형태]

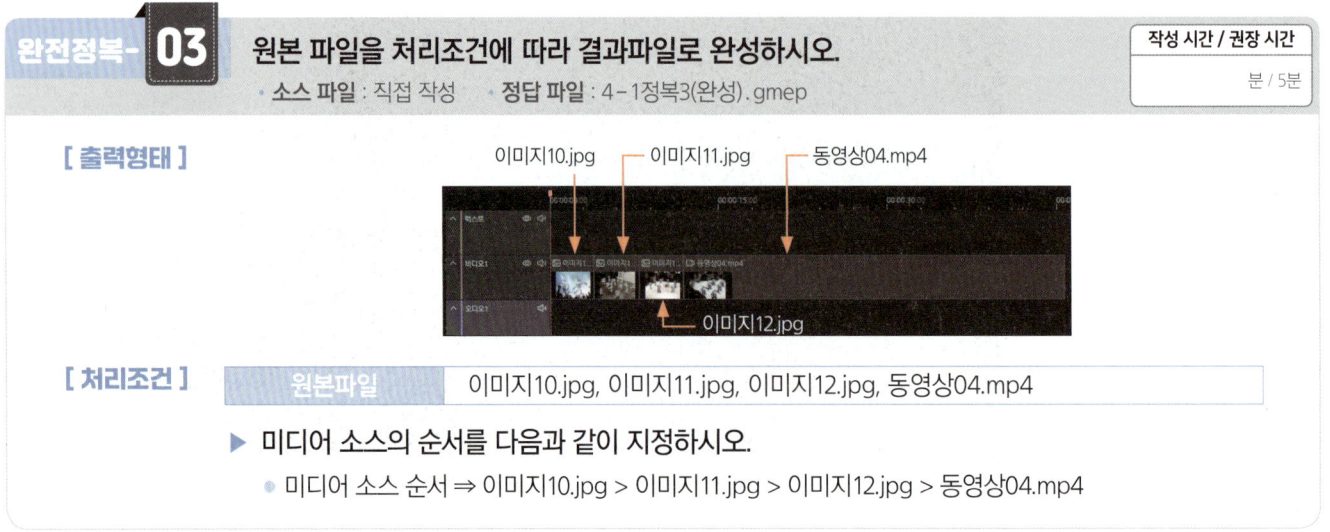

이미지10.jpg   이미지11.jpg   동영상04.mp4   이미지12.jpg

[처리조건]

원본파일	이미지10.jpg, 이미지11.jpg, 이미지12.jpg, 동영상04.mp4

▶ 미디어 소스의 순서를 다음과 같이 지정하시오.

● 미디어 소스 순서 ⇒ 이미지10.jpg > 이미지11.jpg > 이미지12.jpg > 동영상04.mp4

MEMO

02 동영상 파일 설정하기

☑ 오프닝 제목 넣기
☑ 텍스트 입력 및 설정하기

 **미리보기**

• 소스 파일 : 4-2유형.gmep   • 정답 파일 : 4-2유형(완성).gmep

≪ 출력형태 ≫

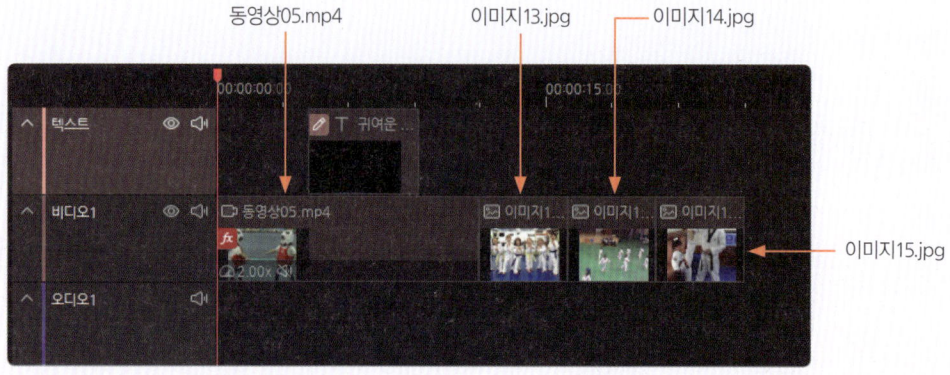

≪ 처리조건 ≫

원본파일	이미지13.jpg, 이미지14.jpg, 이미지15.jpg, 동영상05.mp4

▶ 동영상 파일("동영상05.mp4")을 다음과 같이 처리하시오.

- 배속 : 2x
- 자르기 : 시작 지점(0.00), 재생 시간(12.00)
- 이펙트 : LUT 필터-파스텔-파스텔 02(노출 : 20, 감마 : 0.5)
- 텍스트 ⇒ 텍스트 입력 : 귀여운 태권 키즈 들
  텍스트 서식 기본자막(궁서체, 크기 100, 0c00ff), 윤곽선 설정(없음),
  위치 설정(화면 정가운데 아래), 시작 시간(4.06), 클립 길이(5.00)
- 재생 속도 설정 후 자르기를 하여야 하며, 잘라진 뒷부분의 동영상 및 트랙의 모든 공백을 삭제할 것
- 원본 동영상에 포함된 오디오는 모두 음소거 할 것

난이도	권장 시간 / 시험 시간	유형 점수 / 시험 점수
★★★ ☆☆	5분 / 40분	70점/200점

➔ **주의 사항 : 실수가 많은 내용**

☑ 풍선 도움말로 표시되는 효과의 이름을 정확하게 확인하여 선택합니다.

☑ 조건으로 제시되지 않은 항목은 기본값으로 놓아두어야 하므로 시험장에서 시간이 남더라도 절대 다른 항목은 건드리지 않는 것이 좋습니다.

➔ **주요 단축키 : 시간 단축에 도움**

☑ 프로젝트 전체 저장 : Ctrl + Shift + E

유형체크 01 오프닝 제목 넣기

❶ '곰믹스 for DIAT' 프로그램을 실행하고 [파일]–[프로젝트 열기]를 클릭하여 '4-2유형.gmep' 파일을 불러옵니다.

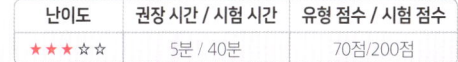

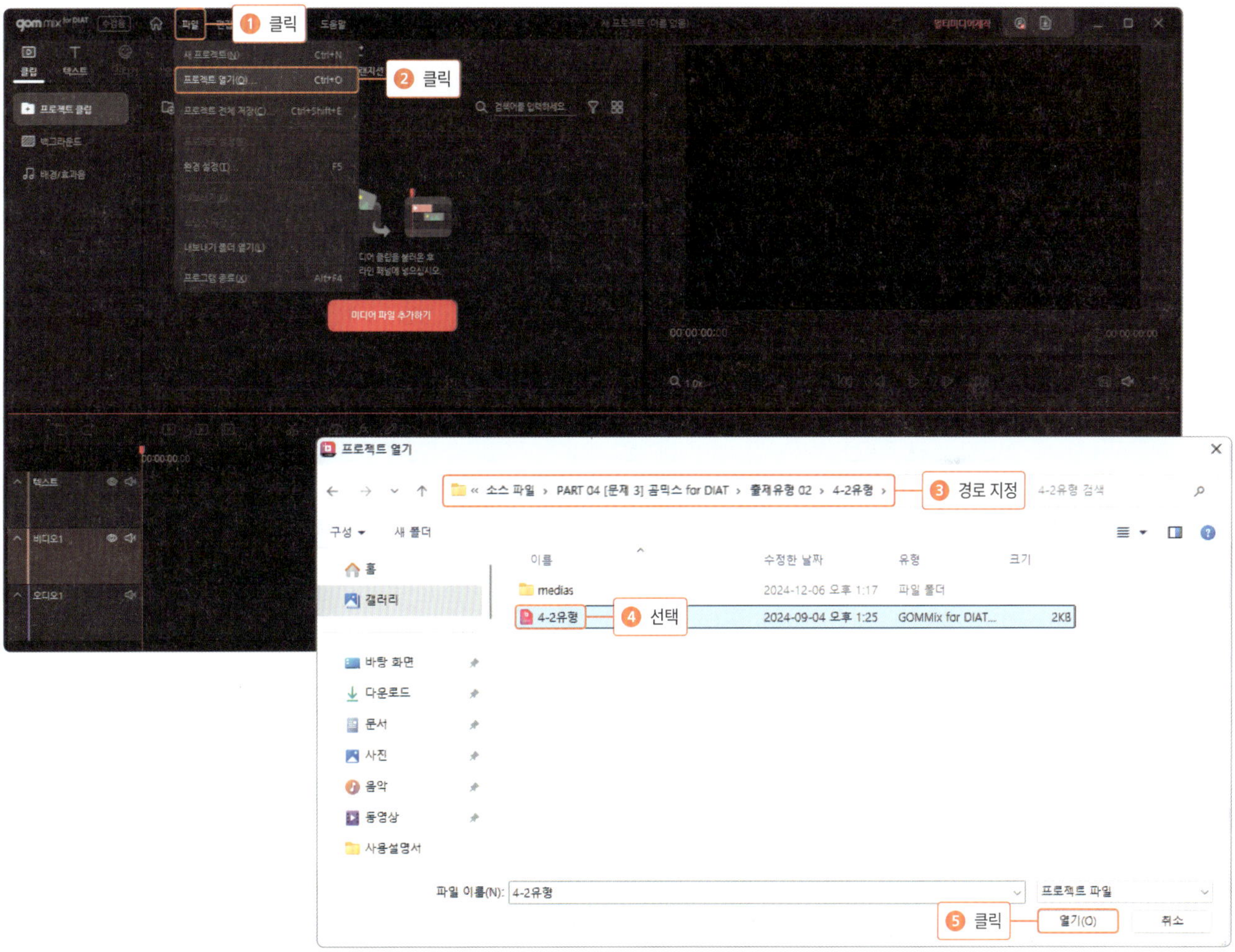

❷ 동영상 파일에 포함된 오디오를 음소거하기 위해 [타임라인]의 '동영상05.mp4' 파일을 선택한 후, 마우스 오른쪽 단추를 눌러 [음소거]를 클릭합니다.

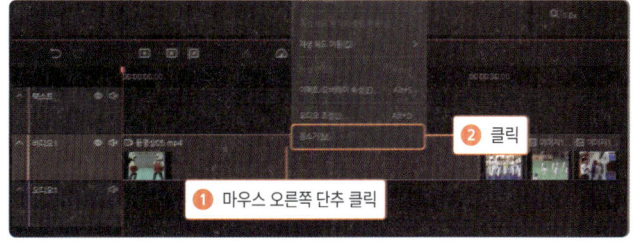

❸ 동영상05.mp4' 파일에서 마우스 오른쪽 단추를 눌러 [배속]을 클릭합니다. 이어서, [배속] 창에서 '2.0' 배속으로 설정하고 <확인> 단추를 클릭합니다.

　※ 비디오 배속은 '0.1~4.0' 배속까지 설정 가능합니다.

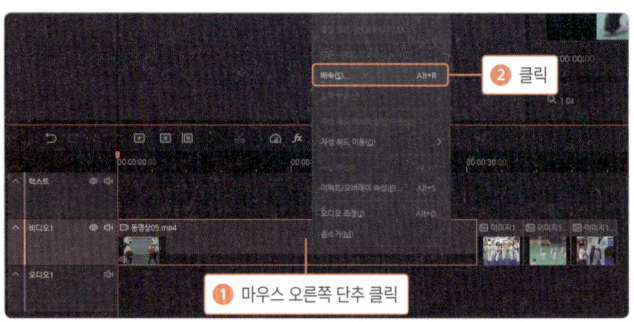
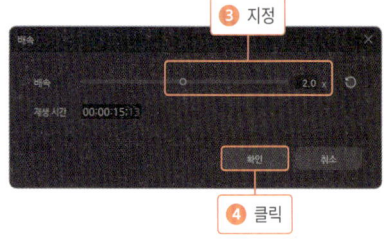

❹ 동영상을 자르기 위해 [미리보기] 패널에서 재생위치 설정(12.00)을 입력합니다.

❺ [타임라인]의 빨간색 바가 설정한 재생 위치로 이동하면 [타임라인]의 메뉴 바에서 [클립 자르기(✂)]를 클릭합니다.
　※ [클립 자르기]는 동영상이 선택된 상태에서만 활성화 됩니다.

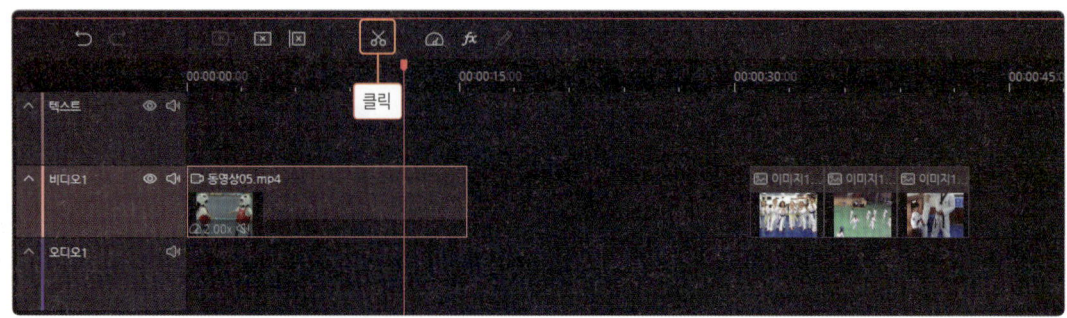

⑥ 동영상이 2개로 잘라지면 빨간색 바 뒷부분의 동영상을 선택하고 [타임라인] 메뉴 바에서 [클립 삭제]를 클릭합니다.

※ Delete 키를 눌러 삭제할 수 있습니다

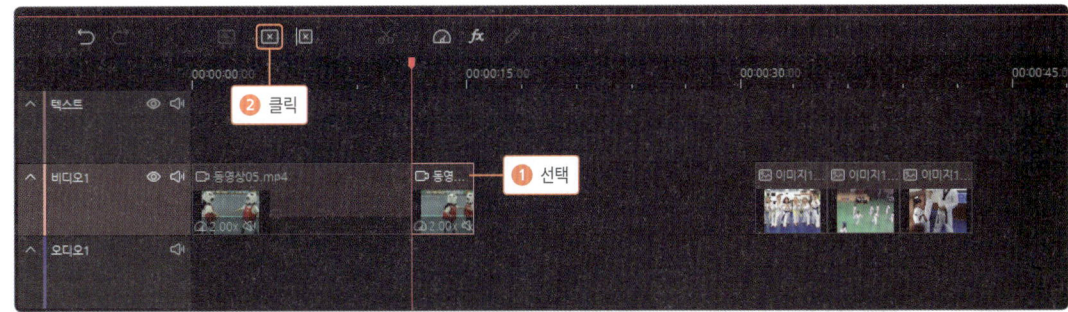

⑦ 잘라진 동영상이 삭제되면 트랙의 '공백'을 선택한 후 마우스 오른쪽 단추를 눌러 [모든 공백 삭제]를 클릭합니다.

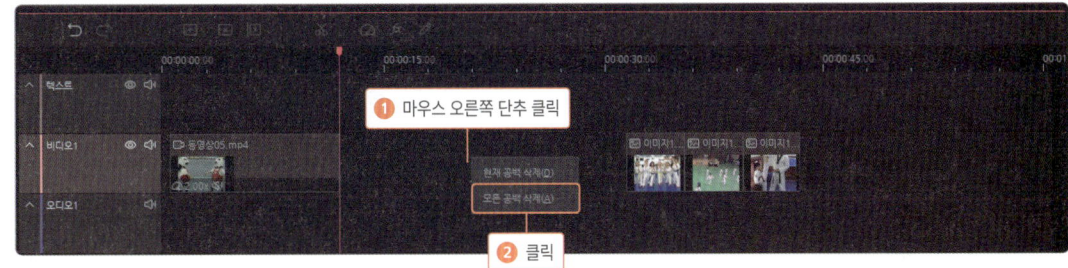

⑧ [타임라인]의 동영상 파일을 선택하고 [소스 및 효과 패널]-[이펙트] 탭을 클릭합니다.

⑨ 왼쪽 메뉴에서 [LUT 필터]-[파스텔]-[파스텔 02]를 선택하고 노출(20), 감마(0.5)를 입력한 후, <확인> 단추를 클릭합니다.

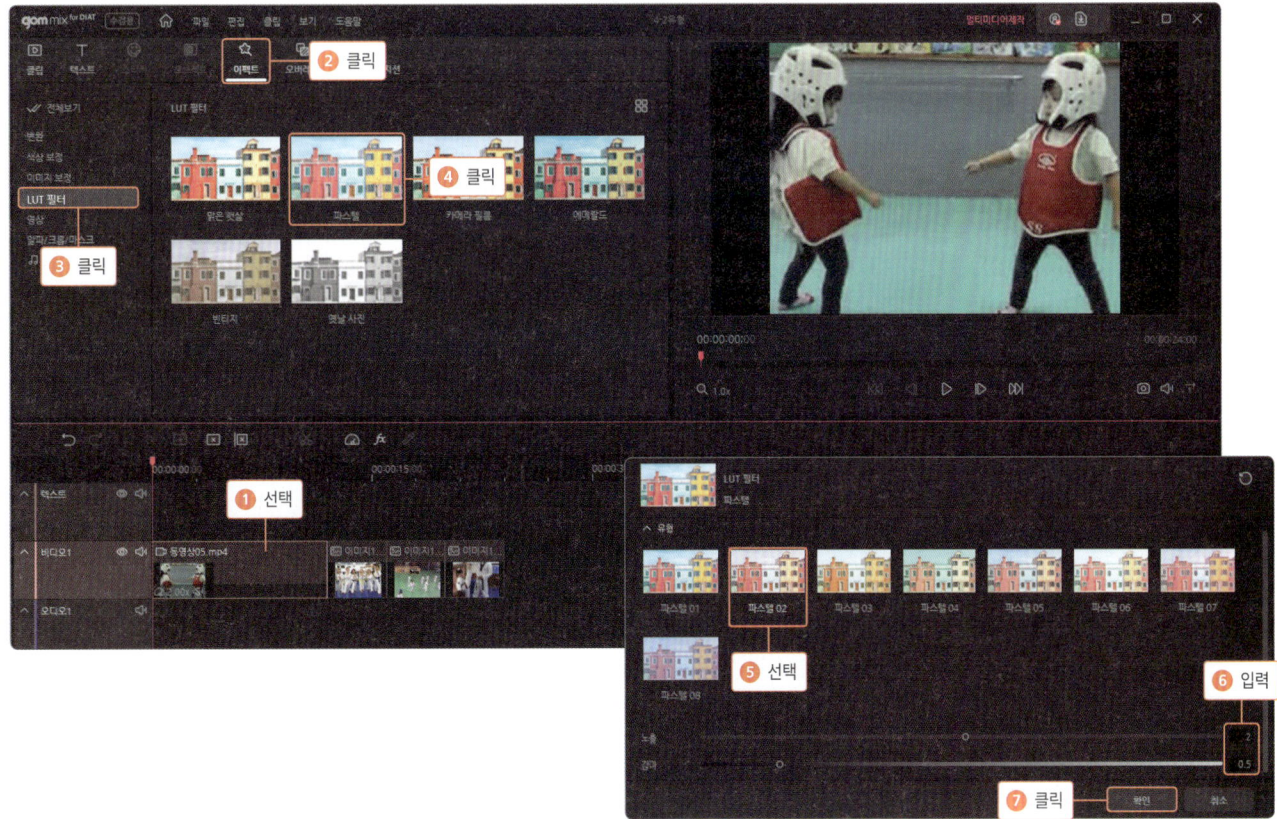

❶ 텍스트를 입력하기 위해 [텍스트] 타임라인을 클릭하고 [소스 및 효과 패널]–[텍스트]–[기본자막]–[기본자막]에서 ▣를 클릭합니다.

❷ [텍스트] 타임라인에서 [텍스트] 클립을 더블클릭합니다. 이어서, '귀여운 태권 키즈 들'을 입력하고 '폰트 종류(궁서체)', '폰트 크기(100)', 화면 정가운데 아래를 지정합니다.

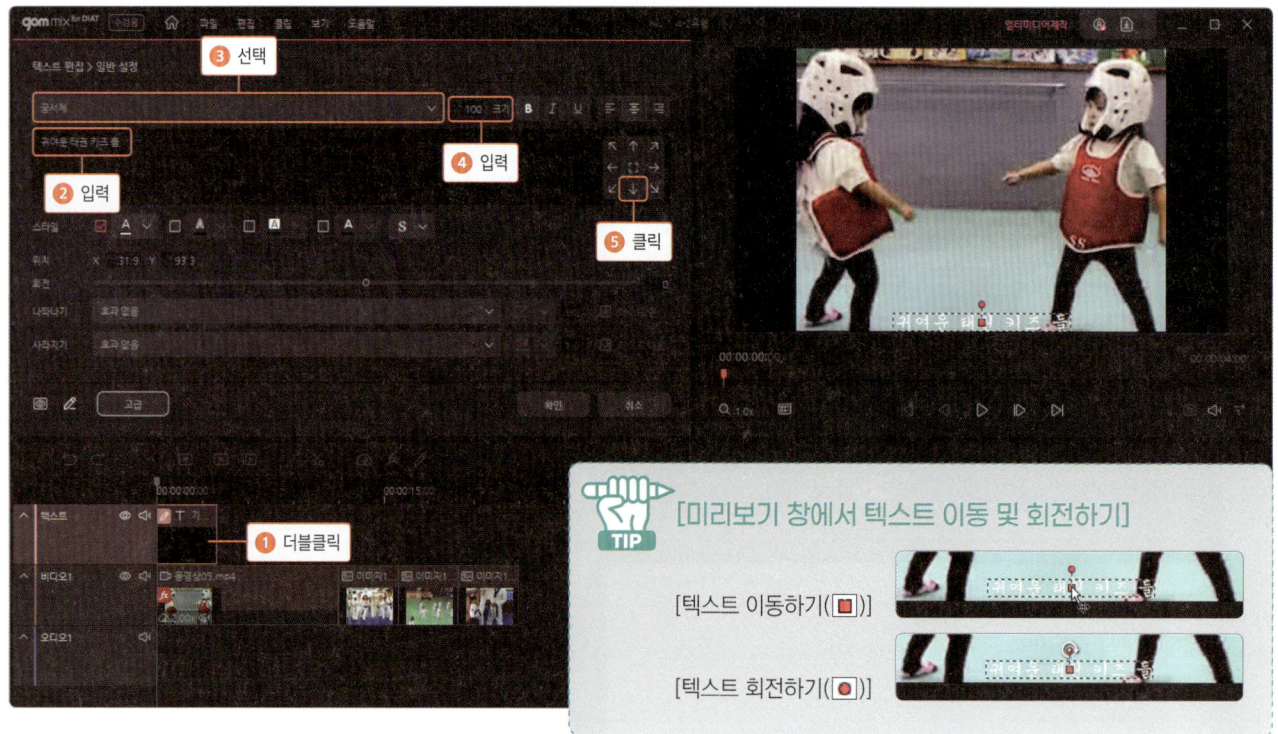

❸ 텍스트의 색상을 바꾸기 위해 [스타일]-[텍스트 채우기( )]의 목록 단추( )를 눌러 [다른 색상]을 클릭합니다.

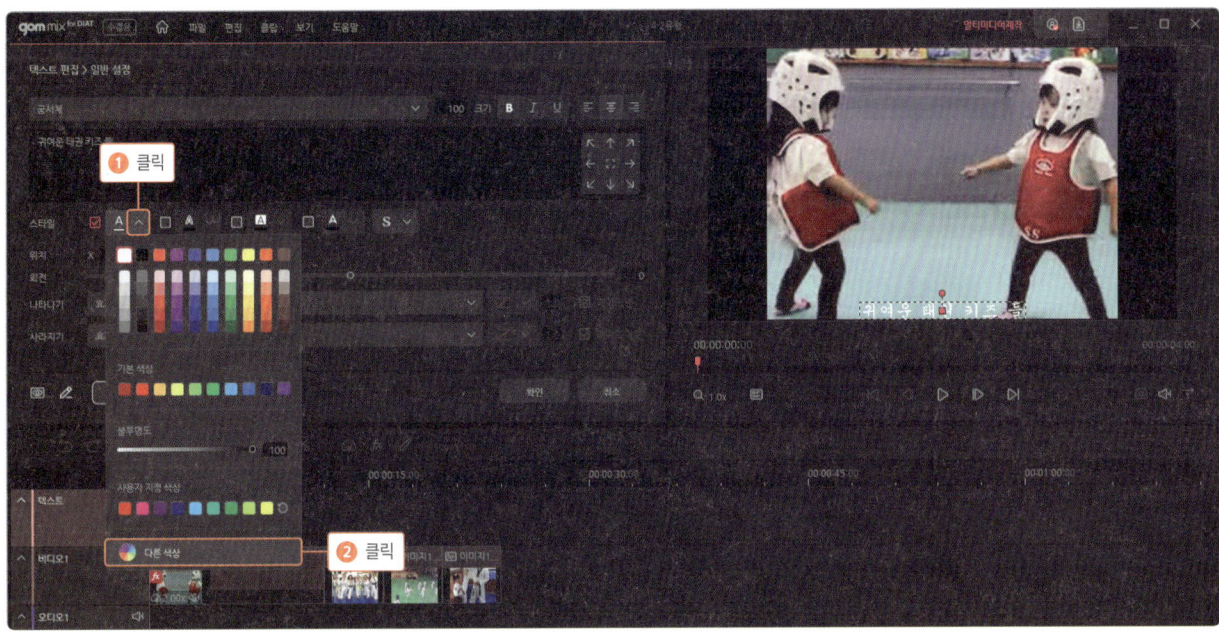

❹ [색상 선택] 대화상자가 나오면 색 입력에 '0C00FF'를 입력하고 <확인> 단추를 클릭합니다.

※ 윤곽선 설정(없음)은 [텍스트 윤곽선 설정( )]에서 체크가 되어있는 지 확인합니다. 혹시, 체크가 되어 있다면 체크를 해제합니다.

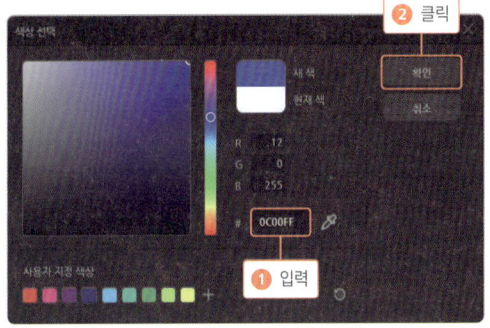

윤곽선 설정   그림자 설정

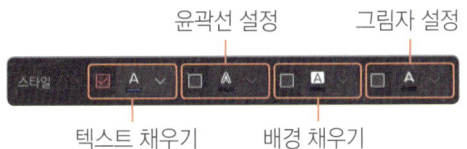

텍스트 채우기   배경 채우기

❺ 텍스트의 재생 시간을 설정하기 위해 [미리보기]의 [재생위치 설정]에서 '4.06'을 입력합니다. 이어서, [텍스트] 클립을 빨간 선 있는데로 드래그해서 이동합니다.

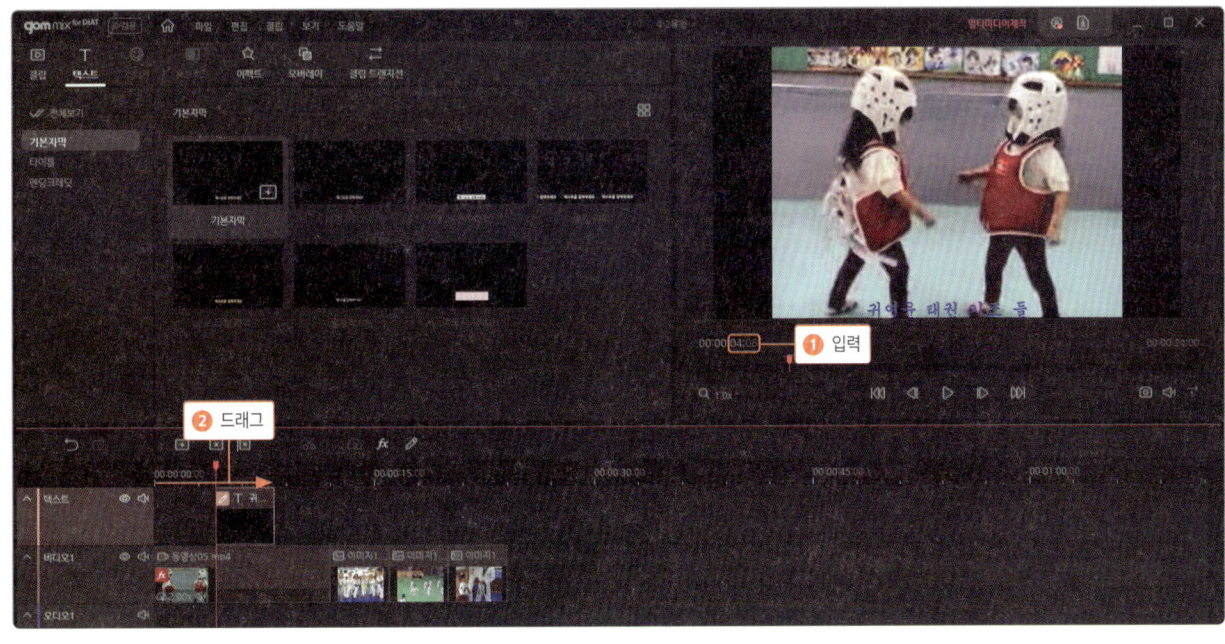

6 [텍스트] 클립에서 마우스 오른쪽 단추를 눌러 [길이 변경]을 클릭합니다. 이어서, [길이 변경] 대화 상자가 나오면 [클립 길이]에는 '05:00'을 입력하고 <확인> 단추를 클릭합니다.

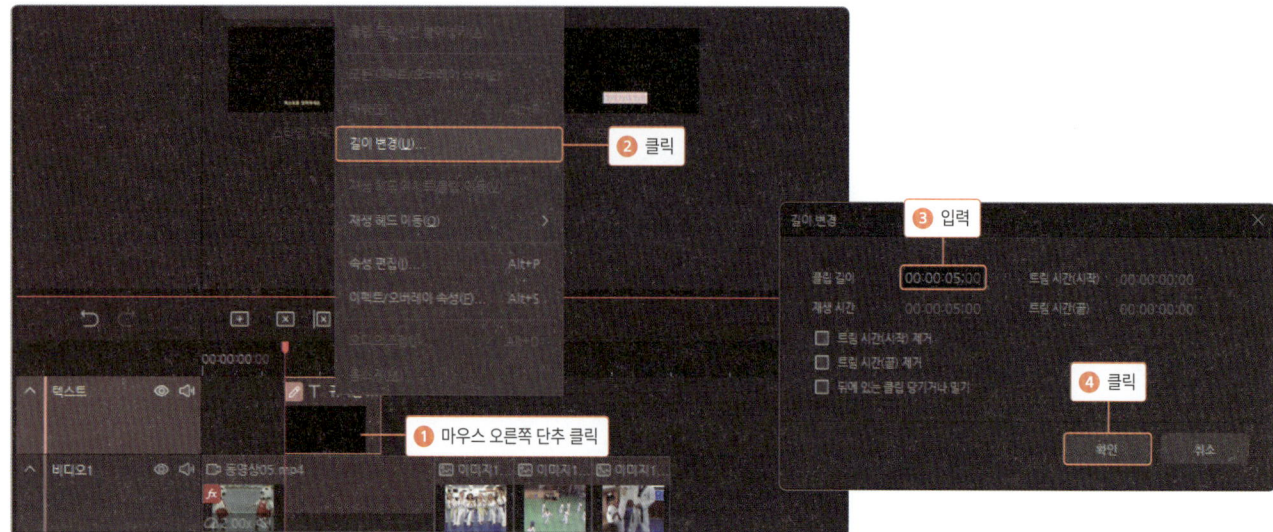

7 완성된 동영상을 [미리보기] 화면에서 <재생(▷)> 단추를 눌러 확인합니다.

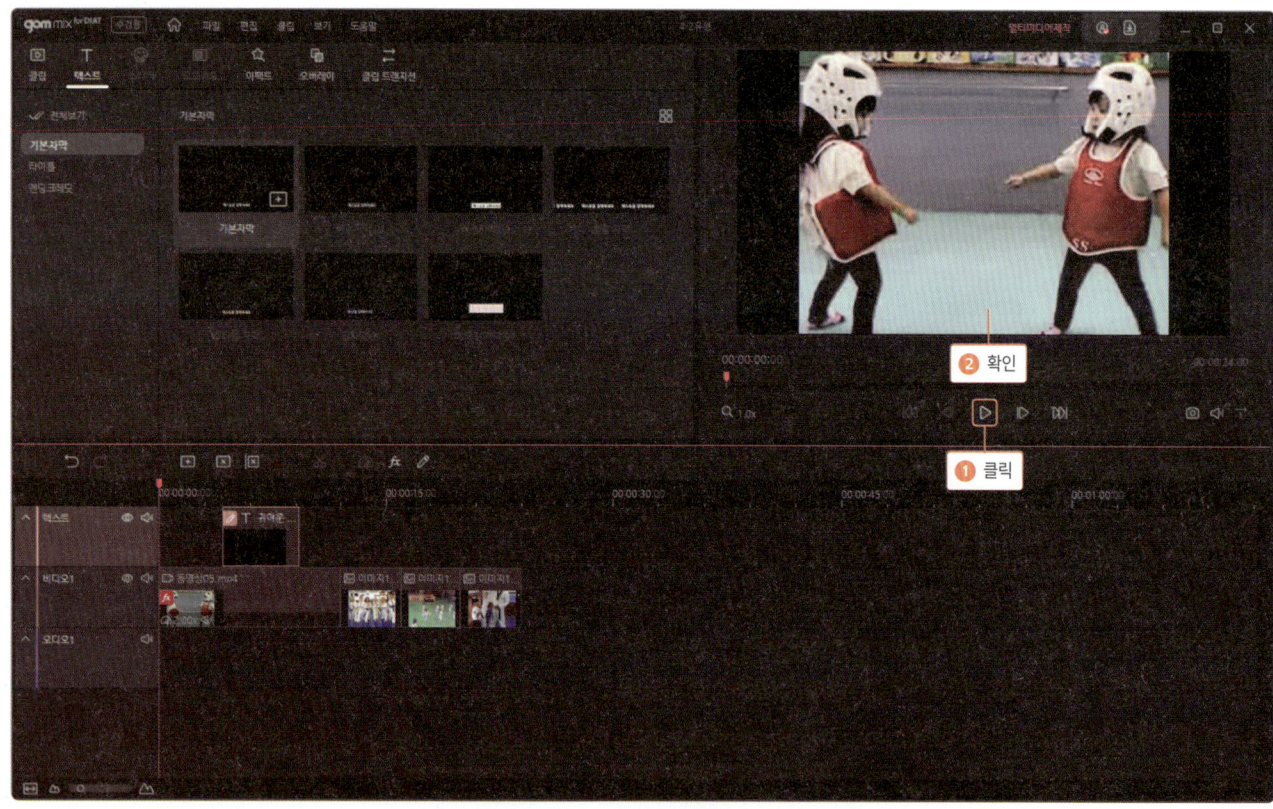

완전정복- 01 원본 파일을 처리조건에 따라 결과파일로 완성하시오.

· 소스 파일 : 4-2정복1.gmep   · 정답 파일 : 4-2정복1(완성).gmep

작성 시간 / 권장 시간
분 / 5분

[출력형태]

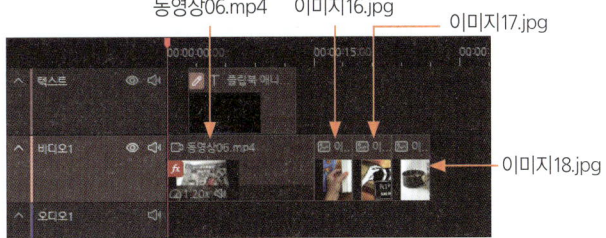

동영상06.mp4   이미지16.jpg   이미지17.jpg   이미지18.jpg

[처리조건]

원본파일   이미지16.jpg, 이미지17.jpg, 이미지18.jpg, 동영상06.mp4

▶ 동영상 파일('동영상06.mp4')을 다음과 같이 처리하시오

- 배속 : 1.2x
- 자르기 : 시작 시간(0.00), 재생 시간(15.00)
- 이펙트 : LUT 필터-에메랄드-에메랄드 02(노출 : 10, 감마 : 1.0)
- 텍스트 : 텍스트 입력 : [플립북 애니메이션]

  텍스트 서식 : 기본자막(맑은 고딕, 크기 90, 0042ff), 윤곽선 설정(없음)

  위치 설정(화면 정가운데 아래), 시작 시간(2.05), 클립 길이(11.00)

- 재생 속도 설정 후, 자르기를 하여야 하며, 잘라진 뒷부분의 동영상 및 트랙의 모든 공백을 삭제할 것
- 원본 동영상에 포함된 오디오는 모두 음소거 할 것

완전정복- 02 원본 파일을 처리조건에 따라 결과파일로 완성하시오.

· 소스 파일 : 4-2정복2.gmep   · 정답 파일 : 4-2정복2(완성).gmep

작성 시간 / 권장 시간
분 / 5분

[출력형태]

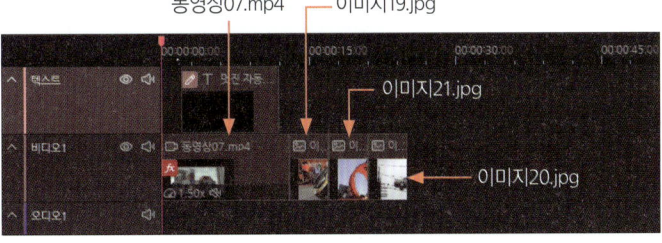

동영상07.mp4   이미지19.jpg   이미지21.jpg   이미지20.jpg

[처리조건]

원본파일   이미지19.jpg, 이미지20.jpg, 이미지21.jpg, 동영상07.mp4

▶ 동영상 파일('동영상07.mp4')을 다음과 같이 처리하시오.

- 배속 : 1.5x
- 자르기 : 시작 시간(0.00), 재생 시간(13.00)
- 이펙트 : LUT 필터-옛날 사진-옛날 사진 09(노출 : 20, 감마 : 1.5)
- 텍스트 : 텍스트 입력 : [멋진 자동차 묘기]

  텍스트 서식 : 기본자막(돋움체, 크기 100, 43edac), 윤곽선 설정(없음)

  위치 설정(화면 정가운데 아래), 시작 시간(2.00), 클립 길이(10.00)

- 재생 속도 설정 후 자르기를 하여야 하며, 잘라진 뒷부분의 동영상 및 트랙의 모든 공백을 삭제할 것
- 원본 동영상에 포함된 오디오는 모두 음소거 할 것

원본 파일을 처리조건에 따라 결과파일로 완성하시오.

· **소스 파일** : 4-2정복3.gmep · **정답 파일** : 4-2정복3(완성).gmep

작성 시간 / 권장 시간

분 / 5분

[**출력형태**]

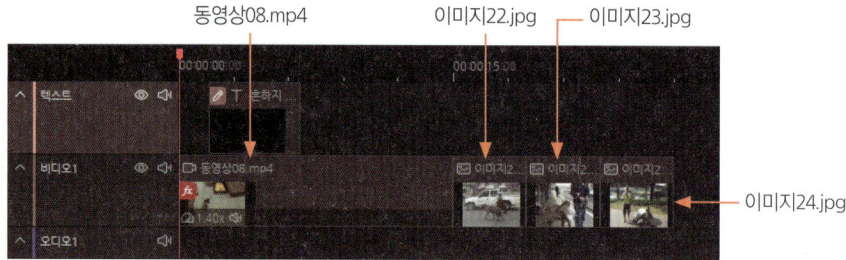

[**처리조건**]

원본파일	이미지22.jpg, 이미지23.jpg, 이미지24.jpg, 동영상08.mp4

▶ **동영상 파일('동영상06.mp4')을 다음과 같이 처리하시오.**

- **배속** : 1.4x
- **자르기** : 시작 시간(0.00), 재생 시간(15.00)
- **이펙트** : LUT 필터-파스텔-파스텔 06(노출 : 10, 감마 : 0.5)
- **텍스트** : 텍스트 입력 : 흔하지 않은 애완동물
  텍스트 서식 : 기본자막(궁서체, 크기 110, 7900ff), 윤곽선 설정(없음)
  위치 설정(화면 정가운데 아래), 시작 시간(1.20), 클립 길이(5.00)
- 재생 속도 설정 후 자르기를 하여야 하며, 잘라진 뒷부분의 동영상 및 트랙의 모든 공백을 삭제할 것
- 원본 동영상에 포함된 오디오는 모두 음소거 할 것

원본 파일을 처리조건에 따라 결과파일로 완성하시오.

· **소스 파일** : 4-2정복4.gmep · **정답 파일** : 4-2정복4(완성).gmep

작성 시간 / 권장 시간

분 / 5분

[**출력형태**]

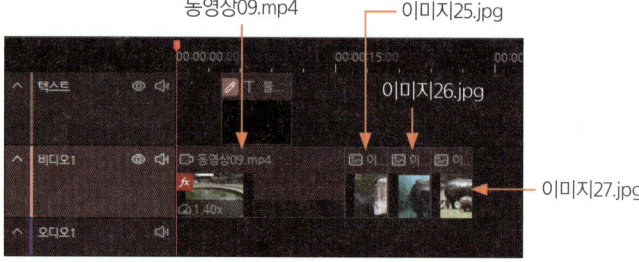

[**처리조건**]

원본파일	이미지25.jpg, 이미지26.jpg, 이미지27.jpg, 동영상09.mp4

▶ **동영상 파일('동영상07.mp4')을 다음과 같이 처리하시오.**

- **배속** : 1.4x
- **자르기** : 시작 시간(0.00), 재생 시간(16.00)
- **이펙트** : LUT 필터-맑은 햇살-맑은 햇살 03(노출 : 10, 감마 : 1.0)
- **텍스트** : 텍스트 입력 : 물뚱뚱이 하마
  텍스트 서식 : 기본자막(돋움체, 크기 90, ffff02), 윤곽선 설정(없음)
  위치 설정(화면 정가운데 아래), 시작 시간(4.06), 클립 길이(6.25)
- 재생 속도 설정 후 자르기를 하여야 하며, 잘라진 뒷부분의 동영상 및 트랙의 모든 공백을 삭제할 것
- 원본 동영상에 포함된 오디오는 모두 음소거 할 것

MEMO

이미지 파일 설정하기

☑ 이미지 클립 길이 지정하기
☑ 이미지 오버레이와 클립 트랜지션 전환하기

 **미리보기**

　　　　　　　　　　　　　　　　　　　　　　　　• 소스 파일 : 4-3유형.gmep　　• 정답 파일 : 4-3유형(완성).gmep

≪ 출력형태 ≫

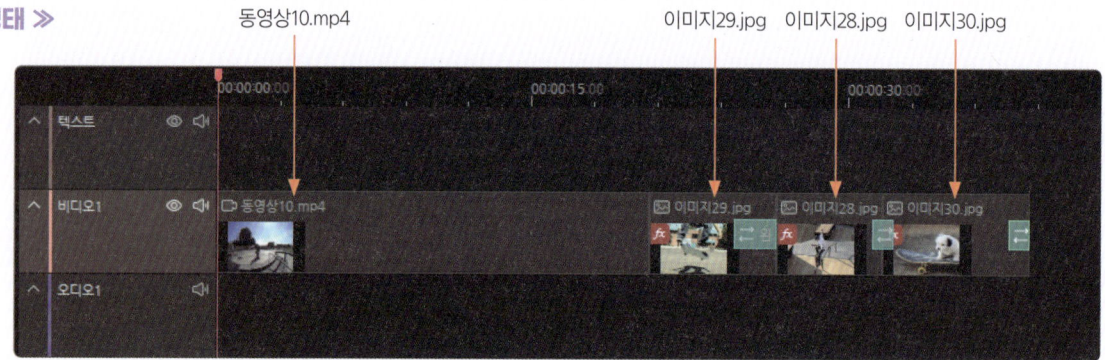

≪ 처리조건 ≫

원본파일	이미지28.jpg, 이미지29.jpg, 이미지30.jpg, 동영상10.mp4

▶ **이미지 파일을 다음과 같이 처리하시오.**

　● '이미지29.jpg' ⇒ 이미지 클립 길이 : 8.00, 오버레이 : 영롱한(크기 : 10),
　　　　　　　　　　클립 트랜지션 : 왼쪽으로 스크롤(앞으로 이동, 재생 시간 : 2.00)
　● '이미지28.jpg' ⇒ 이미지 클립 길이 : 5.00, 오버레이 : 원형 비넷(반경 : 70),
　　　　　　　　　　클립 트랜지션 : 문 열기(오버랩, 재생 시간 : 1.00)
　● '이미지30.jpg' ⇒ 이미지 클립 길이 : 7.00, 오버레이 : 비누방울(속도 : 8),
　　　　　　　　　　클립 트랜지션 : 위로 덮기(앞으로 이동, 재생 시간 : 1.00)
　● 지시사항이 없는 경우는 기본 값을 적용하시오.

난이도	권장 시간 / 시험 시간	유형 점수 / 시험 점수
★★☆☆☆	5분 / 40분	70점/200점

➜ **주의 사항 : 실수가 많은 내용**

☑ 앞에서 변경한 이미지 순서대로 조건이 제시되므로 차례대로 효과를 지정하면 됩니다.

☑ 조건으로 효과 이름이 제시되므로 풍선 도움말을 통해 정확한 효과 이름을 확인합니다.

➜ **주요 단축키 : 시간 단축에 도움**

☑ 프로젝트 전체 저장 : `Ctrl` + `Shift` + `E`

유형체크 01 ## 이미지 클립 길이 지정하기

① '곰믹스 for DIAT'를 실행하고 [파일]–[프로젝트 열기] 메뉴를 클릭하여 '4-3유형.gmep' 파일을 불러옵니다.

② [타임라인]에서 '이미지29.jpg' 클립을 선택하고, 마우스 오른쪽 단추를 눌러 [길이 변경]을 클릭합니다.

③ [길이 변경] 대화상자가 나오면 클립 길이(6.00)를 입력하고 <확인> 단추를 클릭합니다. 이어서, '설정된 클립 길이가 다음 클립 위치보다 큽니다. 뒤에 있는 클립을 밀면서 변경하시겠습니까?' 알림 창이 나오면 <예> 단추를 클릭합니다.

④ '이미지28.jpg' 클립을 선택하고, 마우스 오른쪽 단추를 눌러 [길이 변경]을 클릭합니다.

⑤ [길이 변경] 대화상자가 나오면 클립 길이(5.00)를 입력하고 <확인> 단추를 클릭합니다. 이어서, '설정된 클립 길이가 다음 클립 위치보다 큽니다. 뒤에 있는 클립을 밀면서 변경하시겠습니까?' 알림 창이 나오면 <예> 단추를 클릭합니다.

⑥ '이미지30.jpg' 클립을 선택하고, 마우스 오른쪽 단추를 눌러 [길이 변경]을 클릭합니다.

⑦ [길이 변경] 대화상자가 나오면 클립 길이(7.00)를 입력하고 <확인> 단추를 클릭합니다.

❶ '이미지29.jpg' 클립을 선택하고 [소스 및 효과 패널]–[오버레이] 탭을 클릭합니다. 이어서, '영롱한'을 선택한 후, 크기(10)을 입력하고 <확인> 단추를 클릭합니다.

❷ '이미지29.jpg' 클립이 선택된 상태에서 [소스 및 효과 패널]–[클립 트랜지션] 탭–'왼쪽으로 스크롤'을 선택한 다음 🔳를 클릭합니다.

③ [타임라인]-'이미지29.jpg' 클립에서 ⏎원를 더블클릭하고 [앞으로 이동(▨▨)]을 선택한 후, 재생 시간(2.00)을 입력합니다. 이어서, <확인> 단추를 클릭합니다.

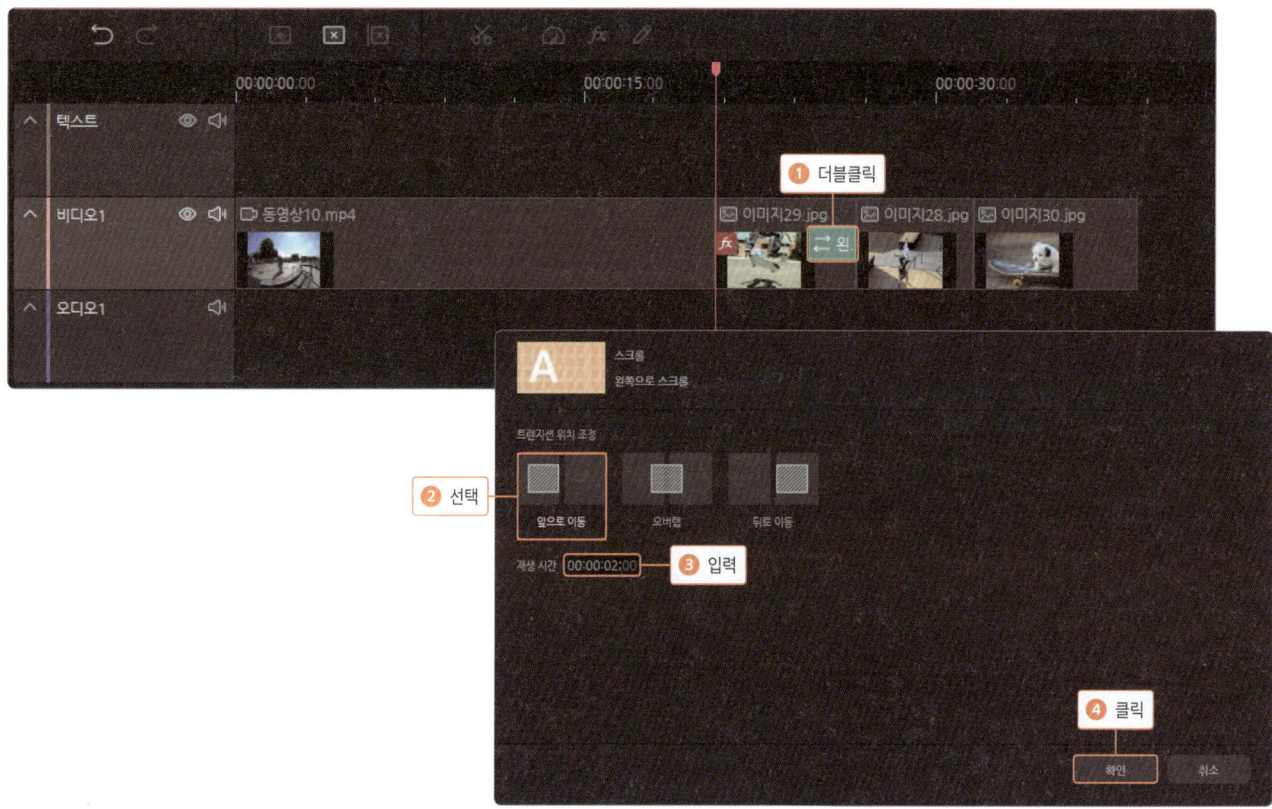

④ '이미지28.jpg' 클립을 선택하고 [소스 및 효과 패널]-[오버레이] 탭을 클릭합니다. 이어서, '원형 비넷'을 선택한 후, 반경(70)을 입력하고 <확인> 단추를 클릭합니다.

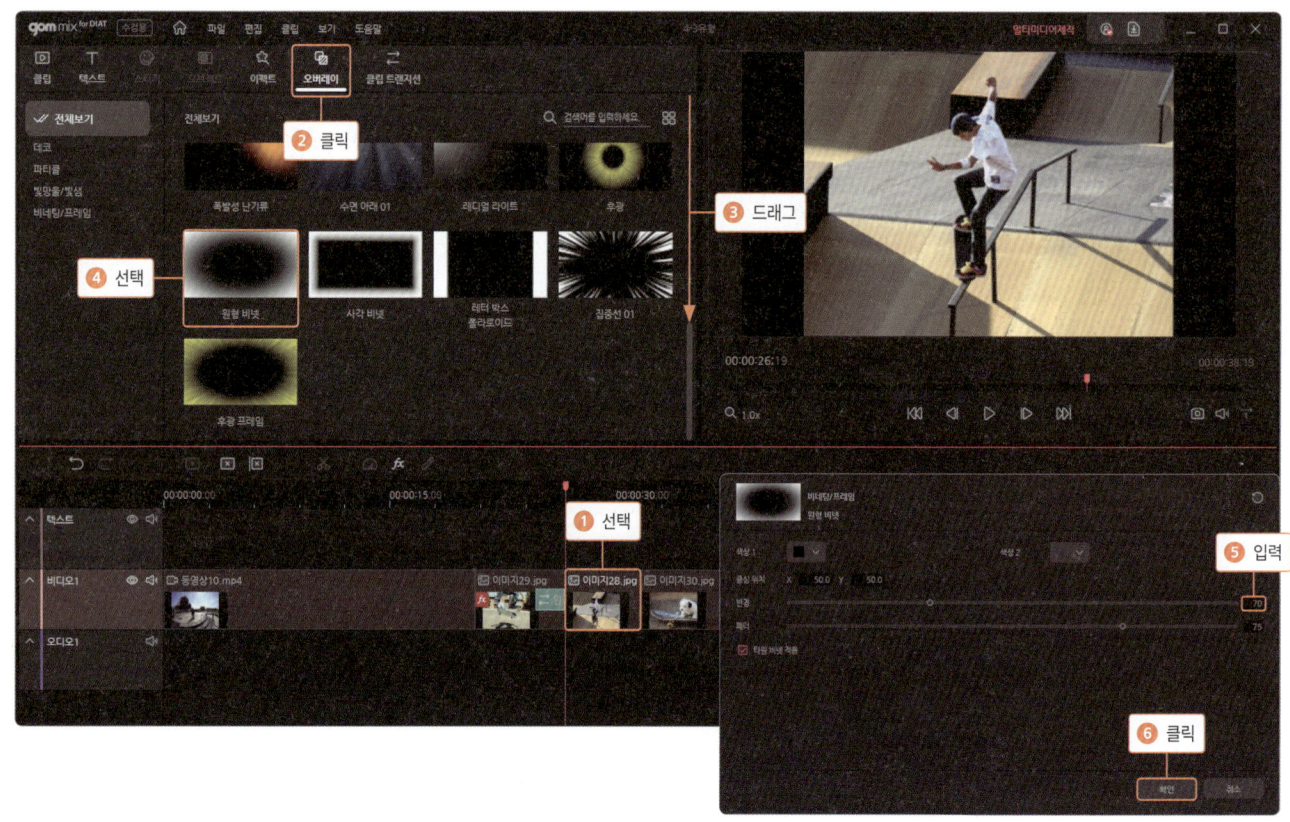

❺ '이미지28.jpg' 클립이 선택된 상태에서 [소스 및 효과 패널]-[클립 트랜지션] 탭-'문 열기'를 선택 한 다음 ⊞를 클릭합니다.

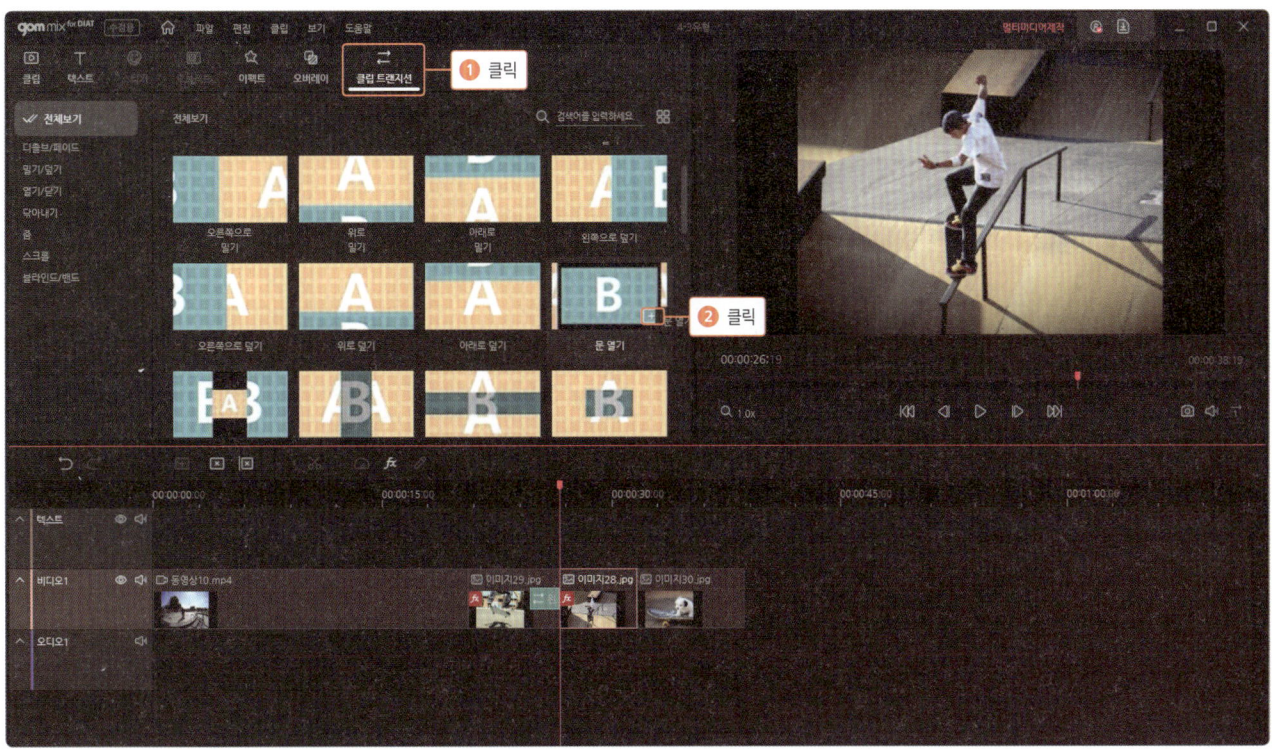

❻ [타임라인]-'이미지28.jpg' 클립에서 ⇄문를 더블클릭하고 [오버랩(▣)]을 선택한 후, 재생 시간(1.00)을 입력합니다. 이어서, <확인> 단추를 클릭합니다.

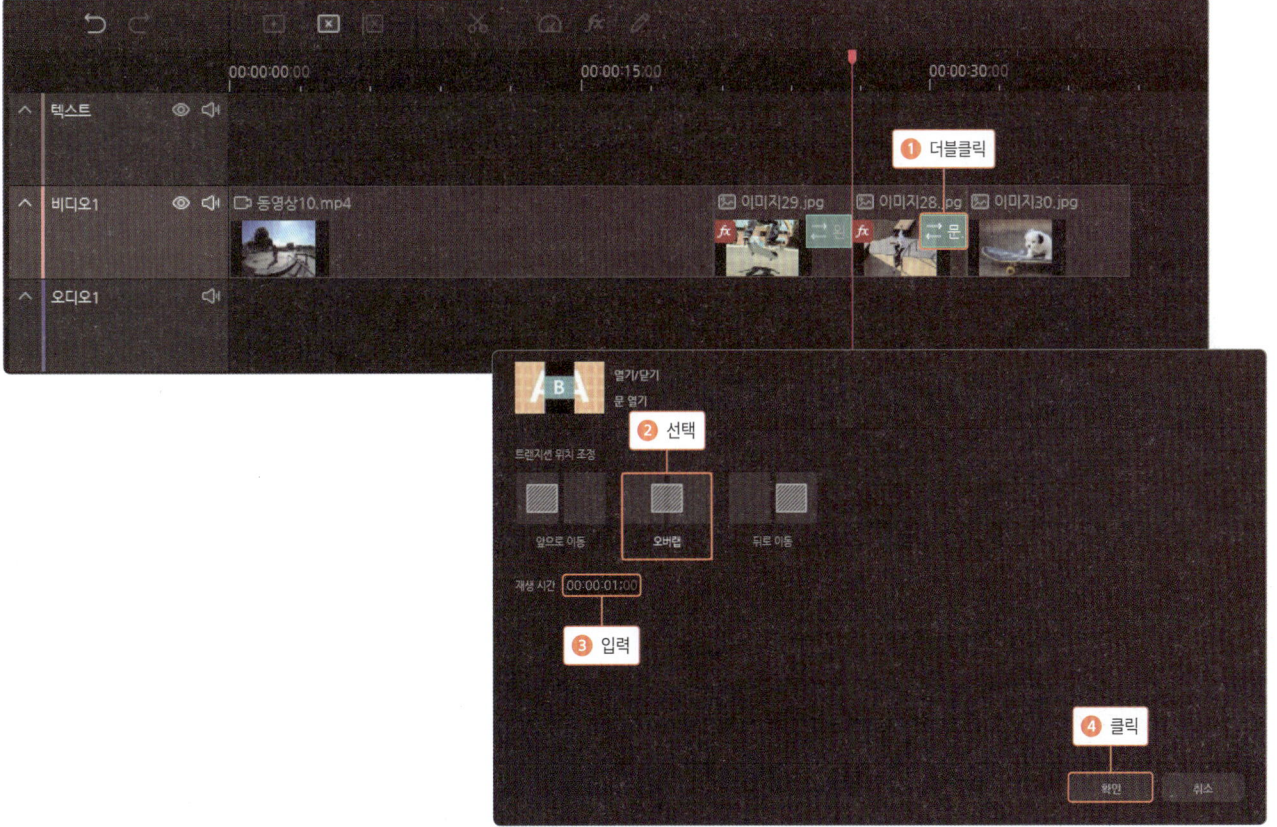

⑦ '이미지30.jpg' 클립을 선택하고 [소스 및 효과 패널]-[오버레이] 탭을 클릭합니다. 이어서, '비누방울'을 선택한 후, 속도(8)를 입력하고 <확인> 단추를 클릭합니다.

⑧ '이미지30.jpg' 클립이 선택된 상태에서 [소스 및 효과 패널]-[클립 트랜지션] 탭-'위로 덮기'를 선택한 다음 [+]를 클릭합니다.

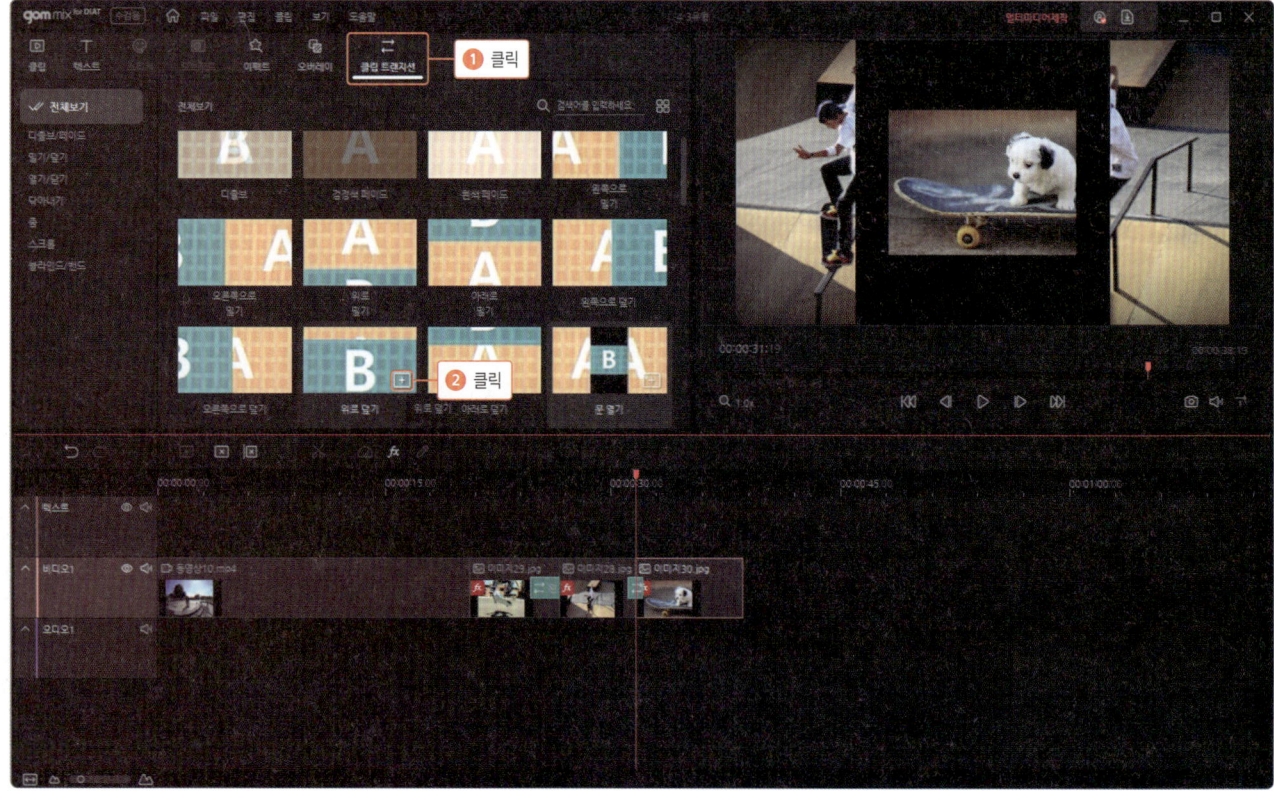

⑨ [타임라인]–'이미지30.jpg' 클립에서 ↔문를 더블클릭하고 [앞으로 이동(▨▨)]을 선택한 후, 재생시간(1.00)을 입력합니다. 이어서, <확인> 단추를 클릭합니다.

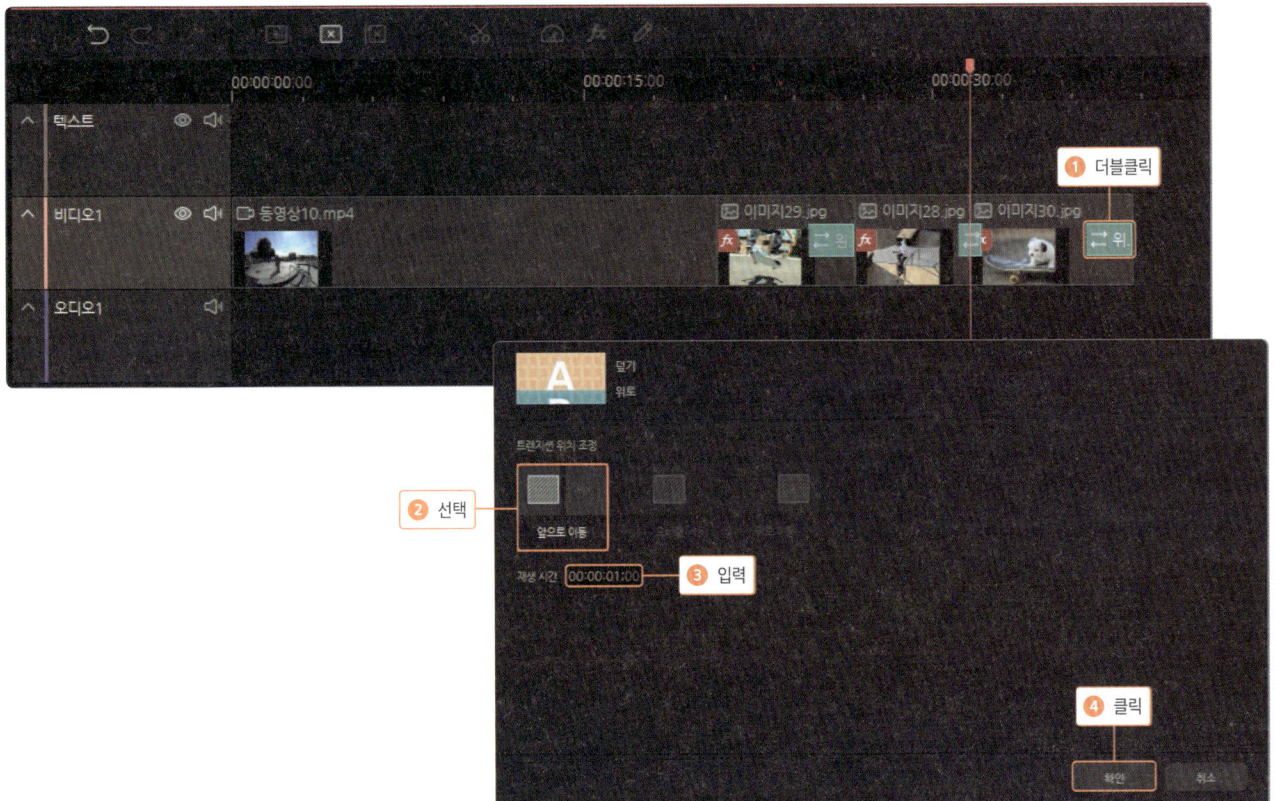

완전정복- 01 원본 파일을 처리조건에 따라 결과파일로 완성하시오.

• 소스 파일 : 4-3정복1.gmep • 정답 파일 : 4-3정복1(완성).gmep

작성 시간 / 권장 시간
분 / 5분

[출력형태]

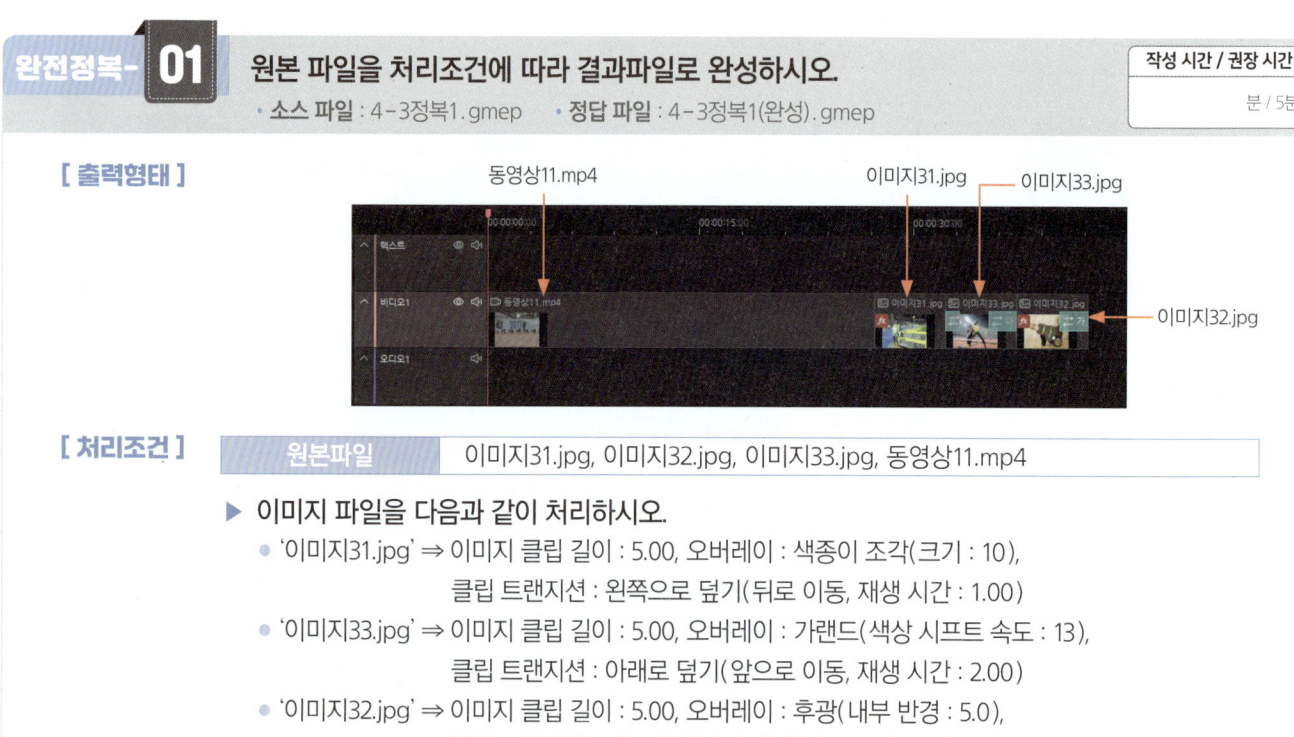

[처리조건]

원본파일	이미지31.jpg, 이미지32.jpg, 이미지33.jpg, 동영상11.mp4

▶ 이미지 파일을 다음과 같이 처리하시오.
- '이미지31.jpg' ⇒ 이미지 클립 길이 : 5.00, 오버레이 : 색종이 조각(크기 : 10),
  클립 트랜지션 : 왼쪽으로 덮기(뒤로 이동, 재생 시간 : 1.00)
- '이미지33.jpg' ⇒ 이미지 클립 길이 : 5.00, 오버레이 : 가랜드(색상 시프트 속도 : 13),
  클립 트랜지션 : 아래로 덮기(앞으로 이동, 재생 시간 : 2.00)
- '이미지32.jpg' ⇒ 이미지 클립 길이 : 5.00, 오버레이 : 후광(내부 반경 : 5.0),
  클립 트랜지션 : 가로 펼치면서 열기(앞으로 이동, 재생 시간 : 2.00)
- 지시사항이 없는 경우는 기본 값을 적용하시오.

완전정복- 02 원본 파일을 처리조건에 따라 결과파일로 완성하시오.

• 소스 파일 : 4-3정복2.gmep • 정답 파일 : 4-3정복2(완성).gmep

작성 시간 / 권장 시간
분 / 5분

[출력형태]

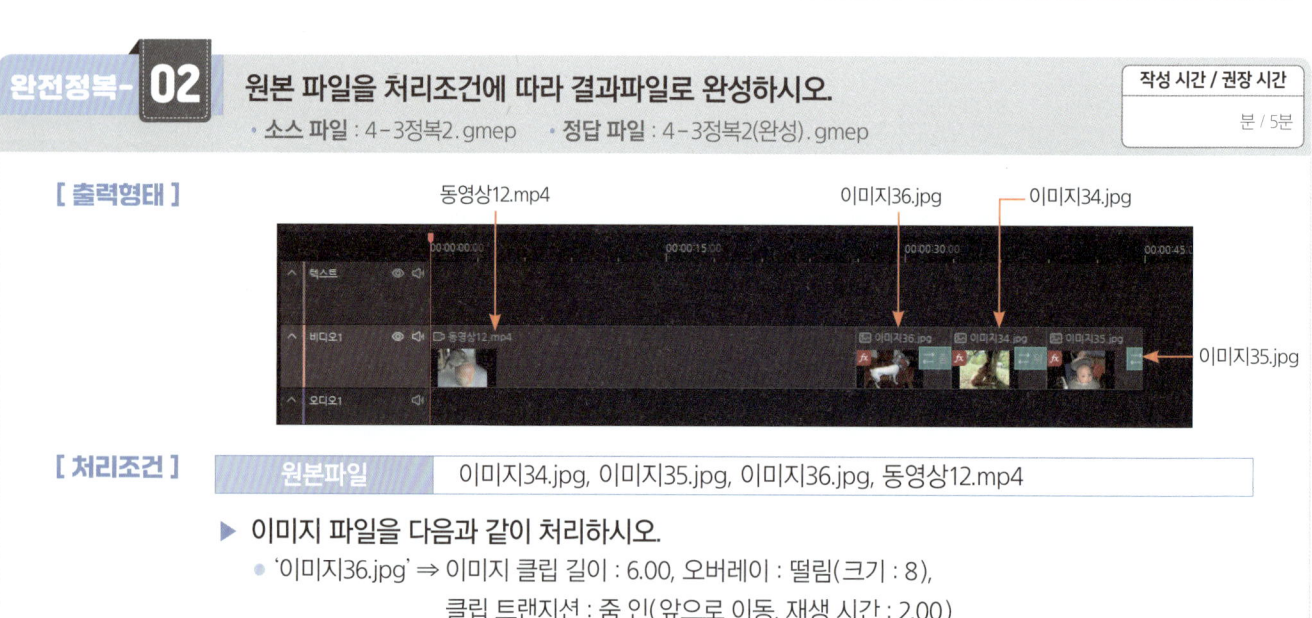

[처리조건]

원본파일	이미지34.jpg, 이미지35.jpg, 이미지36.jpg, 동영상12.mp4

▶ 이미지 파일을 다음과 같이 처리하시오.
- '이미지36.jpg' ⇒ 이미지 클립 길이 : 6.00, 오버레이 : 떨림(크기 : 8),
  클립 트랜지션 : 줌 인(앞으로 이동, 재생 시간 : 2.00)
- '이미지34.jpg' ⇒ 이미지 클립 길이 : 6.00, 오버레이 : 떨림(크기 : 20),
  클립 트랜지션 : 위로 덮기(앞으로 이동, 재생 시간 : 2.00)
- '이미지35.jpg' ⇒ 이미지 클립 길이 : 6.00, 오버레이 : 비누 방울(크기 : 10),
  클립 트랜지션 : 디졸브(앞으로 이동, 재생 시간 : 1.00)
- 지시사항이 없는 경우는 기본 값을 적용하시오.

원본 파일을 처리조건에 따라 결과파일로 완성하시오.

• **소스 파일** : 직접 작성   • **정답 파일** : 4-3정복3(완성) . gmep

[출력형태]

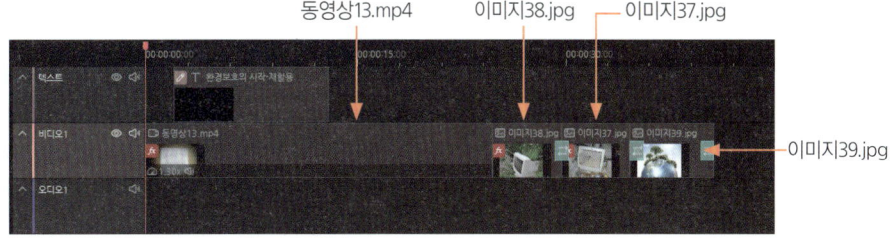

동영상13.mp4   이미지38.jpg   이미지37.jpg

이미지39.jpg

[처리조건]

원본파일	이미지37.jpg, 이미지38.jpg, 이미지39.jpg, 동영상13.mp4

▶ **미디어 소스의 순서를 다음과 같이 지정하시오.**
  - 미디어 소스 순서 ⇒ 동영상13.mp4 > 이미지38.jpg > 이미지37.jpg > 이미지39.jpg

▶ **동영상 파일('동영상13.mp4')을 다음과 같이 처리하시오.**
  - **배속** : 1.3x
  - **자르기** : 시작 시간(0.00), 재생 시간(24.20)
  - **이펙트** : LUT 필터-빈티지-빈티지 01(노출 : 10, 감마 : 1.0)
  - **텍스트** ⇒ 텍스트 입력 : 환경보호의 시작-재활용
    텍스트 서식 : 기본자막(굴림체, 크기 120, 5d00ff), 윤곽선 설정(없음),
    위치 설정(화면 정가운데 아래), 시작 시간(2.00), 클립 길이(11.00)
  - 재생 속도 설정 후 자르기를 하여야 하며, 잘라진 뒷부분의 동영상 및 트랙의 모든 공백을 삭제할 것
  - 원본 동영상에 포함된 오디오는 모두 음소거 할 것

▶ **이미지 파일을 다음과 같이 처리하시오.**
  - '이미지38.jpg' ⇒ 이미지 클립 길이 : 5.00, 오버레이 : 흩날림(크기 : 10),
    클립 트랜지션 : 아래로 닦아내기(오버랩, 재생 시간 : 1.00)
  - '이미지37.jpg' ⇒ 이미지 클립 길이 : 5.00, 오버레이 : 지나가는 01(속도 : 5),
    클립 트랜지션 : 세로 블라인드(뒤로 이동, 재생 시간 : 1.00)
  - '이미지39.jpg' ⇒ 이미지 클립 길이 : 6.00, 오버레이 : 수면 아래 01(강도 : 50),
    클립 트랜지션 : 문 닫기(앞으로 이동, 재생 시간 : 1.00)
  - 지시사항이 없는 경우는 기본 값을 적용하시오.

▶ **다음과 같은 규칙으로 GMEP 파일을 프로젝트 전체 저장하시오.**

GMEP	파일명	4-3정복3.gmep

• **소스 파일** : 직접 작성　　• **정답 파일** : 4-3정복4(완성) . gmep

[출력형태]

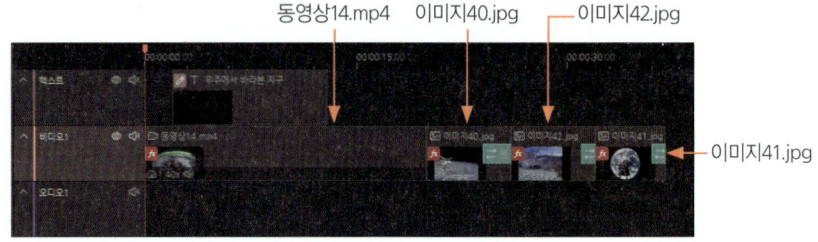

동영상14.mp4　　이미지40.jpg　　이미지42.jpg

이미지41.jpg

[처리조건]

원본파일	이미지40.jpg, 이미지41.jpg, 이미지42.jpg, 동영상14.mp4

▶ **미디어 소스의 순서를 다음과 같이 지정하시오.**
　● 미디어 소스 순서 ⇒ 동영상14.mp4 > 이미지40.jpg > 이미지42.jpg > 이미지41.jpg

▶ **동영상 파일('동영상14.mp4')을 다음과 같이 처리하시오.**
　● **배속** : 1.4x
　● **자르기** : 시작 시간(0.00), 재생 시간(20.00)
　● **이펙트** : 이미지 보정-블러-Radial Fast Blur(위치(X : 5.0, Y : 5.0), 강도 : 10)
　● **텍스트** ⇒ 텍스트 입력 : ┌ 우주에서 바라본 지구 ┐
　　　　　　　　 텍스트 서식 : 기본자막(한초롬돋움, 크기 72, c9ff00), 윤곽선 설정(없음),
　　　　　　　　 위치 설정(화면 정가운데 아래), 시작 시간(2.00), 클립 길이(11.00)
　● 재생 속도 설정 후 자르기를 하여야 하며, 잘라진 뒷부분의 동영상 및 트랙의 모든 공백을 삭제할 것
　● 원본 동영상에 포함된 오디오는 모두 음소거 할 것

▶ **이미지 파일을 다음과 같이 처리하시오.**
　● '이미지40.jpg' ⇒ 이미지 클립 길이 : 6.00, 오버레이 : 불꽃 스파크(크기 : 3),
　　　　　　　　　　 클립 트랜지션 : 문 열기(앞으로 이동, 재생 시간 : 2.00)
　● '이미지42.jpg' ⇒ 이미지 클립 길이 : 6.00, 오버레이 : 내려앉는(속도 : 3),
　　　　　　　　　　 클립 트랜지션 : 문 닫기(앞으로 이동, 재생 시간 : 1.00)
　● '이미지41.jpg' ⇒ 이미지 클립 길이 : 5.00, 오버레이 : 떠오르는(강도 : 10),
　　　　　　　　　　 클립 트랜지션 : 위로 덮기(앞으로 이동, 재생 시간 : 1.00)
　● 지시사항이 없는 경우는 기본 값을 적용하시오.

▶ **다음과 같은 규칙으로 GMEP 파일을 프로젝트 전체 저장하시오.**

GMEP	파일명	4-3정복4.gmep

MEMO

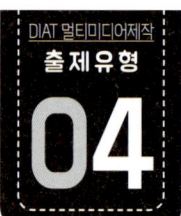

시작 부분 텍스트 삽입과 음악 넣기

☑ 시작 부분 텍스트 삽입하기
☑ 음악 삽입하고 프로젝트 전체 저장하기

미리보기

• **소스 파일** : 4-4유형.gmep   • **정답 파일** : 4-4유형(완성).gmep

≪ **출력형태** ≫

동영상15.mp4

이미지44.jpg

이미지43.jpg

이미지45.jpg

≪ **처리조건** ≫

원본파일	이미지43.jpg, 이미지44.jpg, 이미지45.jpg, 동영상15.mp4, 음악01.mp3

▶ 다음 조건에 따라 동영상 시작 부분에 텍스트를 지정하시오.

● 제목 ⇒ 텍스트 입력 :

모터 스포츠의 세계
(F1 Racing)

텍스트 서식 : 기본자막(한초롬돋움, 크기 150, 9f0f0f), 윤곽선 설정(색상 : d9ff00, 두께 : 20),

나타나기(왼쪽으로 닦아내기, 지속 시간 : 2.00), 시작 시간(0.00), 클립 길이(4.00)

▶ 다음 조건에 따라 동영상 전체에 음악 파일('음악01.mp3')을 삽입하시오.

● **시작 시간** : 0.00, **재생 시간** : 40.03, **페이드 아웃** : 3.00

● 재생 시간 설정 후 자르기 하여야 하며, 잘라진 뒷부분의 음악 파일을 삭제할 것

▶ 다음과 같은 규칙으로 GMEP 파일을 프로젝트 전체 저장하시오.

● **저장위치** : 바탕화면 – KAIT – 제출파일 폴더

● 재생 시간 설정 후 자르기 하여야 하며, 잘라진 뒷부분의 음악 파일을 삭제할 것

GMEP	파일명	dpi_03_수검번호(6자리)_이름.GMEP

(예 : 수검번호가 DPI –24XX –000000인 경우 'dpi_03_000000_이름.GMEP'로 프로젝트 전체 저장할 것)

(* dpi_03_000000_이름.GMEP 파일 누락 / 프로젝트 전체 저장 이외의 기능을 이용하여 저장할 시 "0점"처리됨)

난이도	권장 시간 / 시험 시간	유형 점수 / 시험 점수
★★★☆☆	5분 / 40분	70점/200점

➡ 주의 사항 : 실수가 많은 내용

- ☑ 시작 부분 텍스트는 동영상의 맨 앞부분에 삽입해야 합니다.
- ☑ 조건으로 제시된 정확한 서식을 선서대로 빠짐없이 지정하도록 연습합니다.
- ☑ 완성된 파일은 '프로젝트 전체 저장' 기능을 이용하여 저장합니다. 프로젝트 전체 저장 이외의 기능을 이용하여 저장할 시 "0점" 처리됩니다.

➡ 주요 단축키 : 시간 단축에 도움

- ☑ 프로젝트 전체 저장 : Ctrl + Shift + E

유형체크 01 시작 부분 텍스트 삽입하기

① '곰믹스 for DIAT'를 실행하고 [파일]–[프로젝트 열기]를 클릭하여 '4–4유형.gmep' 파일을 불러옵니다.

② 텍스트를 입력하기 위해 [텍스트] 타임라인을 클릭하고 [소스 및 효과 패널]–[텍스트]–[기본자막]–[기본자막]에서 ⊞를 클릭합니다.

③ [텍스트] 타임라인에서 [텍스트] 클립을 더블클릭합니다. 이어서, '모터스포츠의 세계(F1 Racing)'을 입력하고 '폰트 종류(한초롬돋움)', '폰트 크기(150)'를 지정합니다.

④ 텍스트의 색상을 바꾸기 위해 [스타일]-[텍스트 채우기(🅰️▾)]의 목록 단추(▾)를 눌러 [다른 색상]을 클릭합니다.

⑤ [색상 선택] 대화상자가 나오면 색 입력에 '9f0f0f'를 입력하고 <확인> 단추를 클릭합니다.

⑥ 윤곽선을 지정하기 위해 <고급> 단추를 클릭합니다. 이어서, 윤곽선 설정을 하기 위해 윤곽선 색상(☑)을 체크한 후 [색상(■∨)]의 목록 단추(∨)를 눌러 [다른 색상]을 선택합니다.

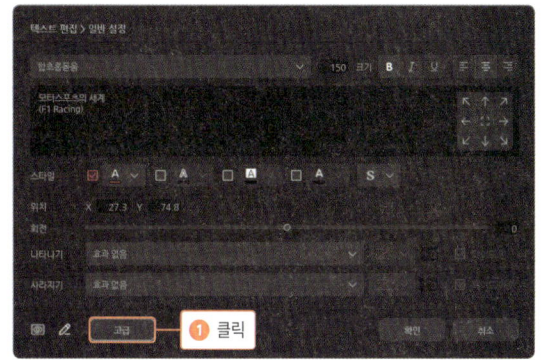

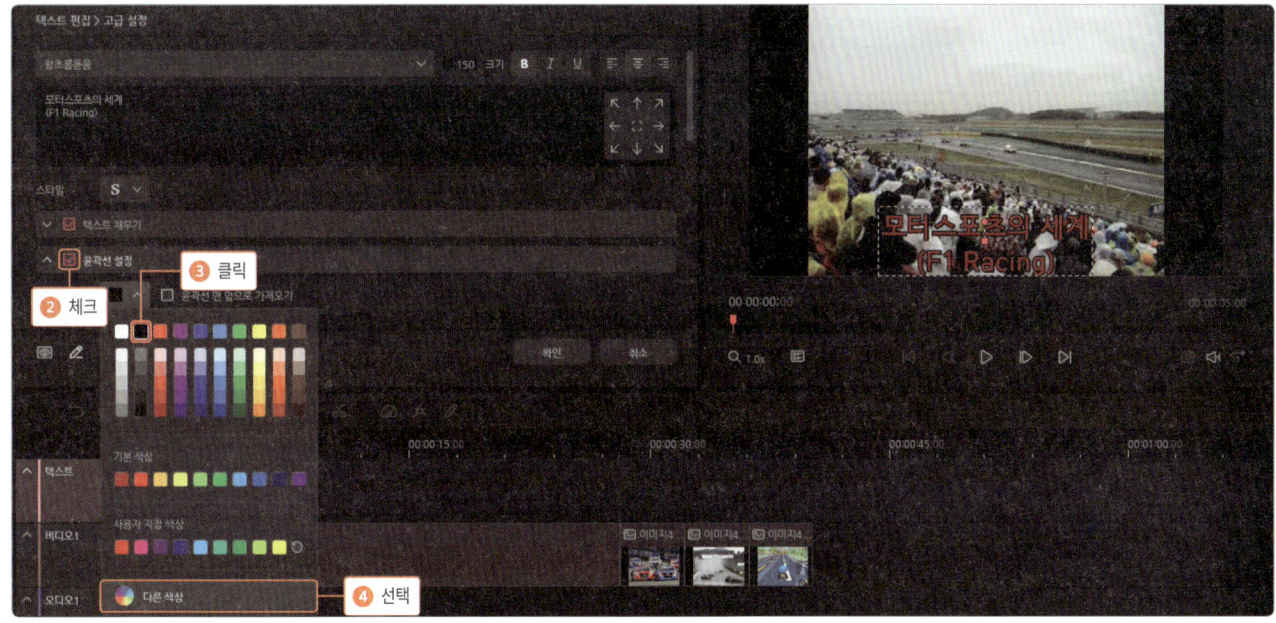

⑦ [색상 선택] 대화상자가 나오면 색 입력에 'd9ff00'을 입력하고 <확인> 단추를 클릭합니다. 이어서, '두께(30)'을 입력하고 <일반> 단추를 클릭합니다.

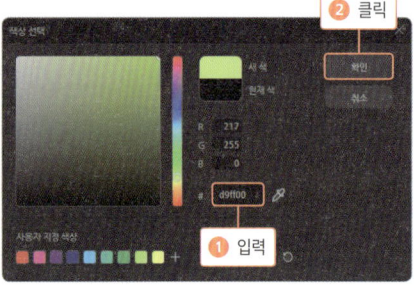
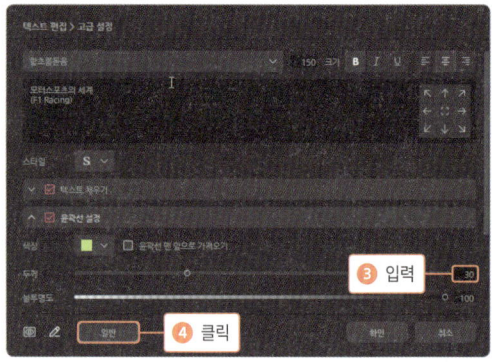

⑧ [나타나기]의 목록 단추(∨)를 눌러 '왼쪽으로 닦아내기'을 선택한 후, '지속 시간 (2.0)'을 입력하고 <확인> 단추를 클릭합니다.

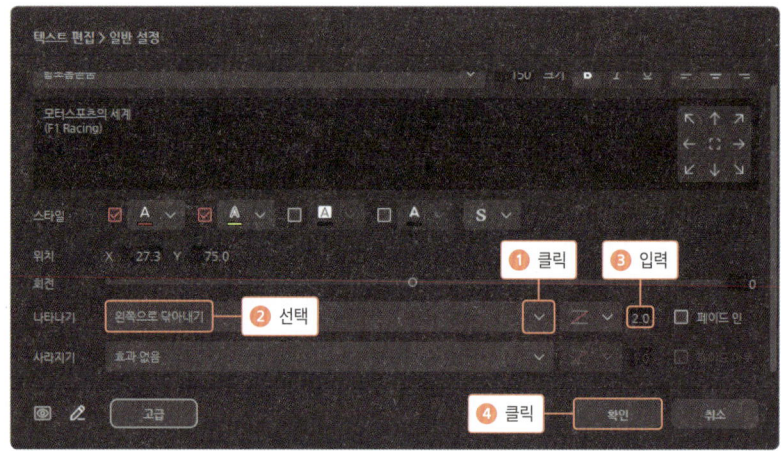

⑨ 텍스트의 클립 길이를 설정하기 위해 [텍스트] 클립에서 마우스 오른쪽 단추를 눌러 [길이 변경]을 클릭합니다.

⑩ [길이 변경] 대화상자가 나오면 '클립 길이(5.00)'를 입력하고 <확인> 단추를 클릭합니다.

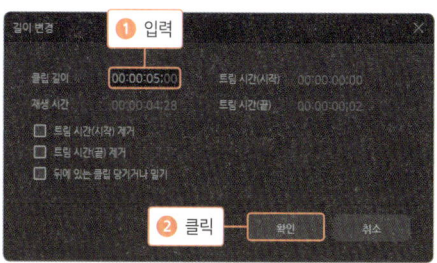

음악 삽입하고 프로젝트 전체 저장하기

❶ 음악을 추가하기 위해서 [클립]-[미디어 클립 불러오기]를 클릭합니다.

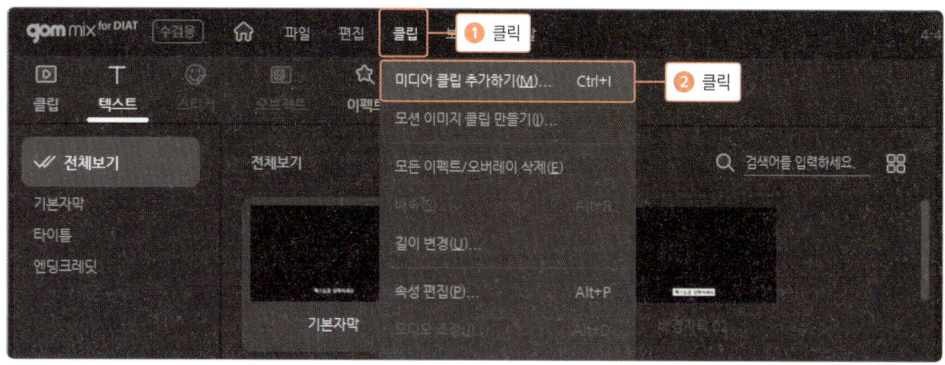

❷ [미디어 클립 불러오기] 대화상자 나오면 '음악01.mp3' 파일을 선택한 후 <열기> 단추를 클릭하여 추가합니다.

❸ 음악 파일이 미디어 소스 목록에 추가되면 [타임라인]의 [오디오1] 부분으로 드래그하여 삽입합니다.

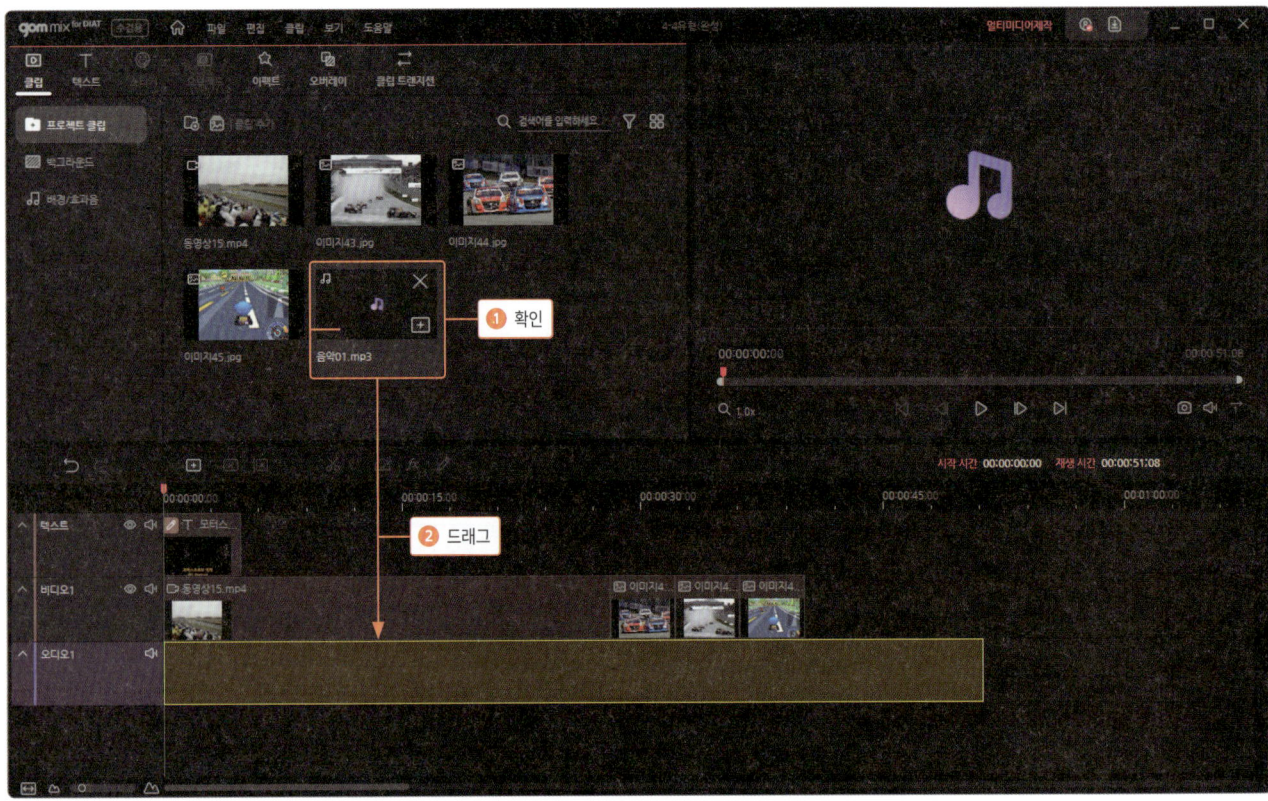

❹ [타임라인]에서 '음악01.mp3' 클립을 클릭하고 [미리보기] 창의 [재생 위치 설정]에서 '40.03'을 입력한 후, **Enter** 키를 누릅니다. 이어서, [타임라인 패널]–'클립 자르기(✂)'를 클릭하고 잘라진 뒷부분의 음악 파일은 **Delete** 키를 눌러 삭제합니다.

❺ 음[타임라인]-[오디오1]에서 '음악01.mp3' 클립을 클릭합니다. 이어서, [소스 및 효과 패널]-[이펙트]-[오디오]-
'페이드 아웃'을 선택합니다.

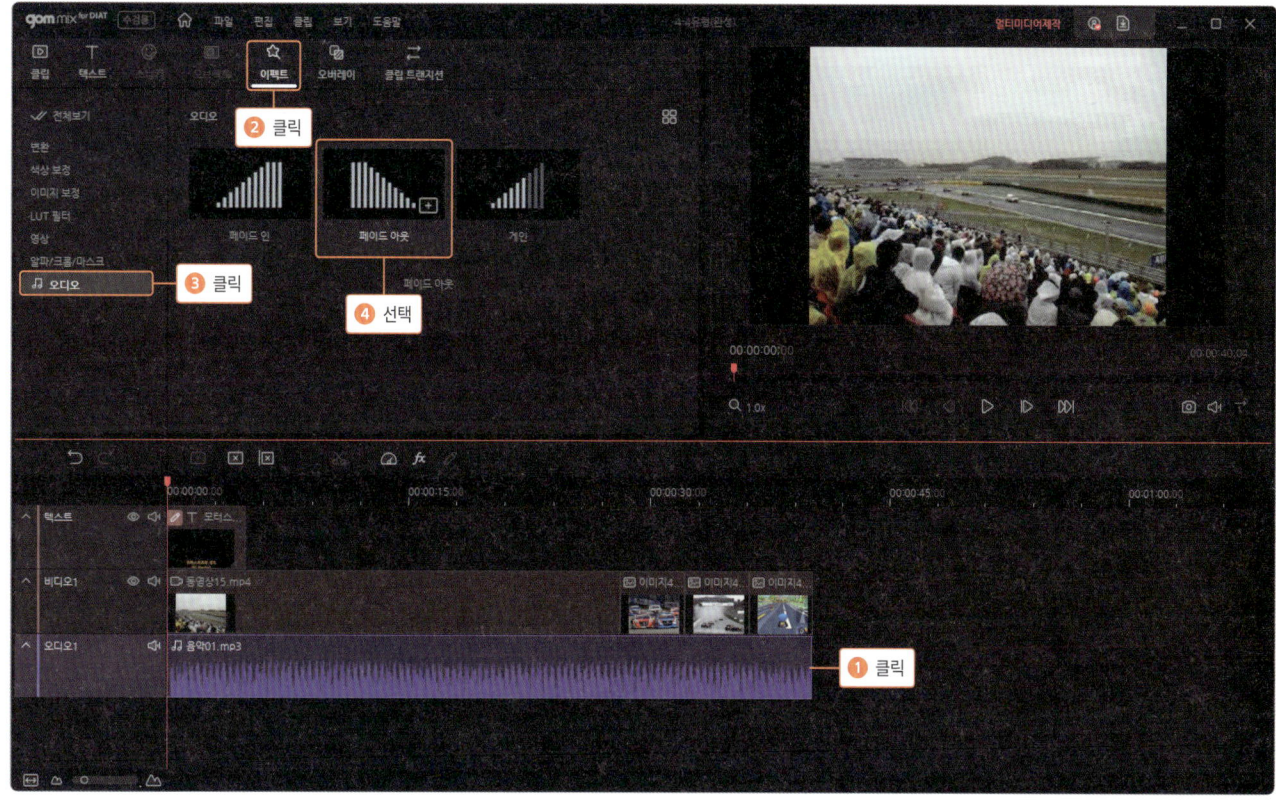

❻ '지속 시간(3.00)'으로 입력하고 <확인> 단추를 클릭합
니다.

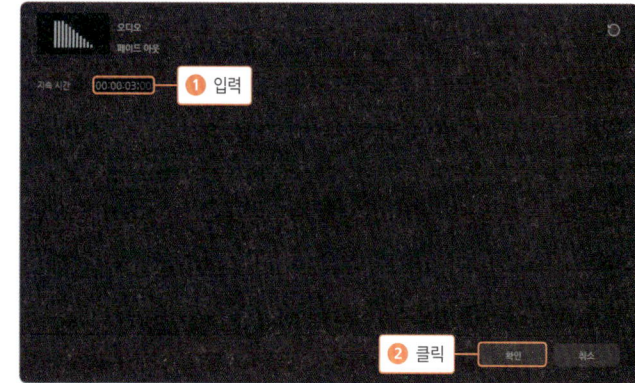

❼ 모든 작업이 완료되면 [파일]-[프로젝트 전체 저장]을 클릭합니다.

⑧ [보관용 프로젝트로 저장] 대화상자가 나오면 [이름]에 '4-4유형(완성)'으로 입력하고 [경로 설정]에서 [폴더 선택 (□)] 아이콘을 클릭합니다.

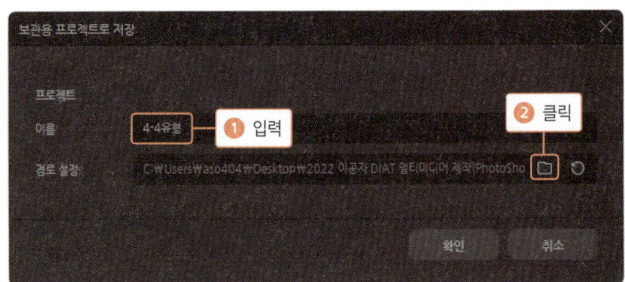

⑨ [폴더 선택] 대화상자가 나오면 저장할 위치를 지정하고 <폴더 선택> 단추를 클릭합니다. 이어서, <확인> 단추를 클릭합니다.

시작 부분 텍스트 삽입과 음악 넣기

완전정복- 01 원본 파일을 처리조건에 따라 결과파일로 완성하시오.

• 소스 파일 : 4-4정복1.gmep   • 정답 파일 : 4-4정복1(완성).gmep

작성 시간 / 권장 시간
분 / 5분

[출력형태]

동영상16.mp4   이미지47.jpg — 이미지46.jpg

이미지48.jpg

[처리조건]

원본파일   이미지46.jpg, 이미지47.jpg, 이미지48.jpg, 동영상16.mp4, 음악02.mp3

▶ 다음 조건에 따라 동영상 시작 부분에 텍스트를 지정하시오.

• 제목 ⇒ 텍스트 입력 :
롤러 코스터
(Roller Coaster)

텍스트 서식(돋움, 크기 120, 00cfff), 윤곽선 설정(색상 : ffffff, 두께 : 20)
나타나기(서서히 타나나기, 지속 시간 : 1.20), 시작 시간(0.00), 클립 길이(1.20)

▶ 다음 조건에 따라 동영상 전체에 음악 파일('음악02.mp3')을 삽입하시오.

• 시작 시간 : 0.00, 재생 시간 : 40.05, 페이드 인 : 3.00
• 재생 시간 설정 후 자르기 하여야 하며, 잘라진 뒷부분의 음악 파일은 삭제할 것

완전정복- 02 원본 파일을 처리조건에 따라 결과파일로 완성하시오.

• 소스 파일 : 4-4정복2.gmep   • 정답 파일 : 4-4정복2(완성).gmep

작성 시간 / 권장 시간
분 / 5분

[출력형태]

동영상17.mp4   이미지50.jpg — 이미지49.jpg

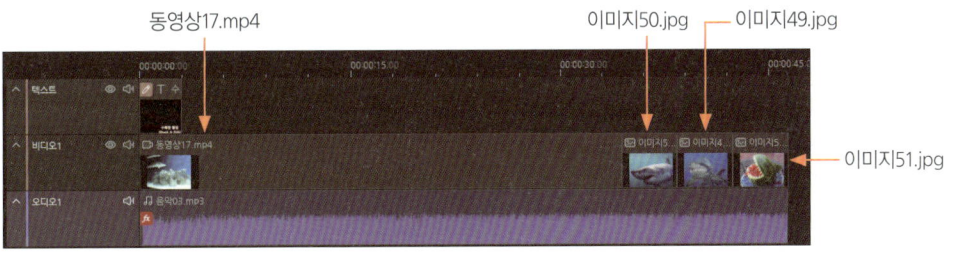

이미지51.jpg

[처리조건]

원본파일   이미지49.jpg, 이미지50.jpg, 이미지51.jpg, 동영상17.mp4, 음악03.mp3

▶ 다음 조건에 따라 동영상 시작 부분에 텍스트를 지정하시오.

• 제목 ⇒ 텍스트 입력 :
수족관 탐방
(Shark & Fish)

텍스트 서식(맑은 고딕, 크기 150, ffff93), 윤곽선 설정(색상 : ff92ff, 두께 : 30)
나타나기(위에서 닦아내기, 지속 시간 : 2.00), 시작 시간(0.00), 클립 길이(3.00)

▶ 다음 조건에 따라 동영상 전체에 음악 파일('음악03.mp3')을 삽입하시오.

• 시작 시간 : 0.00, 재생 시간 : 46.12, 게인 : 5
• 재생 시간 설정 후 자르기 하여야 하며, 잘라진 뒷부분의 음악 파일은 삭제할 것

[출력형태]

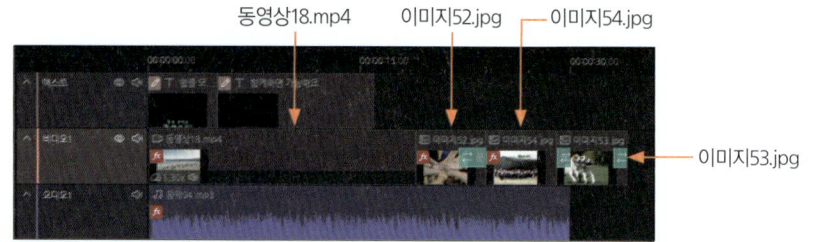

[처리조건]

원본파일	이미지52.jpg, 이미지53.jpg, 이미지54.jpg, 동영상18.mp4, 음악04.mp3

▶ **미디어 소스의 순서를 다음과 같이 지정하시오.**
- 미디어 소스 순서 ⇒ 동영상18.mp4 > 이미지52.jpg > 이미지54.jpg > 이미지53.jpg

▶ **동영상 파일('동영상18.mp4')을 다음과 같이 처리하시오.**
- **배속** : 1.3x
- **자르기** : 시작 시간(0.03), 재생 시간(18.27)
- **이펙트** : LUT 필터-옛날 사진-옛날 사진 05(노출 : 10, 감마 : 1.5)
- **텍스트** ⇒ 텍스트 입력 : ☐ 함께하면 가능해요 ☐
    텍스트 서식 : 기본자막(바탕, 크기 90, 00ff13), 윤곽선 설정(없음),
    위치 설정(화면 정가운데 아래), 시작 시간(5.00), 클립 길이(11.00)
- 재생 속도 설정 후 자르기를 하여야 하며, 잘라진 뒷부분의 동영상 및 트랙의 모든 공백을 삭제할 것
- 원본 동영상에 포함된 오디오는 모두 음소거 할 것

▶ **이미지 파일을 다음과 같이 처리하시오.**
- '이미지52.jpg' ⇒ 이미지 클립 길이 : 5.00, 오버레이 : 스페이스01(개수/양 : 8),
    클립 트랜지션 : 문 열기(앞으로 이동, 재생 시간 : 2.00)
- '이미지54.jpg' ⇒ 이미지 클립 길이 : 5.00, 오버레이 : 떠오르는(개수/양 : 85),
    클립 트랜지션 : 교차 줌(뒤로 이동, 재생 시간 : 1.00)
- '이미지53.jpg' ⇒ 이미지 클립 길이 : 5.00, 오버레이 : 수면 아래 01(강도 : 40),
    클립 트랜지션 : 문 닫기(앞으로 이동, 재생 시간 : 1.00)
- 지시사항이 없는 경우는 기본 값을 적용하시오.

▶ **다음 조건에 따라 제목을 이용하여 자막을 지정하시오.**
- 제목 ⇒ 텍스트 입력 : ☐ 힘을 모아요 (We can do it!) ☐

    텍스트 서식(궁서체, 크기 180, 76ba1e), 윤곽선 설정(색상 : 0082ff, 두께 : 10),
    나타나기(왼쪽으로 연하게 닦아내기, 지속 시간 : 2.00), 시작 시간(0.00), 클립 길이(5.00)

▶ **다음 조건에 따라 동영상 전체에 음악 파일('음악04.mp3')을 삽입하시오.**
- **시작 시간** : 0.03, **재생 시간** : 29.27, **페이드 아웃** : 4.00
- 재생 시간 설정 후 자르기 하여야 하며, 잘라진 뒷부분의 음악 파일은 삭제할 것

▶ **다음과 같은 규칙으로 GMEP 파일을 프로젝트 전체 저장하시오.**

GMEP	파일명	4-4정복3.gmep

원본 파일을 처리조건에 따라 결과파일로 완성하시오.

· 소스 파일 : 직접 작성   · 정답 파일 : 4-4정복4(완성).gmep

작성 시간 / 권장 시간

분 / 10분

[출력형태]

동영상19.mp4 이미지56.jpg 이미지55.jpg

이미지57.jpg

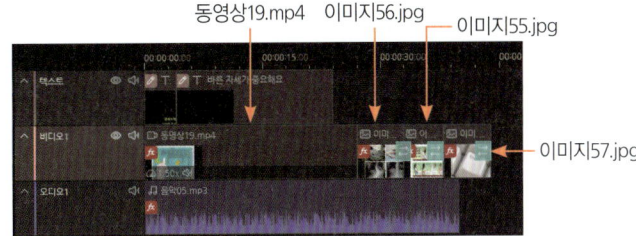

[처리조건]

원본파일	이미지55.jpg, 이미지56.jpg, 이미지57.jpg, 동영상19.mp4, 음악05.mp3

▶ **미디어 소스의 순서를 다음과 같이 지정하시오.**
  ● 미디어 소스 순서 ⇒ 동영상19.mp4 > 이미지56.jpg > 이미지55.jpg > 이미지57.jpg

▶ **동영상 파일('동영상18.mp4')을 다음과 같이 처리하시오.**
  ● 배속 : 1.5x
  ● 자르기 : 시작 시간(0.00), 재생 시간(27.00)
  ● 이펙트 : 영상-글리치 01(인터벌 : 3, 강도 : 70)
  ● 텍스트 ⇒ 텍스트 입력 : ⎡바른 자세가 중요해요⎤
             텍스트 서식 : 기본자막(바탕체, 크기 80, e4192a), 윤곽선 설정(없음),
             위치 설정(화면 정가운데 아래), 시작 시간(4.00), 클립 길이(20.00)
  ● 재생 속도 설정 후 자르기를 하여야 하며, 잘라진 뒷부분의 동영상 및 트랙의 모든 공백을 삭제할 것
  ● 원본 동영상에 포함된 오디오는 모두 음소거 할 것

▶ **이미지 파일을 다음과 같이 처리하시오.**
  ● '이미지56.jpg' ⇒ 이미지 클립 길이 : 6.00, 오버레이 : 흩날림(크기 : 8),
               클립 트랜지션 : 흰색 페이드(오버랩, 재생 시간 : 2.00)
  ● '이미지55.jpg' ⇒ 이미지 클립 길이 : 5.00, 오버레이 : 가우스(강도 : 20),
               클립 트랜지션 : 아래로 밀기(앞으로 이동, 재생 시간 : 2.00)
  ● '이미지57.jpg' ⇒ 이미지 클립 길이 : 6.00, 오버레이 : 레디얼 라이트(크기 : 60),
               클립 트랜지션 : 오른쪽으로 덮기(앞으로 이동, 재생 시간 : 2.00)
  ● 지시사항이 없는 경우는 기본 값을 적용하시오.

▶ **다음 조건에 따라 제목을 이용하여 자막을 지정하시오.**
  ● 제목 ⇒ 텍스트 입력 : ⎡컴퓨터와 건강
                    (COM & Health)⎤
             텍스트 서식(함초롬돋움, 크기 150, fdff00), 윤곽선 설정(색상 : 000000, 두께 : 30),
             나타나기(오른쪽으로 닦아내기, 지속 시간 : 2.00), 시작 시간(0.00), 클립 길이(4.00)

▶ **다음 조건에 따라 동영상 전체에 음악 파일('음악05.mp3')을 삽입하시오.**
  ● 시작 시간 : 0.00, 재생 시간 : 40.00, 페이드 아웃 : 3.00
  ● 재생 시간 설정 후 자르기 하여야 하며, 잘라진 뒷부분의 음악 파일은 삭제할 것

▶ **다음과 같은 규칙으로 GMEP 파일을 프로젝트 전체 저장하시오.**

GMEP	파일명	4-4정복4.gmep

MEMO

PART 05

출제예상 모의고사

제 01 회 디지털정보활용능력 출제예상 모의고사

작성 시간 / 시험 시간	채점 결과
분 / 40분	점 / 200점

◆ **시험과목** : 멀티미디어제작(곰픽, 곰믹스)

◆ **시험일자** : 20XX. XX. XX (토)

◆ **수검자 기재사항 및 감독위원 확인**

수검번호	DPI - XXXX -	감독위원 확인
성 명		

· 수험자 유의사항 ·

1. 수검자는 신분증을 지참하여야 시험에 응시할 수 있으며, 시험이 종료될 때까지 신분증을 제시하지 못 할 경우 해당 시험은 0점 처리됩니다.

2. 시스템(PC 작동 여부, 네트워크 상태 등)의 이상 여부를 반드시 확인하여야 하며, 시스템 이상이 있을 시 감독위원에게 조치를 받으셔야 합니다.

3. 시험 중 부주의 또는 고의로 시스템을 파손한 경우는 수검자 부담으로 합니다.

4. 답안 전송 프로그램을 통해 다운로드 받은 파일을 이용하여 답안 파일을 작성하시기 바랍니다.

5. 작성한 답안 파일은 답안 전송 프로그램을 통하여 전송됩니다. 감독위원의 지시에 따라 주시기 바랍니다.

6. 다음 사항의 경우 실격(0점) 혹은 부정행위 처리됩니다.
   1) 답안 파일을 저장하지 않았거나, 저장한 파일이 손상되었을 경우
   2) 답안 파일을 지정한 폴더(바탕화면 – "KAIT" 폴더)에 저장하지 않았을 경우
   ※ 답안 전송 프로그램 로그인 시 바탕화면에 자동 생성됨

7. 답안은 Gom Pic for DIAT와 Gom Mix for DIAT를 활용하여 작성하십시오.
   ※ Gom Mix for DIAT는 'DIAT 시험 프로젝트 생성하기'로 진입하여 작성하십시오.
   ※ Gom Mix for DIAT 답안 파일은 반드시 프로젝트 전체 저장으로 저장하십시오(미준수 시 0점 처리).

8. 시험지에 제시된 글꼴이 응시 프로그램에 없는 경우, 반드시 감독위원에게 해당 내용을 통보한 뒤 조치를 받아야 합니다.

9. 시험의 완료는 작성이 완료된 답안을 저장하고, 답안 전송이 완료된 상태를 확인한 것으로 합니다. 답안 전송 확인 후 문제지는 감독위원에게 제출한 후 퇴실하여야 합니다.

10. 답안 전송이 완료된 경우에는 수정 또는 정정이 불가능합니다.

11. 시험 시행 후 문제 공개 및 합격자 발표는 홈페이지(www.ihd.or.kr)에서 확인하시기 바랍니다.
    1) 문제 및 정답 공개 : 20XX. XX. XX.
    2) 합격자 발표 : 20XX. XX. XX.

KAIT 한국정보통신진흥협회
Korea Association for ICT Promotion

※ "Gom Pic for DIAT 프로그램"을 활용하여 [문제 1], [문제 2]를 작업하시오.

문제 I ▶ 원본파일을 처리조건에 따라 결과파일로 완성하시오.　　**50점**

원본파일	결과파일

≪ **처리조건** ≫

▶ 다음과 같이 캔버스를 설정하시오.
  • 크기 ⇒ 너비(600 픽셀) × 높이(400 픽셀)

▶ '사진1.jpg' 이미지를 불러와 기존 캔버스에 복사한 후, 다음과 같이 처리하시오.
  • 이미지 복사 ⇒ 크기 변형으로 캔버스 크기에 맞게 변형, 레이어 이름 - Village
  • 필터 효과 ⇒ 글로우를 이용하여 이미지 조정 (반경 : 6, 밝기 : -10, 대비 : 15)
  • ① ⇒ 복제 도장을 이용하여 이미지 복사
  • ② ⇒ 색조/채도를 이용하여 초록색 계열로 조정

▶ 도형 도구를 이용하여 다음과 같이 처리하시오.
  • ③ ⇒ 사각형(크기 : 40 × 100), 채우기(색상 : F04DA5), 혼합모드(곱하기, 불투명도 : 40)

▶ 지시사항이 없는 경우는 기본값을 적용하시오.

이미지 파일 저장	① [파일] – [내보내기]를 눌러서 저장 ② 저장위치 : [바탕화면] – [KAIT] – [제출파일]		
이미지 파일명	JPG	dpi_01_수검번호_성명	※ 예시 : 수검번호가 DPI-2506-123456인 경우
	GPDP	dpi_01_수검번호_성명	"dpi_01_123456_성명"으로 저장할 것

※ 'JPG'와 'GPDP' 파일 중 하나라도 누락하여 저장할 시에는 "0점" 처리됩니다.

문제 2 원본파일을 처리조건에 따라 결과파일로 완성하시오. **80점**

원본파일	결과파일
	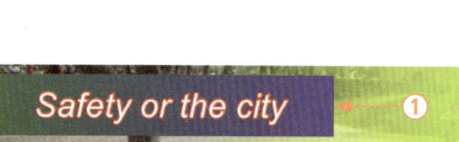

≪ 처리조건 ≫

▶ 다음과 같이 캔버스를 설정하시오.
- 크기 ⇒ 가로(600 픽셀) × 세로(300 픽셀)
- 배경 ⇒ 색상 : (E5FF0E)

▶ '사진2.jpg' 이미지를 불러와 기존 캔버스에 복사한 후, 다음과 같이 처리하시오.
- 이미지 복사 ⇒ 레이어 마스크 설정, 가로 방향으로 흐릿하게

▶ 도형 도구와 텍스트를 이용하여 다음과 같이 처리하시오.
- ① ⇒ 사각형(크기 : 350 × 60), 그라데이션(색상 : 1A5F39 – 0C2E8D)
- Safety of the city ⇒ 글꼴(Arial), 글꼴 스타일(기울임꼴), 크기(25pt),
  채우기(색상 : FFFFFF), 외곽선(두께 : 3px, 색상 : CC0000)

▶ 도형 도구와 '사진3.jpg'를 이용하여 클리핑 마스크를 생성하시오.
- ② ⇒ 원형/타원형(크기 : 150 × 150), 외곽선(두께 : 3px, 색상 : FF30E1)
  그림자(두께 : 5px, 거리 : 3px, 분산도 : 1px, 각도 : 90°)

▶ 지시사항이 없는 경우는 기본값을 적용하시오.

이미지 파일 저장	① [파일] – [내보내기]를 눌러서 저장 ② 저장위치 : [바탕화면] – [KAIT] – [제출파일]	
이미지 파일명	JPG	dpi_02_수검번호_성명	※ 예시 : 수검번호가 DPI-2506-123456인 경우
	GPDP	dpi_02_수검번호_성명	"dpi_02_123456_성명"으로 저장할 것

※ 'JPG'와 'GPDP' 파일 중 하나라도 누락하여 저장할 시에는 "0점" 처리됩니다.

※ "Gom Mix for DIAT 프로그램"을 활용하여 [문제 3]을 작업하시오.

문제 3 처리조건에 따라 출력형태와 같이 완성하시오. **70점**

≪ 출력형태 ≫

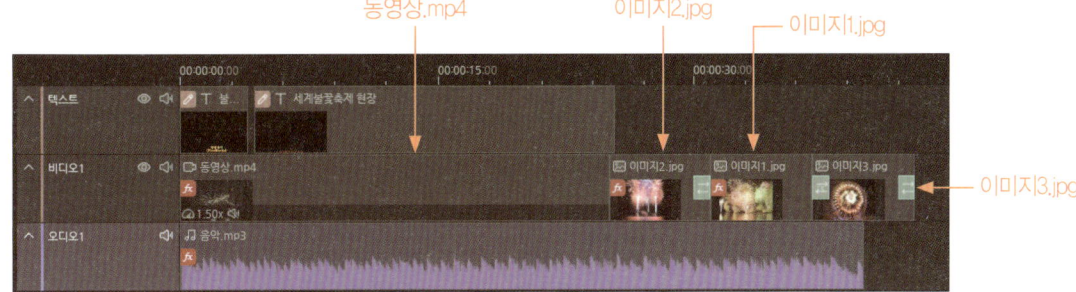

≪ 처리조건 ≫

원본파일 이미지1.jpg, 이미지2.jpg, 이미지3.jpg, 동영상.mp4, 음악.mp3

▶ 미디어 소스의 순서를 다음과 같이 지정하시오.
- 미디어 소스 순서 ⇒ 동영상.mp4 > 이미지2.jpg > 이미지1.jpg > 이미지3.jpg

▶ 동영상 파일('동영상.mp4')을 다음과 같이 처리하시오.
- 배속 : 1.5x   • 자르기 : 시작 시간(0.00), 재생 시간(25.00)   • 이펙트 : LUT 필터-파스텔-파스텔 03(노출 : 20, 감마 : 0.5)
- 텍스트 ⇒ 텍스트 입력 : 세계불꽃축제 현장
  텍스트 서식 : 기본자막(맑은 고딕, 크기 110, ff2700), 윤곽선 설정(없음), 위치 설정(화면 정가운데 아래), 시작 시간(4.10), 클립 길이 (21.00)
- 재생 속도 설정 후 자르기를 하여야 하며, 잘라진 뒷부분의 동영상 및 트랙의 모든 공백을 삭제할 것
- 원본 동영상에 포함된 오디오는 모두 음소거 할 것

▶ 이미지 파일을 다음과 같이 처리하시오.
- '이미지2.jpg' ⇒ 이미지 클립 길이 : 6.00, 오버레이 : 스페이스 01(개수/양 : 10),
  클립 트랜지션 : 흰색 페이드(앞으로 이동, 재생 시간 : 1.00)
- '이미지1.jpg' ⇒ 이미지 클립 길이 : 6.00, 오버레이 : 불꽃 스파크(크기 : 10),
  클립 트랜지션 : 왼쪽으로 덮기(뒤로 이동, 재생 시간 : 1.00)
- '이미지3.jpg' ⇒ 이미지 클립 길이 : 6.00, 오버레이 : 떠오르는 하트(개수/양 : 70),
  클립 트랜지션 : 가로 펼치면서 열기(앞으로 이동, 재생 시간 : 1.00)
- 지시사항이 없는 경우는 기본 값을 적용하시오.

▶ 다음 조건에 따라 동영상 시작 부분의 텍스트를 지정하시오.
- 텍스트 입력 : 불꽃놀이 (FireWorks)

  텍스트 서식(궁서, 크기 115, f0e200), 윤곽선 설정(색상 : ff4000, 두께 : 30),
  나타나기(커지면서 나타나기, 지속 시간 : 2.00), 시작 시간(0.00), 클립 길이(4.00)

▶ 다음 조건에 따라 동영상 전체에 음악 파일('음악.mp3')을 삽입하시오.
- 시작 시간 : 0.00, 재생 시간 : 40.00, 페이드 아웃 : 3.00
- 재생 시간 설정 후 자르기 하여야 하며, 잘라진 뒷부분의 음악 파일은 삭제할 것

동영상 파일 저장	① [파일] – [프로젝트 전체저장]을 눌러서 저장 ② 저장위치 : [바탕화면] – [KAIT] – [제출파일]	
이미지 파일명	GMEP	dpi_03_수검번호_성명 ※ 예시 : 수검번호가 DPI-2506-123456인 경우 "dpi_03_123456_성명"으로 저장할 것

※ 파일 확장자를 'GMDP'로 저장할 시에는 "0점" 처리됩니다.

디지털정보활용능력 출제예상 모의고사

작성 시간 / 시험 시간	채점 결과
분 / 40분	점 / 200점

◆ **시험과목 :** 멀티미디어제작(곰픽, 곰믹스)
◆ **시험일자 :** 20XX. XX. XX (토)
◆ **수검자 기재사항 및 감독위원 확인**

수검번호	DPI – XXXX –	감독위원 확인
성 명		

· 수험자 유의사항 ·

1. 수검자는 신분증을 지참하여야 시험에 응시할 수 있으며, 시험이 종료될 때까지 신분증을 제시하지 못 할 경우 해당 시험은 0점 처리됩니다.

2. 시스템(PC 작동 여부, 네트워크 상태 등)의 이상 여부를 반드시 확인하여야 하며, 시스템 이상이 있을 시 감독위원에게 조치를 받으셔야 합니다.

3. 시험 중 부주의 또는 고의로 시스템을 파손한 경우는 수검자 부담으로 합니다.

4. 답안 전송 프로그램을 통해 다운로드 받은 파일을 이용하여 답안 파일을 작성하시기 바랍니다.

5. 작성한 답안 파일은 답안 전송 프로그램을 통하여 전송됩니다. 감독위원의 지시에 따라 주시기 바랍니다.

6. 다음 사항의 경우 실격(0점) 혹은 부정행위 처리됩니다.
   1) 답안 파일을 저장하지 않았거나, 저장한 파일이 손상되었을 경우
   2) 답안 파일을 지정한 폴더(바탕화면 – "KAIT" 폴더)에 저장하지 않았을 경우
   ※ 답안 전송 프로그램 로그인 시 바탕화면에 자동 생성됨

7. 답안은 Gom Pic for DIAT와 Gom Mix for DIAT를 활용하여 작성하십시오.
   ※ Gom Mix for DIAT는 'DIAT 시험 프로젝트 생성하기'로 진입하여 작성하십시오.
   ※ Gom Mix for DIAT 답안 파일은 반드시 프로젝트 전체 저장으로 저장하십시오(미준수 시 0점 처리).

8. 시험지에 제시된 글꼴이 응시 프로그램에 없는 경우, 반드시 감독위원에게 해당 내용을 통보한 뒤 조치를 받아야 합니다.

9. 시험의 완료는 작성이 완료된 답안을 저장하고, 답안 전송이 완료된 상태를 확인한 것으로 합니다. 답안 전송 확인 후 문제지는 감독위원에게 제출한 후 퇴실하여야 합니다.

10. 답안 전송이 완료된 경우에는 수정 또는 정정이 불가능합니다.

11. 시험 시행 후 문제 공개 및 합격자 발표는 홈페이지(www.ihd.or.kr)에서 확인하시기 바랍니다.
    1) 문제 및 정답 공개 : 20XX. XX. XX.
    2) 합격자 발표 : 20XX. XX. XX.

※ "Gom Pic for DIAT 프로그램"을 활용하여 [문제 1], [문제 2]를 작업하시오.

문제 1   원본파일을 처리조건에 따라 결과파일로 완성하시오.   **50점**

원본파일	결과파일

≪ 처리조건 ≫

▶ 다음과 같이 캔버스를 설정하시오.
- 크기 ⇒ 너비(650 픽셀) × 높이(430 픽셀)

▶ '사진1.jpg' 이미지를 불러와 기존 캔버스에 복사한 후, 다음과 같이 처리하시오.
- 이미지 복사 ⇒ 크기 변형으로 캔버스 크기에 맞게 변형, 레이어 이름 - Park
- 필터 효과 ⇒ 선명하게를 이용하여 이미지 조정 (양 : 5)
- ① ⇒ 복제도장을 이용하여 이미지 제거
- ② ⇒ 색조/채도를 이용하여 초록색 계열로 조정

▶ 도형 도구를 이용하여 다음과 같이 처리하시오.
- ③ ⇒ 원형/타원형(크기 : 80 × 80), 채우기(색상 : 223BAC), 혼합모드(반사, 불투명도 : 80)

▶ 지시사항이 없는 경우는 기본값을 적용하시오.

이미지 파일 저장	① [파일] – [내보내기]를 눌러서 저장 ② 저장위치 : [바탕화면] – [KAIT] – [제출파일]		
이미지 파일명	JPG	dpi_01_수검번호_성명	※ 예시 : 수검번호가 DPI-2506-123456인 경우
	GPDP	dpi_01_수검번호_성명	**"dpi_01_123456_성명"**으로 저장할 것

※ 'JPG'와 'GPDP' 파일 중 하나라도 누락하여 저장할 시에는 "0점" 처리됩니다.

문제 2   원본파일을 처리조건에 따라 결과파일로 완성하시오.   80점

원본파일	결과파일

≪ 처리조건 ≫

▶ 다음과 같이 캔버스를 설정하시오.
- 크기 ⇒ 가로(600 픽셀) × 세로(400 픽셀)
- 배경 ⇒ 색상 : (37459F)

▶ '사진2.jpg' 이미지를 불러와 기존 캔버스에 복사한 후, 다음과 같이 처리하시오.
- 이미지 복사 ⇒ 레이어 마스크 설정, 가로 방향으로 흐릿하게

▶ 도형 도구와 텍스트를 이용하여 다음과 같이 처리하시오.
- ① ⇒ 모서리가 둥근 사각형(크기 : 400 × 70), 라운딩(10px), 그라데이션(색상 : CCFFCC – FFFF66)
- Touch Technology ⇒ 글꼴(Arial), 글꼴 스타일(굵게), 크기(30pt),
  채우기(색상 : FFFFFF), 외곽선(두께 : 3px, 색상 : FF00FF)

▶ 도형 도구와 '사진3.jpg'를 이용하여 클리핑 마스크를 생성하시오.
- ② ⇒ 원형/타원형(크기 : 150 × 150), 외곽선(두께 : 3px, 색상 : 2E479C)
  그림자(두께 : 10px, 거리 : 5px, 분산도 : 3px, 각도 : 120°)

▶ 지시사항이 없는 경우는 기본값을 적용하시오.

이미지 파일 저장	① [파일] – [내보내기]를 눌러서 저장 ② 저장위치 : [바탕화면] – [KAIT] – [제출파일]	
이미지 파일명	JPG	dpi_02_수검번호_성명
	GPDP	dpi_02_수검번호_성명

※ 예시 : 수검번호가 DPI-2506-123456인 경우 "dpi_02_123456_성명"으로 저장할 것

※ 'JPG'와 'GPDP' 파일 중 하나라도 누락하여 저장 시에는 "0점" 처리됩니다.

※ "Gom Mix for DIAT 프로그램"을 활용하여 [문제 3]을 작업하시오.

문제 3 처리조건에 따라 출력형태와 같이 완성하시오. **70점**

≪ 출력형태 ≫

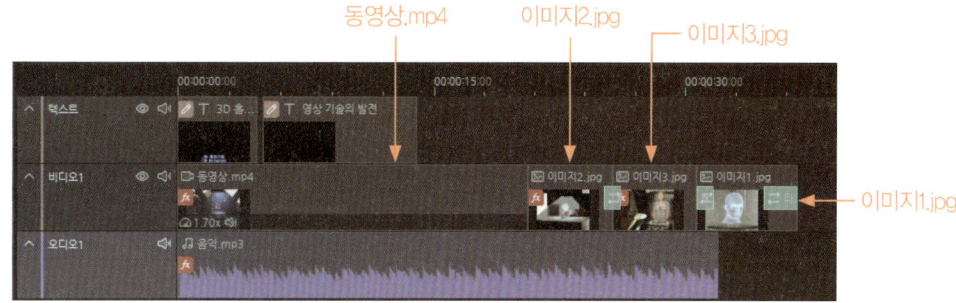

≪ 처리조건 ≫

원본파일	이미지1.jpg, 이미지2.jpg, 이미지3.jpg, 동영상.mp4, 음악.mp3

▶ **미디어 소스의 순서를 다음과 같이 지정하시오.**
- 미디어 소스 순서 ⇒ 동영상.mp4 > 이미지2.jpg > 이미지3.jpg > 이미지1.jpg

▶ **동영상 파일('동영상.mp4')을 다음과 같이 처리하시오.**
- 배속 : 1.7x • 자르기 : 시작 시간(0.00), 재생 시간(20.20) • 이펙트 : LUT 필터-맑은 햇살-맑은 햇살 04(노출 : 20, 감마 : 1.5)
- 텍스트 ⇒ 텍스트 입력 : 영상 기술의 발전
  텍스트 서식 : 기본자막(바탕체, 크기 105, f0e200), 윤곽선 설정(없음), 위치 설정(화면 정가운데 아래), 시작 시간(4.20), 클립 길이(9.00)
- 재생 속도 설정 후 자르기를 하여야 하며, 잘라진 뒷부분의 동영상 및 트랙의 모든 공백을 삭제할 것
- 원본 동영상에 포함된 오디오는 모두 음소거 할 것

▶ **이미지 파일을 다음과 같이 처리하시오.**
- '이미지2.jpg' ⇒ 이미지 클립 길이 : 5.00, 오버레이 : 영롱한(크기 : 3),
  클립 트랜지션 : 디졸브(오버랩, 재생 시간 : 1.00)
- '이미지3.jpg' ⇒ 이미지 클립 길이 : 5.00, 오버레이 : 가우스(강도 : 60),
  클립 트랜지션 : 마름모 열기(뒤로 이동, 재생 시간 : 1.00)
- '이미지1.jpg' ⇒ 이미지 클립 길이 : 6.00, 오버레이 : UFO(강도 : 60),
  클립 트랜지션 : 타원 닫기(앞으로 이동, 재생 시간 : 2.00)
- 지시사항이 없는 경우는 기본 값을 적용하시오.

▶ **다음 조건에 따라 동영상 시작 부분의 텍스트를 지정하시오.**
- 텍스트 입력 : 3D 홀로그램
  (3D Hologram)

  텍스트 서식(돋움체, 크기 140, 00ffd6), 윤곽선 설정(색상 : 0001ff, 두께 : 20),
  나타나기(회전하며 나타나기, 지속 시간 : 1.00), 시작 시간(0.00), 클립 길이(4.20)

▶ **다음 조건에 따라 동영상 전체에 음악 파일('음악.mp3')을 삽입하시오.**
- 시작 시간 : 0.00, 재생 시간 : 32.00, 페이드 인 : 4.00
- 재생 시간 설정 후 자르기 하여야 하며, 잘라진 뒷부분의 음악 파일은 삭제할 것

동영상 파일 저장	① [파일] – [프로젝트 전체저장]을 눌러서 저장 ② 저장위치 : [바탕화면] – [KAIT] – [제출파일]	
이미지 파일명	GMEP	dpi_03_수검번호_성명 ※ 예시 : 수검번호가 DPI-2506-123456인 경우 "dpi_03_123456_성명"으로 저장할 것

※ 파일 확장자를 'GMDP'로 저장할 시에는 "0점" 처리됩니다.

디지털정보활용능력 출제예상 모의고사

작성 시간 / 시험 시간	채점 결과
분 / 40분	점 / 200점

◆ **시험과목 :** 멀티미디어제작(곰픽, 곰믹스)
◆ **시험일자 :** 20XX. XX. XX (토)
◆ **수검자 기재사항 및 감독위원 확인**

수검번호	DPI - XXXX -	감독위원 확인
성 명		

· 수험자 유의사항 ·

1. 수검자는 신분증을 지참하여야 시험에 응시할 수 있으며, 시험이 종료될 때까지 신분증을 제시하지 못 할 경우 해당 시험은 0점 처리됩니다.

2. 시스템(PC 작동 여부, 네트워크 상태 등)의 이상 여부를 반드시 확인하여야 하며, 시스템 이상이 있을 시 감독위원에게 조치를 받으셔야 합니다.

3. 시험 중 부주의 또는 고의로 시스템을 파손한 경우는 수검자 부담으로 합니다.

4. 답안 전송 프로그램을 통해 다운로드 받은 파일을 이용하여 답안 파일을 작성하시기 바랍니다.

5. 작성한 답안 파일은 답안 전송 프로그램을 통하여 전송됩니다. 감독위원의 지시에 따라 주시기 바랍니다.

6. 다음 사항의 경우 실격(0점) 혹은 부정행위 처리됩니다.
   1) 답안 파일을 저장하지 않았거나, 저장한 파일이 손상되었을 경우
   2) 답안 파일을 지정한 폴더(바탕화면 – "KAIT" 폴더)에 저장하지 않았을 경우
   ※ 답안 전송 프로그램 로그인 시 바탕화면에 자동 생성됨

7. 답안은 Gom Pic for DIAT와 Gom Mix for DIAT를 활용하여 작성하십시오.
   ※ Gom Mix for DIAT는 'DIAT 시험 프로젝트 생성하기'로 진입하여 작성하십시오.
   ※ Gom Mix for DIAT 답안 파일은 반드시 프로젝트 전체 저장으로 저장하십시오(미준수 시 0점 처리).

8. 시험지에 제시된 글꼴이 응시 프로그램에 없는 경우, 반드시 감독위원에게 해당 내용을 통보한 뒤 조치를 받아야 합니다.

9. 시험의 완료는 작성이 완료된 답안을 저장하고, 답안 전송이 완료된 상태를 확인한 것으로 합니다. 답안 전송 확인 후 문제지는 감독위원에게 제출한 후 퇴실하여야 합니다.

10. 답안 전송이 완료된 경우에는 수정 또는 정정이 불가능합니다.

11. 시험 시행 후 문제 공개 및 합격자 발표는 홈페이지(www.ihd.or.kr)에서 확인하시기 바랍니다.
    1) 문제 및 정답 공개 : 20XX. XX. XX.
    2) 합격자 발표 : 20XX. XX. XX.

KAIT 한국정보통신진흥협회
Korea Association for ICT Promotion

※ "Gom Pic for DIAT 프로그램"을 활용하여 [문제 1], [문제 2]를 작업하시오.

문제 1   원본파일을 처리조건에 따라 결과파일로 완성하시오.   **50점**

원본파일	결과파일

≪ 처리조건 ≫

▶ 다음과 같이 캔버스를 설정하시오.
- 크기 ⇒ 너비(600 픽셀) × 높이(400 픽셀)

▶ '사진1.jpg' 이미지를 불러와 기존 캔버스에 복사한 후, 다음과 같이 처리하시오.
- 이미지 복사 ⇒ 크기 변형으로 캔버스 크기에 맞게 변형, 레이어 이름 - Duck
- 밝기 조정 ⇒ 감마를 이용하여 이미지 조정 (어두운 영역 : 0.70, 밝은 영역 : 1.30)
- ① ⇒ 복제 도장을 이용하여 이미지 복사
- ② ⇒ 색조/채도를 이용하여 빨간색 계열로 조정

▶ 도형 도구를 이용하여 다음과 같이 처리하시오.
- ③ ⇒ 원형/타원형(크기 : 150 × 150), 채우기(색상 : DA303F), 혼합모드(밝게, 불투명도 : 50)

▶ 지시사항이 없는 경우는 기본값을 적용하시오.

이미지 파일 저장	① [파일] – [내보내기]를 눌러서 저장 ② 저장위치 : [바탕화면] – [KAIT] – [제출파일]	
이미지 파일명	**JPG** dpi_01_수검번호_성명	※ 예시 : 수검번호가 DPI-2506-123456인 경우
	GPDP dpi_01_수검번호_성명	"dpi_01_123456_성명"으로 저장할 것

※ 'JPG'와 'GPDP' 파일 중 하나라도 누락하여 저장 시에는 "0점" 처리됩니다.

문제 2 원본파일을 처리조건에 따라 결과파일로 완성하시오.   **80점**

원본파일	결과파일

≪ 처리조건 ≫

▶ 다음과 같이 캔버스를 설정하시오.
- 크기 ⇒ 가로(600 픽셀) × 세로(300 픽셀)
- 배경 ⇒ 색상 : (33CCFF)

▶ '사진2.jpg' 이미지를 불러와 기존 캔버스에 복사한 후, 다음과 같이 처리하시오.
- 이미지 복사 ⇒ 레이어 마스크 설정, 세로 방향으로 흐릿하게

▶ 도형 도구와 텍스트를 이용하여 다음과 같이 처리하시오.
- ① ⇒ 사각형(크기 : 200 × 60), 그라데이션(색상 : D69F1A – 22B875)
- 화창한 날 ⇒ 글꼴(궁서체), 글꼴 스타일(밑줄), 크기(30pt),
  채우기(색상 : E66C18), 외곽선(두께 : 3px, 색상 : FFCCCC)

▶ 도형 도구와 '사진3.jpg'를 이용하여 클리핑 마스크를 생성하시오.
- ② ⇒ 원형/타원형(크기 : 100 × 100), 외곽선(두께 : 5px, 색상 : 1BD645)
  그림자(두께 : 3px, 거리 : 6px, 분산도 : 2px, 각도 : 200°)

▶ 지시사항이 없는 경우는 기본값을 적용하시오.

이미지 파일 저장	① [파일] – [내보내기]를 눌러서 저장 ② 저장위치 : [바탕화면] – [KAIT] – [제출파일]	
이미지 파일명	JPG	dpi_02_수검번호_성명	※ 예시 : 수검번호가 DPI-2506-123456인 경우
	GPDP	dpi_02_수검번호_성명	"dpi_02_123456_성명"으로 저장할 것

※ 'JPG'와 'GPDP' 파일 중 하나라도 누락하여 저장할 시에는 "0점" 처리됩니다

※ "Gom Mix for DIAT 프로그램"을 활용하여 [문제 3]을 작업하시오.

문제 3　　처리조건에 따라 출력형태와 같이 완성하시오.　　　　70점

≪ 출력형태 ≫

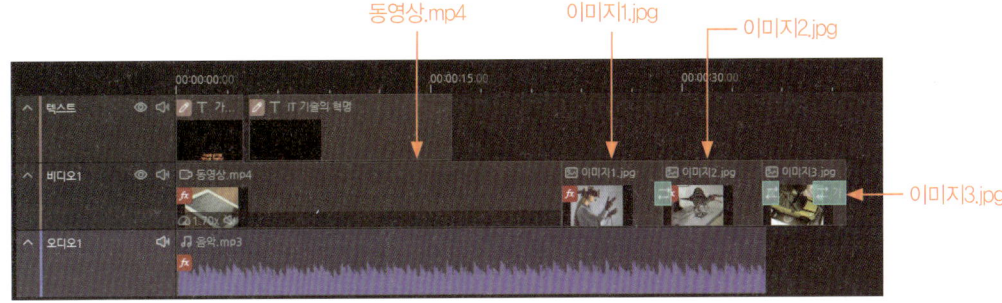

≪ 처리조건 ≫

원본파일　　이미지1.jpg, 이미지2.jpg, 이미지3.jpg, 동영상.mp4, 음악.mp3

▶ **미디어 소스의 순서를 다음과 같이 지정하시오.**
- 미디어 소스 순서 ⇒ 동영상.mp4 > 이미지1.jpg > 이미지2.jpg > 이미지3.jpg

▶ **동영상 파일('동영상.mp4')을 다음과 같이 처리하시오.**
- 배속 : 1.7x　• 자르기 : 시작 시간(0.00), 재생 시간(22.25)　• 이펙트 : LUT 필터-맑은 햇살-맑은 햇살 04(노출 : 20, 감마 : 1.5)
- 텍스트 ⇒ 텍스트 입력 : │ IT 기술의 혁명 │
  텍스트 서식 : 기본자막(굴림, 크기 88, ff0072), 윤곽선 설정(없음), 위치 설정(화면 정가운데 아래), 시작 시간(4.10), 클립 길이(12.00)
- 재생 속도 설정 후 자르기를 하여야 하며, 잘라진 뒷부분의 동영상 및 트랙의 모든 공백을 삭제할 것
- 원본 동영상에 포함된 오디오는 모두 음소거 할 것

▶ **이미지 파일을 다음과 같이 처리하시오.**
- '이미지1.jpg' ⇒ 이미지 클립 길이 : 6.00, 오버레이 : 수면 아래 01(X축 : 70, 강도 : 30),
  클립 트랜지션 : 아래로 연하게 닦아내기(오버랩, 재생 시간 : 1.00)
- '이미지2.jpg' ⇒ 이미지 클립 길이 : 6.00, 오버레이 : 비누 방울(크기 : 8, 속도 : 3),
  클립 트랜지션 : 가운데 초점 줌 인(뒤로 이동, 재생 시간 : 1.00)
- '이미지3.jpg' ⇒ 이미지 클립 길이 : 5.00, 오버레이 : 후광 프레임(꼭지점 개수 3, 내부 반경 : 45),
  클립 트랜지션 : 가운데 초점 줌 아웃(앞으로 이동, 재생 시간 : 2.00)
- 지시사항이 없는 경우는 기본 값을 적용하시오.

▶ **다음 조건에 따라 동영상 시작 부분의 텍스트를 지정하시오.**
- 텍스트 입력 : │ 가상현실기법 (Virtual Reality) │

  텍스트 서식(돋움, 크기 120, ffff00), 윤곽선 설정(색상 : ff0015, 두께 : 30),
  사라지기(아래로 닦아내기, 지속 시간 : 2.00), 시작 시간(0.00), 클립 길이(4.00)

▶ **다음 조건에 따라 동영상 전체에 음악 파일('음악.mp3')을 삽입하시오.**
- 시작 시간 : 0.00, 재생 시간 : 35.00, 페이드 아웃 : 3.00
- 재생 시간 설정 후 자르기 하여야 하며, 잘라진 뒷부분의 음악 파일은 삭제할 것

동영상 파일 저장	① [파일] – [프로젝트 전체저장]을 눌러서 저장　② 저장위치 : [바탕화면] – [KAIT] – [제출파일]	
이미지 파일명	GMEP	dpi_03_수검번호_성명　※ 예시 : 수검번호가 DPI-2506-123456인 경우 "dpi_03_123456_성명"으로 저장할 것

※ 파일 확장자를 'GMDP'로 저장할 시에는 "0점" 처리됩니다.

디지털정보활용능력 출제예상 모의고사

작성 시간 / 시험 시간	채점 결과
분 / 40분	점 / 200점

◆ **시험과목** : 멀티미디어제작(곰픽, 곰믹스)

◆ **시험일자** : 20XX. XX. XX (토)

◆ **수검자 기재사항 및 감독위원 확인**

수검번호	DPI – XXXX –	감독위원 확인
성 명		

· 수험자 유의사항 ·

1. 수검자는 신분증을 지참하여야 시험에 응시할 수 있으며, 시험이 종료될 때까지 신분증을 제시하지 못 할 경우 해당 시험은 0점 처리됩니다.

2. 시스템(PC 작동 여부, 네트워크 상태 등)의 이상 여부를 반드시 확인하여야 하며, 시스템 이상이 있을 시 감독위원에게 조치를 받으셔야 합니다.

3. 시험 중 부주의 또는 고의로 시스템을 파손한 경우는 수검자 부담으로 합니다.

4. 답안 전송 프로그램을 통해 다운로드 받은 파일을 이용하여 답안 파일을 작성하시기 바랍니다.

5. 작성한 답안 파일은 답안 전송 프로그램을 통하여 전송됩니다. 감독위원의 지시에 따라 주시기 바랍니다.

6. 다음 사항의 경우 실격(0점) 혹은 부정행위 처리됩니다.
   1) 답안 파일을 저장하지 않았거나, 저장한 파일이 손상되었을 경우
   2) 답안 파일을 지정한 폴더(바탕화면 – "KAIT" 폴더)에 저장하지 않았을 경우
   ※ 답안 전송 프로그램 로그인 시 바탕화면에 자동 생성됨

7. 답안은 Gom Pic for DIAT와 Gom Mix for DIAT를 활용하여 작성하십시오.
   ※ Gom Mix for DIAT는 'DIAT 시험 프로젝트 생성하기'로 진입하여 작성하십시오.
   ※ Gom Mix for DIAT 답안 파일은 반드시 프로젝트 전체 저장으로 저장하십시오(미준수 시 0점 처리).

8. 시험지에 제시된 글꼴이 응시 프로그램에 없는 경우, 반드시 감독위원에게 해당 내용을 통보한 뒤 조치를 받아야 합니다.

9. 시험의 완료는 작성이 완료된 답안을 저장하고, 답안 전송이 완료된 상태를 확인한 것으로 합니다. 답안 전송 확인 후 문제지는 감독위원에게 제출한 후 퇴실하여야 합니다.

10. 답안 전송이 완료된 경우에는 수정 또는 정정이 불가능합니다.

11. 시험 시행 후 문제 공개 및 합격자 발표는 홈페이지(www.ihd.or.kr)에서 확인하시기 바랍니다.
    1) 문제 및 정답 공개 : 20XX. XX. XX.
    2) 합격자 발표 : 20XX. XX. XX.

※ "Gom Pic for DIAT 프로그램"을 활용하여 [문제 1], [문제 2]를 작업하시오.

문제 Ⅰ 원본파일을 처리조건에 따라 결과파일로 완성하시오. **50점**

원본파일	결과파일

≪ 처리조건 ≫

▶ 다음과 같이 캔버스를 설정하시오.
- 크기 ⇒ 너비(600 픽셀) × 높이(400 픽셀)

▶ '사진1.jpg' 이미지를 불러와 기존 캔버스에 복사한 후, 다음과 같이 처리하시오.
- 이미지 복사 ⇒ 크기 변형으로 캔버스 크기에 맞게 변형, 레이어 이름 - Map
- 밝기 조정 ⇒ 노출을 이용하여 이미지 조정 (노출 : 20)
- ① ⇒ 복제 도장을 이용하여 이미지 제거
- ② ⇒ 색조/채도를 이용하여 보라색 계열로 조정

▶ 도형 도구를 이용하여 다음과 같이 처리하시오.
- ③ ⇒ 원형/타원형(크기 : 80 × 80), 채우기(색상 : 30D627), 혼합모드(곱하기, 불투명도 : 50)

▶ 지시사항이 없는 경우는 기본값을 적용하시오.

이미지 파일 저장	① [파일] – [내보내기]를 눌러서 저장	
	② 저장위치 : [바탕화면] – [KAIT] – [제출파일]	
이미지 파일명	JPG	dpi_01_수검번호_성명	※ 예시 : 수검번호가 DPI-2506-123456인 경우
	GPDP	dpi_01_수검번호_성명	"dpi_01_123456_성명"으로 저장할 것

※ 'JPG'와 'GPDP' 파일 중 하나라도 누락하여 저장할 시에는 "0점" 처리됩니다.

문제 2   원본파일을 처리조건에 따라 결과파일로 완성하시오.   **80점**

원본파일	결과파일

≪ 처리조건 ≫

▶ 다음과 같이 캔버스를 설정하시오.
- 크기 ⇒ 가로(600 픽셀) × 세로(400 픽셀)
- 배경 ⇒ 색상 : (2771CA)

▶ '사진2.jpg' 이미지를 불러와 기존 캔버스에 복사한 후, 다음과 같이 처리하시오.
- 이미지 복사 ⇒ 레이어 마스크 설정, 대각선 방향으로 흐릿하게

▶ 도형 도구와 텍스트를 이용하여 다음과 같이 처리하시오.
- ① ⇒ 모서리가 둥근 사각형(크기 : 450 × 80), 그라데이션(색상 : DF7A34 – DFDF2C)
- welcome to mountain ⇒ 글꼴(Arial), 글꼴 스타일(기울임꼴), 크기(32pt),
    채우기(색상 : FFE000), 외곽선(두께 : 5px, 색상 : 0F4E29)

▶ 도형 도구와 '사진3.jpg'를 이용하여 클리핑 마스크를 생성하시오.
- ② ⇒ 사각형(크기 : 120 × 120), 외곽선(두께 : 3px, 색상 : 8344FF)
    그림자(두께 : 5px, 거리 : 5px, 분산도 : 2px, 각도 : 300°)

▶ 지시사항이 없는 경우는 기본값을 적용하시오.

이미지 파일 저장	① [파일] – [내보내기]를 눌러서 저장		
	② 저장위치 : [바탕화면] – [KAIT] – [제출파일]		
이미지 파일명	JPG	dpi_02_수검번호_성명	※ 예시 : 수검번호가 DPI-2506-123456인 경우
	GPDP	dpi_02_수검번호_성명	"**dpi_02_123456_성명**"으로 저장할 것

※ 'JPG'와 'GPDP' 파일 중 하나라도 누락하여 저장할 시에는 "0점" 처리됩니다

※ "Gom Mix for DIAT 프로그램"을 활용하여 [문제 3]을 작업하시오.

문제 3 처리조건에 따라 출력형태와 같이 완성하시오. **70점**

≪ 출력형태 ≫

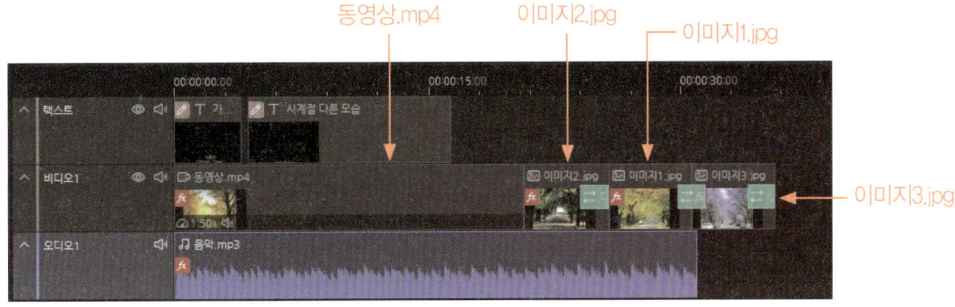

≪ 처리조건 ≫

원본파일	이미지1.jpg, 이미지2.jpg, 이미지3.jpg, 동영상.mp4, 음악.mp3

▶ 미디어 소스의 순서를 다음과 같이 지정하시오.
- 미디어 소스 순서 ⇒ 동영상.mp4 > 이미지2.jpg > 이미지1.jpg > 이미지3.jpg

▶ 동영상 파일('동영상.mp4')을 다음과 같이 처리하시오.
- 배속 : 1.5x • 자르기 : 시작 시간(0.00), 재생 시간(20.20) • 이펙트 : 색상 보정-색상/채도/밝기(색상만 : -20, 채도 : 10)
- 텍스트 ⇒ 텍스트 입력 : 사계절 다른 모습
  텍스트 서식 : 기본자막(맑은 고딕, 크기 88, 8bf500), 윤곽선 설정(없음), 위치 설정(화면 정가운데 아래), 시작 시간(4.10), 클립 길이(12.00)
- 재생 속도 설정 후 자르기를 하여야 하며, 잘라진 뒷부분의 동영상 및 트랙의 모든 공백을 삭제할 것
- 원본 동영상에 포함된 오디오는 모두 음소거 할 것

▶ 이미지 파일을 다음과 같이 처리하시오.
- '이미지2.jpg' ⇒ 이미지 클립 길이 : 5.00, 오버레이 : 후광(외부 반경 : 40, 페더 : 5),
  클립 트랜지션 : 디졸브(앞으로 이동, 재생 시간 : 1.20)
- '이미지1.jpg' ⇒ 이미지 클립 길이 : 5.00, 오버레이 : 레디얼 라이트(노출 : 20, 명도 : 50),
  클립 트랜지션 : 오른쪽으로 덮기(오보랩, 재생 시간 : 1.20)
- '이미지3.jpg' ⇒ 이미지 클립 길이 : 5.00, 오버레이 : 떨림(색상2 : 2a44db, 깜박거림 빈도 : 10),
  클립 트랜지션 : 십자형 나누기(앞으로 이동, 재생 시간 : 1.20)
- 지시사항이 없는 경우는 기본 값을 적용하시오.

▶ 다음 조건에 따라 동영상 시작 부분의 텍스트를 지정하시오.
- 텍스트 입력 : 가로수 (Street Trees)

  텍스트 서식(돋움체, 크기 144, 43dc30), 윤곽선 설정(색상 : 292929, 두께 : 30),
  나타나기(회전하며 나타나기, 지속 시간 : 2.20), 시작 시간(0.00), 클립 길이(4.00)

▶ 다음 조건에 따라 동영상 전체에 음악 파일('음악.mp3')을 삽입하시오.
- 시작 시간 : 0.00, 재생 시간 : 31.00, 페이드 아웃 : 2.00
- 재생 시간 설정 후 자르기 하여야 하며, 잘라진 뒷부분의 음악 파일은 삭제할 것

동영상 파일 저장	① [파일] – [프로젝트 전체저장]을 눌러서 저장 ② 저장위치 : [바탕화면] – [KAIT] – [제출파일]	
이미지 파일명	GMEP	dpi_03_수검번호_성명 ※ 예시 : 수검번호가 DPI-2506-123456인 경우 "dpi_03_123456_성명"으로 저장할 것

※ 파일 확장자를 'GMDP'로 저장할 시에는 "0점" 처리됩니다.

디지털정보활용능력 출제예상 모의고사

작성 시간 / 시험 시간	채점 결과
분 / 40분	점 / 200점

◆ **시험과목 :** 멀티미디어제작(곰픽, 곰믹스)

◆ **시험일자 :** 20XX. XX. XX (토)

◆ **수검자 기재사항 및 감독위원 확인**

수검번호	DPI – XXXX –	감독위원 확인
성 명		

· 수험자 유의사항 ·

1. 수검자는 신분증을 지참하여야 시험에 응시할 수 있으며, 시험이 종료될 때까지 신분증을 제시하지 못 할 경우 해당 시험은 0점 처리됩니다.

2. 시스템(PC 작동 여부, 네트워크 상태 등)의 이상 여부를 반드시 확인하여야 하며, 시스템 이상이 있을 시 감독위원에게 조치를 받으셔야 합니다.

3. 시험 중 부주의 또는 고의로 시스템을 파손한 경우는 수검자 부담으로 합니다.

4. 답안 전송 프로그램을 통해 다운로드 받은 파일을 이용하여 답안 파일을 작성하시기 바랍니다.

5. 작성한 답안 파일은 답안 전송 프로그램을 통하여 전송됩니다. 감독위원의 지시에 따라 주시기 바랍니다.

6. 다음 사항의 경우 실격(0점) 혹은 부정행위 처리됩니다.
   1) 답안 파일을 저장하지 않았거나, 저장한 파일이 손상되었을 경우
   2) 답안 파일을 지정한 폴더(바탕화면 – "KAIT" 폴더)에 저장하지 않았을 경우
   ※ 답안 전송 프로그램 로그인 시 바탕화면에 자동 생성됨

7. 답안은 Gom Pic for DIAT와 Gom Mix for DIAT를 활용하여 작성하십시오.
   ※ Gom Mix for DIAT는 'DIAT 시험 프로젝트 생성하기'로 진입하여 작성하십시오.
   ※ Gom Mix for DIAT 답안 파일은 반드시 프로젝트 전체 저장으로 저장하십시오(미준수 시 0점 처리).

8. 시험지에 제시된 글꼴이 응시 프로그램에 없는 경우, 반드시 감독위원에게 해당 내용을 통보한 뒤 조치를 받아야 합니다.

9. 시험의 완료는 작성이 완료된 답안을 저장하고, 답안 전송이 완료된 상태를 확인한 것으로 합니다. 답안 전송 확인 후 문제지는 감독위원에게 제출한 후 퇴실하여야 합니다.

10. 답안 전송이 완료된 경우에는 수정 또는 정정이 불가능합니다.

11. 시험 시행 후 문제 공개 및 합격자 발표는 홈페이지(www.ihd.or.kr)에서 확인하시기 바랍니다.
   1) 문제 및 정답 공개 : 20XX. XX. XX.
   2) 합격자 발표 : 20XX. XX. XX.

KAIT 한국정보통신진흥협회
Korea Association for ICT Promotion

※ "Gom Pic for DIAT 프로그램"을 활용하여 [문제 1], [문제 2]를 작업하시오.

문제 I ▶ 원본파일을 처리조건에 따라 결과파일로 완성하시오. 50점

원본파일	결과파일

≪ 처리조건 ≫

▶ 다음과 같이 캔버스를 설정하시오.
- 크기 ⇒ 너비(600 픽셀) × 높이(300 픽셀)

▶ '사진1.jpg' 이미지를 불러와 기존 캔버스에 복사한 후, 다음과 같이 처리하시오.
- 이미지 복사 ⇒ 크기 변형으로 캔버스 크기에 맞게 변형, 레이어 이름 - Flower
- 밝기 조정 ⇒ 감마를 이용하여 이미지 조정 (어두운 영역 : 1.06, 밝은 영역 : 1.14)
- ① ⇒ 복제 도장을 이용하여 이미지 복사
- ② ⇒ 색조/채도를 이용하여 보라색 계열로 조정

▶ 도형 도구를 이용하여 다음과 같이 처리하시오.
- ③ ⇒ 원형/타원형(크기 : 50 × 50), 채우기(색상 : 00A337), 혼합모드(추가, 불투명도 : 50)

▶ 지시사항이 없는 경우는 기본값을 적용하시오.

이미지 파일 저장	① [파일] – [내보내기]를 눌러서 저장 ② 저장위치 : [바탕화면] – [KAIT] – [제출파일]		
이미지 파일명	JPG	dpi_01_수검번호_성명	※ 예시 : 수검번호가 DPI-2506-123456인 경우 "dpi_01_123456_성명"으로 저장할 것
	GPDP	dpi_01_수검번호_성명	

※ 'JPG'와 'GPDP' 파일 중 하나라도 누락하여 저장할 시에는 "0점" 처리됩니다.

문제 2　　원본파일을 처리조건에 따라 결과파일로 완성하시오.　　**80점**

원본파일	결과파일

≪ 처리조건 ≫

▶ 다음과 같이 캔버스를 설정하시오.
- 크기 ⇒ 가로(600 픽셀) × 세로(400 픽셀)
- 배경 ⇒ 색상 : (A2551A)

▶ '사진2.jpg' 이미지를 불러와 기존 캔버스에 복사한 후, 다음과 같이 처리하시오.
- 이미지 복사 ⇒ 레이어 마스크 설정, 세로 방향으로 흐릿하게

▶ 도형 도구와 텍스트를 이용하여 다음과 같이 처리하시오.
- ① ⇒ 사각형(크기 : 350 × 80), 그라데이션(색상 : 734621 – 8D8A05)
- Life of bees ⇒ 글꼴(Arial), 글꼴 스타일(굵게), 크기(36pt),
　　　　　　　　채우기(색상 : FFFFFF), 외곽선(두께 : 2px, 색상 : 970651)

▶ 도형 도구와 '사진3.jpg'를 이용하여 클리핑 마스크를 생성하시오.
- ② ⇒ 원형/타원형(크기 : 150 × 150), 외곽선(두께 : 5px, 색상 : FFF948)
　　　그림자(두께 : 8px, 거리 : 4px, 분산도 : 3px, 각도 : 120˚)

▶ 지시사항이 없는 경우는 기본값을 적용하시오.

이미지 파일 저장	① [파일] – [내보내기]를 눌러서 저장 ② 저장위치 : [바탕화면] – [KAIT] – [제출파일]		
이미지 파일명	JPG	dpi_02_수검번호_성명	※ 예시 : 수검번호가 DPI-2506-123456인 경우 "dpi_02_123456_성명"으로 저장할 것
	GPDP	dpi_02_수검번호_성명	

※ 'JPG'와 'GPDP' 파일 중 하나라도 누락하여 저장 시에는 "0점" 처리됩니다

※ "Gom Mix for DIAT 프로그램"을 활용하여 [문제 3]을 작업하시오.

문제 3   처리조건에 따라 출력형태와 같이 완성하시오.   **70점**

≪ 출력형태 ≫

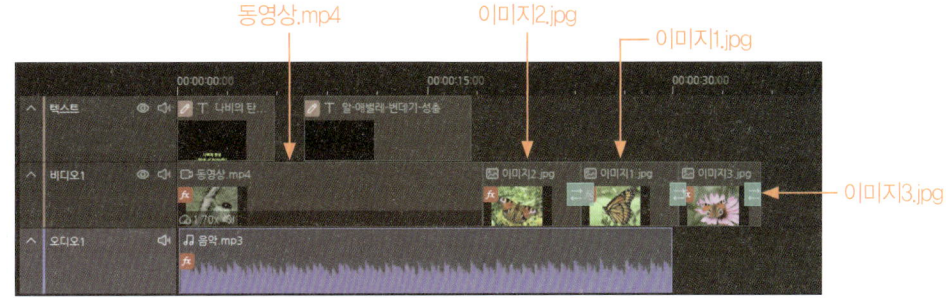

≪ 처리조건 ≫

원본파일	이미지1.jpg, 이미지2.jpg, 이미지3.jpg, 동영상.mp4, 음악.mp3

▶ **미디어 소스의 순서를 다음과 같이 지정하시오.**
- 미디어 소스 순서 ⇒ 동영상.mp4 > 이미지2.jpg > 이미지1.jpg > 이미지3.jpg

▶ **동영상 파일('동영상.mp4')을 다음과 같이 처리하시오.**
- 배속 : 1.7x   • 자르기 : 시작 시간(0.00), 재생 시간(18.10)   • 이펙트 : 이미지 보정-모자이크(픽셀 크기 : 60)
- 텍스트 ⇒ 텍스트 입력 : 알-애벌레-번데기-성충
  텍스트 서식 : 기본자막(바탕, 크기 88, ff007c), 윤곽선 설정(없음), 위치 설정(화면 정가운데 아래), 시작 시간(7.20), 클립 길이(10.00)
- 재생 속도 설정 후 자르기를 하여야 하며, 잘라진 뒷부분의 동영상 및 트랙의 모든 공백을 삭제할 것
- 원본 동영상에 포함된 오디오는 모두 음소거 할 것

▶ **이미지 파일을 다음과 같이 처리하시오.**
- '이미지2.jpg' ⇒ 이미지 클립 길이 : 6.00, 오버레이 : 떠오르는(개수/양 : 60, 크기 : 10),
  클립 트랜지션 : 왼쪽으로 밀기(오버랩, 재생 시간 : 1.20)
- '이미지1.jpg' ⇒ 이미지 클립 길이 : 6.00, 오버레이 : 내려앉는(개수/양 : 60, 크기 : 10),
  클립 트랜지션 : 왼쪽으로 덮기(오버랩, 재생 시간 : 1.00)
- '이미지3.jpg' ⇒ 이미지 클립 길이 : 5.00, 오버레이 : 레터 박스 블라로이드(색상 : fffe37, 불투명도 : 70),
  클립 트랜지션 : 문 닫기(앞으로 이동, 재생 시간 : 1.00)
- 지시사항이 없는 경우는 기본 값을 적용하시오.

▶ **다음 조건에 따라 동영상 시작 부분의 텍스트를 지정하시오.**
- 텍스트 입력 : 나비의 탄생 (Birth of Butterfly)

  텍스트 서식(맑은 고딕, 크기 132, f0e200), 윤곽선 설정(색상 : 2d7e22, 두께 : 30), 나타나기(서서히 나타나기, 지속 시간 : 2.00), 시작 시간(0.00), 클립 길이(5.26)

▶ **다음 조건에 따라 동영상 전체에 음악 파일('음악.mp3')을 삽입하시오.**
- 시작 시간 : 0.00, 재생 시간 : 30.00, 페이드 인 : 1.00
- 재생 시간 설정 후 자르기 하여야 하며, 잘라진 뒷부분의 음악 파일은 삭제할 것

동영상 파일 저장	① [파일] - [프로젝트 전체저장]을 눌러서 저장 ② 저장위치 : [바탕화면] - [KAIT] - [제출파일]		
이미지 파일명	GMEP	dpi_03_수검번호_성명	※ 예시 : 수검번호가 DPI-2506-123456인 경우 "dpi_03_123456_성명"으로 저장할 것

※ 파일 확장자를 'GMDP'로 저장할 시에는 "0점" 처리됩니다.

제 06 회 디지털정보활용능력 출제예상 모의고사

작성 시간 / 시험 시간	채점 결과
분 / 40분	점 / 200점

◆ **시험과목 :** 멀티미디어제작(곰픽, 곰믹스)
◆ **시험일자 :** 20XX. XX. XX (토)
◆ **수검자 기재사항 및 감독위원 확인**

수검번호	DPI – XXXX –	감독위원 확인
성 명		

· 수험자 유의사항 ·

1. 수검자는 신분증을 지참하여야 시험에 응시할 수 있으며, 시험이 종료될 때까지 신분증을 제시하지 못 할 경우 해당 시험은 0점 처리됩니다.

2. 시스템(PC 작동 여부, 네트워크 상태 등)의 이상 여부를 반드시 확인하여야 하며, 시스템 이상이 있을 시 감독위원에게 조치를 받으셔야 합니다.

3. 시험 중 부주의 또는 고의로 시스템을 파손한 경우는 수검자 부담으로 합니다.

4. 답안 전송 프로그램을 통해 다운로드 받은 파일을 이용하여 답안 파일을 작성하시기 바랍니다.

5. 작성한 답안 파일은 답안 전송 프로그램을 통하여 전송됩니다. 감독위원의 지시에 따라 주시기 바랍니다.

6. 다음 사항의 경우 실격(0점) 혹은 부정행위 처리됩니다.
    1) 답안 파일을 저장하지 않았거나, 저장한 파일이 손상되었을 경우
    2) 답안 파일을 지정한 폴더(바탕화면 – "KAIT" 폴더)에 저장하지 않았을 경우
    ※ 답안 전송 프로그램 로그인 시 바탕화면에 자동 생성됨

7. 답안은 Gom Pic for DIAT와 Gom Mix for DIAT를 활용하여 작성하십시오.
    ※ Gom Mix for DIAT는 'DIAT 시험 프로젝트 생성하기'로 진입하여 작성하십시오.
    ※ Gom Mix for DIAT 답안 파일은 반드시 프로젝트 전체 저장으로 저장하십시오(미준수 시 0점 처리).

8. 시험지에 제시된 글꼴이 응시 프로그램에 없는 경우, 반드시 감독위원에게 해당 내용을 통보한 뒤 조치를 받아야 합니다.

9. 시험의 완료는 작성이 완료된 답안을 저장하고, 답안 전송이 완료된 상태를 확인한 것으로 합니다. 답안 전송 확인 후 문제지는 감독위원에게 제출한 후 퇴실하여야 합니다.

10. 답안 전송이 완료된 경우에는 수정 또는 정정이 불가능합니다.

11. 시험 시행 후 문제 공개 및 합격자 발표는 홈페이지(www.ihd.or.kr)에서 확인하시기 바랍니다.
    1) 문제 및 정답 공개 : 20XX. XX. XX.
    2) 합격자 발표 : 20XX. XX. XX.

※ "Gom Pic for DIAT 프로그램"을 활용하여 [문제 1], [문제 2]를 작업하시오.

문제 I 원본파일을 처리조건에 따라 결과파일로 완성하시오. **50점**

원본파일	결과파일

≪ 처리조건 ≫

▶ 다음과 같이 캔버스를 설정하시오.
- 크기 ⇒ 너비(600 픽셀) × 높이(400 픽셀)

▶ '사진1.jpg' 이미지를 불러와 기존 캔버스에 복사한 후, 다음과 같이 처리하시오.
- 이미지 복사 ⇒ 크기 변형으로 캔버스 크기에 맞게 변형, 레이어 이름 - Slide
- 필터 효과 ⇒ 선명하게를 이용하여 이미지 조정 (양 : 10)
- ① ⇒ 올가미 선택을 이용하여 이미지 복사
- ② ⇒ 세피아를 이용하여 빨간색 계열로 조정

▶ 도형 도구를 이용하여 다음과 같이 처리하시오.
- ③ ⇒ 원형/타원형(크기 : 40 × 40), 채우기(색상 : C3CA07), 혼합모드(곱하기, 불투명도 : 50)

▶ 지시사항이 없는 경우는 기본값을 적용하시오.

이미지 파일 저장	① [파일] – [내보내기]를 눌러서 저장 ② 저장위치 : [바탕화면] – [KAIT] – [제출파일]	
이미지 파일명	JPG	dpi_01_수검번호_성명	※ 예시 : 수검번호가 DPI-2506-123456인 경우
	GPDP	dpi_01_수검번호_성명	"dpi_01_123456_성명"으로 저장할 것

※ 'JPG'와 'GPDP' 파일 중 하나라도 누락하여 저장할 시에는 "0점" 처리됩니다.

문제 2 원본파일을 처리조건에 따라 결과파일로 완성하시오. **80점**

원본파일	결과파일

≪ 처리조건 ≫

▶ 다음과 같이 캔버스를 설정하시오.
- 크기 ⇒ 가로(500 픽셀) × 세로(300 픽셀)
- 배경 ⇒ 색상 : (E75363)

▶ '사진2.jpg' 이미지를 불러와 기존 캔버스에 복사한 후, 다음과 같이 처리하시오.
- 이미지 복사 ⇒ 레이어 마스크 설정, 세로 방향으로 흐릿하게

▶ 도형 도구와 텍스트를 이용하여 다음과 같이 처리하시오.
- ① ⇒ 사각형(크기 : 300 × 60), 그라데이션(색상 : F6FF24 – F46363)
- 노을이 춤추는 바다 ⇒ 글꼴(굴림), 글꼴 스타일(굵게), 크기(20pt),
  채우기(색상 : FFFFFF), 외곽선(두께 : 3px, 색상 : F04DA5)

▶ 도형 도구와 '사진3.jpg'를 이용하여 클리핑 마스크를 생성하시오.
- ② ⇒ 원형/타원형(크기 : 120 × 120), 외곽선(두께 : 2px, 색상 : 15A640)
  그림자(두께 : 10px, 거리 : 5px, 분산도 : 6px, 각도 : 270°)

▶ 지시사항이 없는 경우는 기본값을 적용하시오.

이미지 파일 저장	① [파일] – [내보내기]를 눌러서 저장	
	② 저장위치 : [바탕화면] – [KAIT] – [제출파일]	
이미지 파일명	JPG	dpi_02_수검번호_성명	※ 예시 : 수검번호가 DPI-2506-123456인 경우
	GPDP	dpi_02_수검번호_성명	"dpi_02_123456_성명"으로 저장할 것

※ 'JPG'와 'GPDP' 파일 중 하나라도 누락하여 저장 시에는 "0점" 처리됩니다.

※ "Gom Mix for DIAT 프로그램"을 활용하여 [문제 3]을 작업하시오.

문제 3 처리조건에 따라 출력형태와 같이 완성하시오. **70점**

≪ 출력형태 ≫

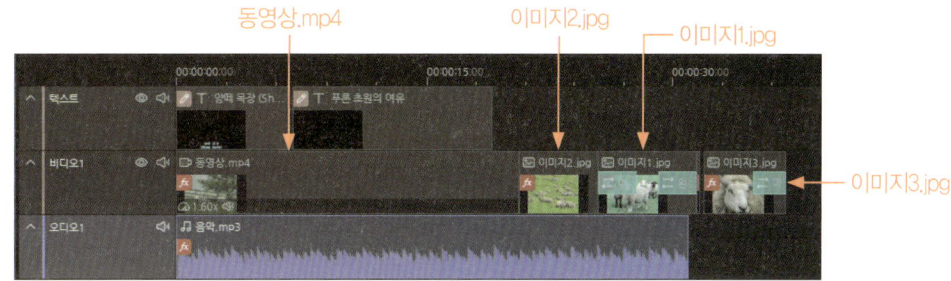

≪ 처리조건 ≫

원본파일	이미지1.jpg, 이미지2.jpg, 이미지3.jpg, 동영상.mp4, 음악.mp3

▶ 미디어 소스의 순서를 다음과 같이 지정하시오.
- 미디어 소스 순서 ⇒ 동영상.mp4 > 이미지2.jpg > 이미지1.jpg > 이미지3.jpg

▶ 동영상 파일('동영상.mp4')을 다음과 같이 처리하시오.
- 배속 : 1.6x
- 자르기 : 시작 시간(0.00), 재생 시간(20.20)
- 이펙트 : 알파/크롬/마스크-글로우(반경 : 30, 페더 : 20)
- 텍스트 ⇒ 텍스트 입력 : 푸른 초원의 여유
  텍스트 서식 : 기본자막(함초롬바탕, 크기 88, 144e5c), 윤곽선 설정(없음), 위치 설정(화면 정가운데 아래), 시작 시간(7.00), 클립 길이(12.00)
- 재생 속도 설정 후 자르기를 하여야 하며, 잘라진 뒷부분의 동영상 및 트랙의 모든 공백을 삭제할 것
- 원본 동영상에 포함된 오디오는 모두 음소거 할 것

▶ 이미지 파일을 다음과 같이 처리하시오.
- '이미지2.jpg' ⇒ 이미지 클립 길이 : 5.00, 오버레이 : 색종이 조각(크기 : 8, 속도 : 3),
  클립 트랜지션 : 마름모 열기(뒤로 이동, 재생 시간 : 2.10)
- '이미지1.jpg' ⇒ 이미지 클립 길이 : 6.00, 오버레이 : 스페이스 01(속도 : 4, 색상 : fd8a65),
  클립 트랜지션 : 왼쪽으로 연하게 닦아내기(앞으로 이동, 재생 시간 : 2.10)
- '이미지3.jpg' ⇒ 이미지 클립 길이 : 5.00, 오버레이 : 떠오르는 하트(간격 : 10),
  클립 트랜지션 : 마름모 닫기(앞으로 이동, 재생 시간 : 2.00)
- 지시사항이 없는 경우는 기본 값을 적용하시오.

▶ 다음 조건에 따라 동영상 시작 부분의 텍스트를 지정하시오.
- 텍스트 입력 : 양떼 목장 (Sheep Ranch)
  텍스트 서식(궁서체, 크기 132, 47d8ff), 윤곽선 설정(색상 : 434343, 두께 : 20),
  나타나기(오른쪽으로 펼치기, 지속 시간 : 2.00), 시작 시간(0.00), 클립 길이(6.25)

▶ 다음 조건에 따라 동영상 전체에 음악 파일('음악.mp3')을 삽입하시오.
- 시작 시간 : 0.00, 재생 시간 : 31.00, 페이드 아웃 : 3.00
- 재생 시간 설정 후 자르기 하여야 하며, 잘라진 뒷부분의 음악 파일은 삭제할 것

동영상 파일 저장	① [파일] – [프로젝트 전체저장]을 눌러서 저장 ② 저장위치 : [바탕화면] – [KAIT] – [제출파일]
이미지 파일명	**GMEP** dpi_03_수검번호_성명 ※ 예시 : 수검번호가 DPI-2506-123456인 경우 "dpi_03_123456_성명"으로 저장할 것

※ 파일 확장자를 'GMDP'로 저장할 시에는 "0점" 처리됩니다.

작성 시간 / 시험 시간	채점 결과
분 / 40분	점 / 200점

◆ **시험과목 :** 멀티미디어제작(곰픽, 곰믹스)

◆ **시험일자 :** 20XX. XX. XX (토)

◆ **수검자 기재사항 및 감독위원 확인**

수검번호	DPI – XXXX –	감독위원 확인
성 명		

· 수험자 유의사항 ·

1. 수검자는 신분증을 지참하여야 시험에 응시할 수 있으며, 시험이 종료될 때까지 신분증을 제시하지 못 할 경우 해당 시험은 0점 처리됩니다.

2. 시스템(PC 작동 여부, 네트워크 상태 등)의 이상 여부를 반드시 확인하여야 하며, 시스템 이상이 있을 시 감독위원에게 조치를 받으셔야 합니다.

3. 시험 중 부주의 또는 고의로 시스템을 파손한 경우는 수검자 부담으로 합니다.

4. 답안 전송 프로그램을 통해 다운로드 받은 파일을 이용하여 답안 파일을 작성하시기 바랍니다.

5. 작성한 답안 파일은 답안 전송 프로그램을 통하여 전송됩니다. 감독위원의 지시에 따라 주시기 바랍니다.

6. 다음 사항의 경우 실격(0점) 혹은 부정행위 처리됩니다.
   1) 답안 파일을 저장하지 않았거나, 저장한 파일이 손상되었을 경우
   2) 답안 파일을 지정한 폴더(바탕화면 – "KAIT" 폴더)에 저장하지 않았을 경우
   ※ 답안 전송 프로그램 로그인 시 바탕화면에 자동 생성됨

7. 답안은 Gom Pic for DIAT와 Gom Mix for DIAT를 활용하여 작성하십시오.
   ※ Gom Mix for DIAT는 'DIAT 시험 프로젝트 생성하기'로 진입하여 작성하십시오.
   ※ Gom Mix for DIAT 답안 파일은 반드시 프로젝트 전체 저장으로 저장하십시오(미준수 시 0점 처리).

8. 시험지에 제시된 글꼴이 응시 프로그램에 없는 경우, 반드시 감독위원에게 해당 내용을 통보한 뒤 조치를 받아야 합니다.

9. 시험의 완료는 작성이 완료된 답안을 저장하고, 답안 전송이 완료된 상태를 확인한 것으로 합니다. 답안 전송 확인 후 문제지는 감독위원에게 제출한 후 퇴실하여야 합니다.

10. 답안 전송이 완료된 경우에는 수정 또는 정정이 불가능합니다.

11. 시험 시행 후 문제 공개 및 합격자 발표는 홈페이지(www.ihd.or.kr)에서 확인하시기 바랍니다.
    1) 문제 및 정답 공개 : 20XX. XX. XX.
    2) 합격자 발표 : 20XX. XX. XX.

KAIT 한국정보통신진흥협회
Korea Association for ICT Promotion

※ "Gom Pic for DIAT 프로그램"을 활용하여 [문제 1], [문제 2]를 작업하시오.

문제 I 원본파일을 처리조건에 따라 결과파일로 완성하시오. **50점**

원본파일	결과파일
	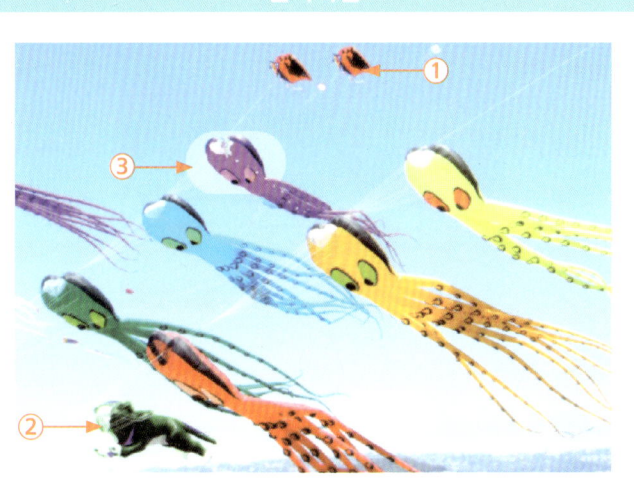

≪ 처리조건 ≫

▶ 다음과 같이 캔버스를 설정하시오.
- 크기 ⇒ 너비(600 픽셀) × 높이(450 픽셀)

▶ '사진1.jpg' 이미지를 불러와 기존 캔버스에 복사한 후, 다음과 같이 처리하시오.
- 이미지 복사 ⇒ 크기 변형으로 캔버스 크기에 맞게 변형, 레이어 이름 - Kite
- 필터 효과 ⇒ 글로우를 이용하여 이미지 조정 (반경 : 2, 밝기 : 5, 대비 : 5)
- ① ⇒ 복제 도장을 이용하여 이미지 복사
- ② ⇒ 색조/채도를 이용하여 초록색 계열로 조정

▶ 도형 도구를 이용하여 다음과 같이 처리하시오.
- ③ ⇒ 모서리가 둥근 사각형(크기 : 100 × 60), 채우기(색상 : B15AD0), 혼합모드(반사, 불투명도 : 50)

▶ 지시사항이 없는 경우는 기본값을 적용하시오.

이미지 파일 저장	① [파일] – [내보내기]를 눌러서 저장 ② 저장위치 : [바탕화면] – [KAIT] – [제출파일]		
이미지 파일명	JPG	dpi_01_수검번호_성명	※ 예시 : 수검번호가 DPI-2506-123456인 경우
	GPDP	dpi_01_수검번호_성명	"dpi_01_123456_성명"으로 저장할 것

※ 'JPG'와 'GPDP' 파일 중 하나라도 누락하여 저장할 시에는 "0점" 처리됩니다.

| 문제 2 | 원본파일을 처리조건에 따라 결과파일로 완성하시오. | 80점 |

원본파일	결과파일

≪ 처리조건 ≫

▶ 다음과 같이 캔버스를 설정하시오.
- 크기 ⇒ 가로(600 픽셀) × 세로(400 픽셀)
- 배경 ⇒ 색상 : (6794EF)

▶ '사진2.jpg' 이미지를 불러와 기존 캔버스에 복사한 후, 다음과 같이 처리하시오.
- 이미지 복사 ⇒ 레이어 마스크 설정, 세로 방향으로 흐릿하게

▶ 도형 도구와 텍스트를 이용하여 다음과 같이 처리하시오.
- ① ⇒ 원형/타원형(크기 : 220 × 100), 그라데이션(색상 : 03307C – B4B4FF)
- 연 날리기 ⇒ 글꼴(궁서), 글꼴 스타일(기울임꼴), 크기(24pt),
  채우기(색상 : 0085FF), 외곽선(두께 : 4px, 색상 : 9BFF93)

▶ 도형 도구와 '사진3.jpg'를 이용하여 클리핑 마스크를 생성하시오.
- ② ⇒ 사각형(크기 : 200 × 120), 외곽선(두께 : 5px, 색상 : D63DA3)
  그림자(두께 : 2px, 거리 : 6px, 분산도 : 2px, 각도 : 90˚)

▶ 지시사항이 없는 경우는 기본값을 적용하시오.

이미지 파일 저장	① [파일] – [내보내기]를 눌러서 저장 ② 저장위치 : [바탕화면] – [KAIT] – [제출파일]		
이미지 파일명	JPG	dpi_02_수검번호_성명	※ 예시 : 수검번호가 DPI-2506-123456인 경우 "dpi_02_123456_성명"으로 저장할 것
	GPDP	dpi_02_수검번호_성명	

※ `JPG`와 `GPDP` 파일 중 하나라도 누락하여 저장할 시에는 "0점" 처리됩니다.

※ "Gom Mix for DIAT 프로그램"을 활용하여 [문제 3]을 작업하시오.

문제 3　　처리조건에 따라 출력형태와 같이 완성하시오.　　**70점**

≪ 출력형태 ≫

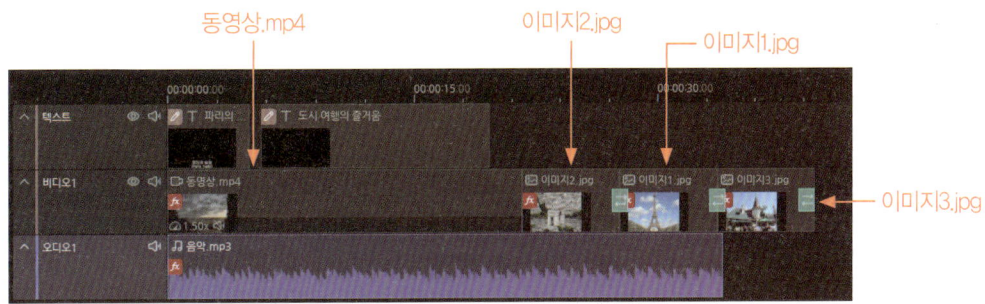

≪ 처리조건 ≫

원본파일	이미지1.jpg, 이미지2.jpg, 이미지3.jpg, 동영상.mp4, 음악.mp3

▶ **미디어 소스의 순서를 다음과 같이 지정하시오.**
- 미디어 소스 순서 ⇒ 동영상.mp4 > 이미지2.jpg > 이미지1.jpg > 이미지3.jpg

▶ **동영상 파일('동영상.mp4')을 다음과 같이 처리하시오.**
- 배속 : 1.5x　• 자르기 : 시작 시간(0.00), 재생 시간(21.20)　• 이펙트 : LUT 필터-옛날 사진-옛날 사진 09(노출 : 30, 감마 : 0.8)
- 텍스트 ⇒ 텍스트 입력 : 　도시 여행의 즐거움
  　텍스트 서식 : 기본자막(함초롬돋움, 크기 88, 000dff), 윤곽선 설정(없음), 위치 설정(화면 정가운데 아래), 시작 시간(5.20), 클립 길이(13.29)
- 재생 속도 설정 후 자르기를 하여야 하며, 잘라진 뒷부분의 동영상 및 트랙의 모든 공백을 삭제할 것
- 원본 동영상에 포함된 오디오는 모두 음소거 할 것

▶ **이미지 파일을 다음과 같이 처리하시오.**
- '이미지2.jpg' ⇒ 이미지 클립 길이 : 6.00, 오버레이 : 원형 비넷(반경 : 30, 페더 : 25),
  　　　　　　　　　클립 트랜지션 : 세로 나누기(오버랩, 재생 시간 : 1.00)
- '이미지1.jpg' ⇒ 이미지 클립 길이 : 6.00, 오버레이 : 집중선 01(선 굵기 : 8, 반경 : 40),
  　　　　　　　　　클립 트랜지션 : 세로 펼치면서 열기(오버랩, 재생 시간 : 1.00)
- '이미지3.jpg' ⇒ 이미지 클립 길이 : 6.00, 오버레이 : 수면 아래 01(강도 : 80, 속도 : 10),
  　　　　　　　　　클립 트랜지션 : 오른쪽으로 닦아내기(앞으로 이동, 재생 시간 : 1.00)
- 지시사항이 없는 경우는 기본 값을 적용하시오.

▶ **다음 조건에 따라 동영상 시작 부분의 텍스트를 지정하시오.**
- 텍스트 입력 : 　파리의 일상
  　　　　　　　(Paris Daily)
  텍스트 서식(굴림, 크기 144, d33bc2), 윤곽선 설정(색상 : 99e88f, 두께 : 30),
  나타나기(가운데에서 나타나기(← →), 지속 시간 : 2.20), 시작 시간(0.00), 클립 길이(4.29)

▶ **다음 조건에 따라 동영상 전체에 음악 파일('음악.mp3')을 삽입하시오.**
- 시작 시간 : 0.00, 재생 시간 : 34.00, 페이드 인 : 2.00
- 재생 시간 설정 후 자르기 하여야 하며, 잘라진 뒷부분의 음악 파일은 삭제할 것

동영상 파일 저장	① [파일] – [프로젝트 전체저장]을 눌러서 저장　② 저장위치 : [바탕화면] – [KAIT] – [제출파일]	
이미지 파일명	GMEP	dpi_03_수검번호_성명　※ 예시 : 수검번호가 DPI-2506-123456인 경우 "dpi_03_123456_성명"으로 저장할 것

※ 파일 확장자를 'GMDP'로 저장할 시에는 "0점" 처리됩니다.

작성 시간 / 시험 시간	채점 결과
분 / 40분	점 / 200점

◆ **시험과목 :** 멀티미디어제작(곰픽, 곰믹스)

◆ **시험일자 :** 20XX. XX. XX (토)

◆ **수검자 기재사항 및 감독위원 확인**

수검번호	DPI – XXXX –	감독위원 확인
성 명		

· 수험자 유의사항 ·

1. 수검자는 신분증을 지참하여야 시험에 응시할 수 있으며, 시험이 종료될 때까지 신분증을 제시하지 못 할 경우 해당 시험은 0점 처리됩니다.

2. 시스템(PC 작동 여부, 네트워크 상태 등)의 이상 여부를 반드시 확인하여야 하며, 시스템 이상이 있을 시 감독위원에게 조치를 받으셔야 합니다.

3. 시험 중 부주의 또는 고의로 시스템을 파손한 경우는 수검자 부담으로 합니다.

4. 답안 전송 프로그램을 통해 다운로드 받은 파일을 이용하여 답안 파일을 작성하시기 바랍니다.

5. 작성한 답안 파일은 답안 전송 프로그램을 통하여 전송됩니다. 감독위원의 지시에 따라 주시기 바랍니다.

6. 다음 사항의 경우 실격(0점) 혹은 부정행위 처리됩니다.
   1) 답안 파일을 저장하지 않았거나, 저장한 파일이 손상되었을 경우
   2) 답안 파일을 지정한 폴더(바탕화면 – "KAIT" 폴더)에 저장하지 않았을 경우
   ※ 답안 전송 프로그램 로그인 시 바탕화면에 자동 생성됨

7. 답안은 Gom Pic for DIAT와 Gom Mix for DIAT를 활용하여 작성하십시오.
   ※ Gom Mix for DIAT는 'DIAT 시험 프로젝트 생성하기'로 진입하여 작성하십시오.
   ※ Gom Mix for DIAT 답안 파일은 반드시 프로젝트 전체 저장으로 저장하십시오(미준수 시 0점 처리).

8. 시험지에 제시된 글꼴이 응시 프로그램에 없는 경우, 반드시 감독위원에게 해당 내용을 통보한 뒤 조치를 받아야 합니다.

9. 시험의 완료는 작성이 완료된 답안을 저장하고, 답안 전송이 완료된 상태를 확인한 것으로 합니다. 답안 전송 확인 후 문제지는 감독위원에게 제출한 후 퇴실하여야 합니다.

10. 답안 전송이 완료된 경우에는 수정 또는 정정이 불가능합니다.

11. 시험 시행 후 문제 공개 및 합격자 발표는 홈페이지(www.ihd.or.kr)에서 확인하시기 바랍니다.
    1) 문제 및 정답 공개 : 20XX. XX. XX.
    2) 합격자 발표 : 20XX. XX. XX.

KAIT 한국정보통신진흥협회
Korea Association for ICT Promotion

※ "Gom Pic for DIAT 프로그램"을 활용하여 [문제 1], [문제 2]를 작업하시오.

문제 I   원본파일을 처리조건에 따라 결과파일로 완성하시오.   **50점**

원본파일	결과파일

≪ 처리조건 ≫

▶ 다음과 같이 캔버스를 설정하시오.
- 크기 ⇒ 너비(600 픽셀) × 높이(400 픽셀)

▶ '사진1.jpg' 이미지를 불러와 기존 캔버스에 복사한 후, 다음과 같이 처리하시오.
- 이미지 복사 ⇒ 크기 변형으로 캔버스 크기에 맞게 변형, 레이어 이름 - Home
- 필터 효과 ⇒ 선명하게를 이용하여 이미지 조정 (양 : 3)
- ① ⇒ 복제 도장을 이용하여 이미지 제거
- ② ⇒ 세피아를 이용하여 초록색 계열로 조정

▶ 도형 도구를 이용하여 다음과 같이 처리하시오.
- ③ ⇒ 사각형(크기 : 140 × 70), 채우기(색상 : 5771E4), 혼합모드(곱하기, 불투명도 : 50)

▶ 지시사항이 없는 경우는 기본값을 적용하시오.

이미지 파일 저장	① [파일] – [내보내기]를 눌러서 저장 ② 저장위치 : [바탕화면] – [KAIT] – [제출파일]		
이미지 파일명	JPG	dpi_01_수검번호_성명	※ 예시 : 수검번호가 DPI-2506-123456인 경우 "**dpi_01_123456_성명**"으로 저장할 것
	GPDP	dpi_01_수검번호_성명	

※ 'JPG'와 'GPDP' 파일 중 하나라도 누락하여 저장할 시에는 "0점" 처리됩니다.

문제 2 ▶ 원본파일을 처리조건에 따라 결과파일로 완성하시오. **80점**

원본파일	결과파일
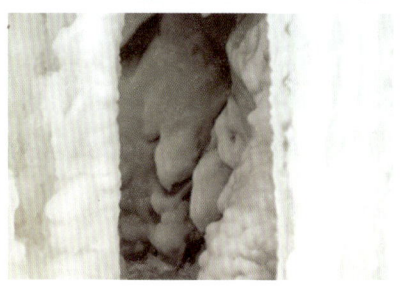	

≪ 처리조건 ≫

▶ **다음과 같이 캔버스를 설정하시오.**
- 크기 ⇒ 가로(600 픽셀) × 세로(400 픽셀)
- 배경 ⇒ 색상 : (81BCEB)

▶ **'사진2.jpg' 이미지를 불러와 기존 캔버스에 복사한 후, 다음과 같이 처리하시오.**
- 이미지 복사 ⇒ 레이어 마스크 설정, 세로 방향으로 흐릿하게

▶ **도형 도구와 텍스트를 이용하여 다음과 같이 처리하시오.**
- ① ⇒ 모서리가 둥근 사각형(크기 : 350 × 80), 그라데이션(색상 : 1C447C – 7542DC)
- 겨울산의 풍경 ⇒ 글꼴(궁서), 글꼴 스타일(굵게), 크기(28pt),
  채우기(색상 : FFE000), 외곽선(두께 : 5px, 색상 : B712CB)

▶ **도형 도구와 '사진3.jpg'를 이용하여 클리핑 마스크를 생성하시오.**
- ② ⇒ 원형/타원형(크기 : 150 × 150), 외곽선(두께 : 3px, 색상 : 008AFF)
  그림자(두께 : 5px, 거리 : 6px, 분산도 : 5px, 각도 : 315°)

▶ **지시사항이 없는 경우는 기본값을 적용하시오.**

이미지 파일 저장	① [파일] – [내보내기]를 눌러서 저장		
	② 저장위치 : [바탕화면] – [KAIT] – [제출파일]		
이미지 파일명	JPG	dpi_02_수검번호_성명	※ 예시 : 수검번호가 DPI-2506-123456인 경우
	GPDP	dpi_02_수검번호_성명	"dpi_02_123456_성명"으로 저장할 것

※ 'JPG'와 'GPDP' 파일 중 하나라도 누락하여 저장할 시에는 "0점" 처리됩니다.

※ "Gom Mix for DIAT 프로그램"을 활용하여 [문제 3]을 작업하시오.

문제 3   처리조건에 따라 출력형태와 같이 완성하시오.   **70점**

≪ 출력형태 ≫

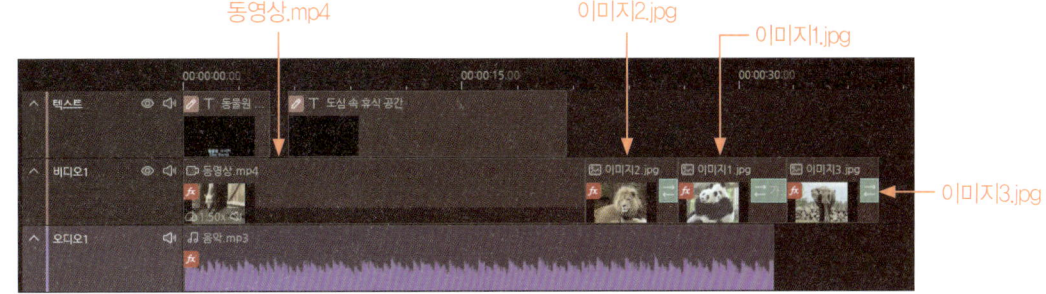

≪ 처리조건 ≫

원본파일   이미지1.jpg, 이미지2.jpg, 이미지3.jpg, 동영상.mp4, 음악.mp3

▶ **미디어 소스의 순서를 다음과 같이 지정하시오.**
- 미디어 소스 순서 ⇒ 동영상.mp4 > 이미지2.jpg > 이미지1.jpg > 이미지3.jpg

▶ **동영상 파일('동영상.mp4')을 다음과 같이 처리하시오.**
- 배속 : 1.5x   • 자르기 : 시작 시간(0.00), 재생 시간(21.20)   • 이펙트 : LUT 필터-맑은 햇살-맑은 햇살 08(노출 : 40, 감마 : 0.5)
- 텍스트 ⇒ 텍스트 입력 : 도심 속 휴식 공간
  텍스트 서식 : 기본자막(궁서, 크기 88, d33bc2), 윤곽선 설정(없음), 위치 설정(화면 정가운데 아래), 시작 시간(5.20), 클립 길이(15.00)
- 재생 속도 설정 후 자르기를 하여야 하며, 잘라진 뒷부분의 동영상 및 트랙의 모든 공백을 삭제할 것
- 원본 동영상에 포함된 오디오는 모두 음소거 할 것

▶ **이미지 파일을 다음과 같이 처리하시오.**
- '이미지2.jpg' ⇒ 이미지 클립 길이 : 5.00, 오버레이 : 영롱한(크기 : 10, 속도 : 7),
  클립 트랜지션 : 줌 인(앞으로 이동, 재생 시간 : 1.00)
- '이미지1.jpg' ⇒ 이미지 클립 길이 : 6.00, 오버레이 : 비누 방울(크기 : 10),
  클립 트랜지션 : 가로 순차 블라인드(앞으로 이동, 재생 시간 : 2.00)
- '이미지3.jpg' ⇒ 이미지 클립 길이 : 5.00, 오버레이 : 후광(중심 위치 : X(55), Y(40)),
  클립 트랜지션 : 위로 스크롤(앞으로 이동, 재생 시간 : 1.00)
- 지시사항이 없는 경우는 기본 값을 적용하시오.

▶ **다음 조건에 따라 동영상 시작 부분의 텍스트를 지정하시오.**
- 텍스트 입력 : 동물원 이야기
  (Zoo Story)

  텍스트 서식(돋움체, 크기 132, 23778e), 윤곽선 설정(색상 : 00cfff, 두께 : 30),
  나타나기(서서히 나타나기, 지속 시간 : 2.00), 시작 시간(0.00), 클립 길이(4.20)

▶ **다음 조건에 따라 동영상 전체에 음악 파일('음악.mp3')을 삽입하시오.**
- 시작 시간 : 0.00, 재생 시간 : 32.00, 게인 : -20
- 재생 시간 설정 후 자르기 하여야 하며, 잘라진 뒷부분의 음악 파일은 삭제할 것

동영상 파일 저장	① [파일] – [프로젝트 전체저장]을 눌러서 저장 ② 저장위치 : [바탕화면] – [KAIT] – [제출파일]	
이미지 파일명	GMEP	dpi_03_수검번호_성명 ※ 예시 : 수검번호가 DPI-2506-123456인 경우 "dpi_03_123456_성명"으로 저장할 것

※ 파일 확장자를 'GMDP'로 저장할 시에는 "0점" 처리됩니다.

작성 시간 / 시험 시간	채점 결과
분 / 40분	점 / 200점

◆ **시험과목 :** 멀티미디어제작(곰픽, 곰믹스)
◆ **시험일자 :** 20XX. XX. XX (토)
◆ **수검자 기재사항 및 감독위원 확인**

수 검 번 호	DPI - XXXX -	감독위원 확인
성 명		

· 수험자 유의사항 ·

1. 수검자는 신분증을 지참하여야 시험에 응시할 수 있으며, 시험이 종료될 때까지 신분증을 제시하지 못 할 경우 해당 시험은 0점 처리됩니다.

2. 시스템(PC 작동 여부, 네트워크 상태 등)의 이상 여부를 반드시 확인하여야 하며, 시스템 이상이 있을 시 감독위원에게 조치를 받으셔야 합니다.

3. 시험 중 부주의 또는 고의로 시스템을 파손한 경우는 수검자 부담으로 합니다.

4. 답안 전송 프로그램을 통해 다운로드 받은 파일을 이용하여 답안 파일을 작성하시기 바랍니다.

5. 작성한 답안 파일은 답안 전송 프로그램을 통하여 전송됩니다. 감독위원의 지시에 따라 주시기 바랍니다.

6. 다음 사항의 경우 실격(0점) 혹은 부정행위 처리됩니다.
   1) 답안 파일을 저장하지 않았거나, 저장한 파일이 손상되었을 경우
   2) 답안 파일을 지정한 폴더(바탕화면 – "KAIT" 폴더)에 저장하지 않았을 경우
   ※ 답안 전송 프로그램 로그인 시 바탕화면에 자동 생성됨

7. 답안은 Gom Pic for DIAT와 Gom Mix for DIAT를 활용하여 작성하십시오.
   ※ Gom Mix for DIAT는 'DIAT 시험 프로젝트 생성하기'로 진입하여 작성하십시오.
   ※ Gom Mix for DIAT 답안 파일은 반드시 프로젝트 전체 저장으로 저장하십시오(미준수 시 0점 처리).

8. 시험지에 제시된 글꼴이 응시 프로그램에 없는 경우, 반드시 감독위원에게 해당 내용을 통보한 뒤 조치를 받아야 합니다.

9. 시험의 완료는 작성이 완료된 답안을 저장하고, 답안 전송이 완료된 상태를 확인한 것으로 합니다. 답안 전송 확인 후 문제지는 감독위원에게 제출한 후 퇴실하여야 합니다.

10. 답안 전송이 완료된 경우에는 수정 또는 정정이 불가능합니다.

11. 시험 시행 후 문제 공개 및 합격자 발표는 홈페이지(www.ihd.or.kr)에서 확인하시기 바랍니다.
   1) 문제 및 정답 공개 : 20XX. XX. XX.
   2) 합격자 발표 : 20XX. XX. XX.

※ "Gom Pic for DIAT 프로그램"을 활용하여 [문제 1], [문제 2]를 작업하시오.

문제 I ▶ 원본파일을 처리조건에 따라 결과파일로 완성하시오. **50점**

원본파일	결과파일

≪ 처리조건 ≫

▶ **다음과 같이 캔버스를 설정하시오.**
- 크기 ⇒ 너비(600 픽셀) × 높이(400 픽셀)

▶ **'사진1.jpg' 이미지를 불러와 기존 캔버스에 복사한 후, 다음과 같이 처리하시오.**
- 이미지 복사 ⇒ 크기 변형으로 캔버스 크기에 맞게 변형, 레이어 이름 - Museum
- 필터 효과 ⇒ 선명하게를 이용하여 이미지 조정 (양 : 3)
- ① ⇒ 복제 도장을 이용하여 이미지 복사
- ② ⇒ 세피아를 이용하여 보라색 계열로 조정

▶ **도형 도구를 이용하여 다음과 같이 처리하시오.**
- ③ ⇒ 원형/타원형(크기 : 80 × 80), 채우기(색상 : 25FF00), 혼합모드(중첩, 불투명도 : 50)

▶ **지시사항이 없는 경우는 기본값을 적용하시오.**

이미지 파일 저장	① [파일] – [내보내기]를 눌러서 저장 ② 저장위치 : [바탕화면] – [KAIT] – [제출파일]	
이미지 파일명	JPG	dpi_01_수검번호_성명	※ 예시 : 수검번호가 DPI-2506-123456인 경우
	GPDP	dpi_01_수검번호_성명	"**dpi_01_123456_성명**"으로 저장할 것

※ 'JPG'와 'GPDP' 파일 중 하나라도 누락하여 저장할 시에는 "0점" 처리됩니다.

문제 2   원본파일을 처리조건에 따라 결과파일로 완성하시오.   80점

원본파일	결과파일

≪ 처리조건 ≫

▶ 다음과 같이 캔버스를 설정하시오.
- 크기 ⇒ 가로(500 픽셀) × 세로(300 픽셀)
- 배경 ⇒ 색상 : (188D26)

▶ '사진2.jpg' 이미지를 불러와 기존 캔버스에 복사한 후, 다음과 같이 처리하시오.
- 이미지 복사 ⇒ 레이어 마스크 설정, 가로 방향으로 흐릿하게

▶ 도형 도구와 텍스트를 이용하여 다음과 같이 처리하시오.
- ① ⇒ 원형/타원형(크기 : 150 × 150), 그라데이션(색상 : 806123 – F3B951)
- Time is money ⇒ 글꼴(Arial), 글꼴 스타일(굵게), 크기(24pt),
  채우기(색상 : EFE285), 외곽선(두께 : 3px, 색상 : 373737)

▶ 도형 도구와 '사진3.jpg'를 이용하여 클리핑 마스크를 생성하시오.
- ② ⇒ 사각형(크기 : 150 × 80), 외곽선(두께 : 5px, 색상 : E1ED43)
  그림자(두께 : 6px, 거리 : 10px, 분산도 : 4px, 각도 : 270°)

▶ 지시사항이 없는 경우는 기본값을 적용하시오.

이미지 파일 저장	① [파일] – [내보내기]를 눌러서 저장 ② 저장위치 : [바탕화면] – [KAIT] – [제출파일]	
이미지 파일명	JPG	dpi_02_수검번호_성명	※ 예시 : 수검번호가 DPI-2506-123456인 경우
	GPDP	dpi_02_수검번호_성명	"dpi_02_123456_성명"으로 저장할 것

※ 'JPG'와 'GPDP' 파일 중 하나라도 누락하여 저장할 시에는 "0점" 처리됩니다

※ "Gom Mix for DIAT 프로그램"을 활용하여 [문제 3]을 작업하시오.

문제 3　처리조건에 따라 출력형태와 같이 완성하시오.　**70점**

≪ 출력형태 ≫

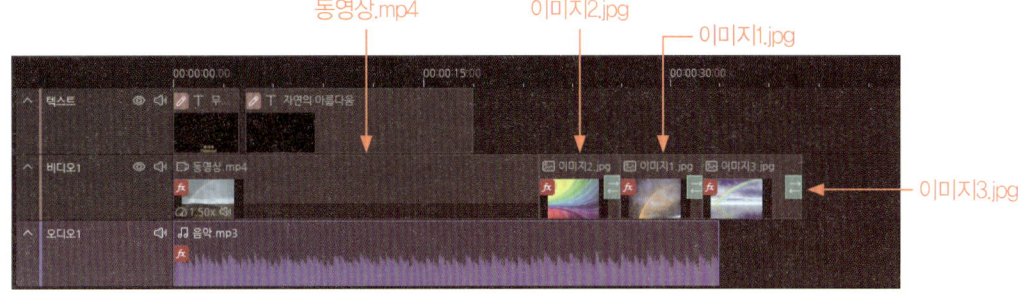

≪ 처리조건 ≫

원본파일	이미지1.jpg, 이미지2.jpg, 이미지3.jpg, 동영상.mp4, 음악.mp3

▶ 미디어 소스의 순서를 다음과 같이 지정하시오.
- 미디어 소스 순서 ⇒ 동영상.mp4 > 이미지2.jpg > 이미지1.jpg > 이미지3.jpg

▶ 동영상 파일('동영상.mp4')을 다음과 같이 처리하시오.
- 배속 : 1.5x　• 자르기 : 시작 시간(0.00), 재생 시간(21.29)　• 이펙트 : 변환-팬 & 줌(위치 : X(12.5), Y(12.5))
- 텍스트 ⇒ 텍스트 입력 : 　자연의 아름다움
  텍스트 서식 : 기본자막(굴림, 크기 88, 1f5617), 윤곽선 설정(없음), 위치 설정(화면 정가운데 아래), 시작 시간(4.10), 클립 길이(13.20)
- 재생 속도 설정 후 자르기를 하여야 하며, 잘라진 뒷부분의 동영상 및 트랙의 모든 공백을 삭제할 것
- 원본 동영상에 포함된 오디오는 모두 음소거 할 것

▶ 이미지 파일을 다음과 같이 처리하시오.
- '이미지2.jpg' ⇒ 이미지 클립 길이 : 5.00, 오버레이 : 떨림(개수/양 : 80, 속도 : 8),
  클립 트랜지션 : 흰색 페이드(앞으로 이동, 재생 시간 : 1.00)
- '이미지1.jpg' ⇒ 이미지 클립 길이 : 5.00, 오버레이 : 수면 아래 01(강도 30, 속도 : 10),
  클립 트랜지션 : 가로 나누기(앞으로 이동, 재생 시간 : 1.00)
- '이미지3.jpg' ⇒ 이미지 클립 길이 : 6.00, 오버레이 : 레이얼 라이트(노출 : -50, 감마 : 0.3),
  클립 트랜지션 : 타원 닫기(앞으로 이동, 재생 시간 : 1.00)
- 지시사항이 없는 경우는 기본 값을 적용하시오.

▶ 다음 조건에 따라 동영상 시작 부분의 텍스트를 지정하시오.
- 텍스트 입력 : 　무지개
  (Rainbow)

  텍스트 서식(돋움, 크기 132, fbe31e), 윤곽선 설정(색상 : 434343, 두께 : 30),
  나타나기(클립 아래에서 나타나기, 지속 시간 : 2.00), 시작 시간(0.00), 클립 길이(4.00)

▶ 다음 조건에 따라 동영상 전체에 음악 파일('음악.mp3')을 삽입하시오.
- 시작 시간 : 0.00, 재생 시간 : 33.00, 페이드 아웃 : 3.00
- 재생 시간 설정 후 자르기 하여야 하며, 잘라진 뒷부분의 음악 파일은 삭제할 것

동영상 파일 저장	① [파일] – [프로젝트 전체저장]을 눌러서 저장 ② 저장위치 : [바탕화면] – [KAIT] – [제출파일]	
이미지 파일명	GMEP	dpi_03_수검번호_성명　※ 예시 : 수검번호가 DPI-2506-123456인 경우 "dpi_03_123456_성명"으로 저장할 것

※ 파일 확장자를 'GMDP'로 저장할 시에는 "0점" 처리됩니다.

작성 시간 / 시험 시간	채점 결과
분 / 40분	점 / 200점

◆ **시험과목 :** 멀티미디어제작(곰픽, 곰믹스)
◆ **시험일자 :** 20XX. XX. XX (토)
◆ **수검자 기재사항 및 감독위원 확인**

수검번호	DPI – XXXX –	감독위원 확인
성 명		

· 수험자 유의사항 ·

1. 수검자는 신분증을 지참하여야 시험에 응시할 수 있으며, 시험이 종료될 때까지 신분증을 제시하지 못 할 경우 해당 시험은 0점 처리됩니다.

2. 시스템(PC 작동 여부, 네트워크 상태 등)의 이상 여부를 반드시 확인하여야 하며, 시스템 이상이 있을 시 감독위원에게 조치를 받으셔야 합니다.

3. 시험 중 부주의 또는 고의로 시스템을 파손한 경우는 수검자 부담으로 합니다.

4. 답안 전송 프로그램을 통해 다운로드 받은 파일을 이용하여 답안 파일을 작성하시기 바랍니다.

5. 작성한 답안 파일은 답안 전송 프로그램을 통하여 전송됩니다. 감독위원의 지시에 따라 주시기 바랍니다.

6. 다음 사항의 경우 실격(0점) 혹은 부정행위 처리됩니다.
    1) 답안 파일을 저장하지 않았거나, 저장한 파일이 손상되었을 경우
    2) 답안 파일을 지정한 폴더(바탕화면 – "KAIT" 폴더)에 저장하지 않았을 경우
    ※ 답안 전송 프로그램 로그인 시 바탕화면에 자동 생성됨

7. 답안은 Gom Pic for DIAT와 Gom Mix for DIAT를 활용하여 작성하십시오.
    ※ Gom Mix for DIAT는 'DIAT 시험 프로젝트 생성하기'로 진입하여 작성하십시오.
    ※ Gom Mix for DIAT 답안 파일은 반드시 프로젝트 전체 저장으로 저장하십시오(미준수 시 0점 처리).

8. 시험지에 제시된 글꼴이 응시 프로그램에 없는 경우, 반드시 감독위원에게 해당 내용을 통보한 뒤 조치를 받아야 합니다.

9. 시험의 완료는 작성이 완료된 답안을 저장하고, 답안 전송이 완료된 상태를 확인한 것으로 합니다. 답안 전송 확인 후 문제지는 감독위원에게 제출한 후 퇴실하여야 합니다.

10. 답안 전송이 완료된 경우에는 수정 또는 정정이 불가능합니다.

11. 시험 시행 후 문제 공개 및 합격자 발표는 홈페이지(www.ihd.or.kr)에서 확인하시기 바랍니다.
    1) 문제 및 정답 공개 : 20XX. XX. XX.
    2) 합격자 발표 : 20XX. XX. XX.

※ "Gom Pic for DIAT 프로그램"을 활용하여 [문제 1], [문제 2]를 작업하시오.

문제 1   원본파일을 처리조건에 따라 결과파일로 완성하시오.   **50점**

원본파일	결과파일
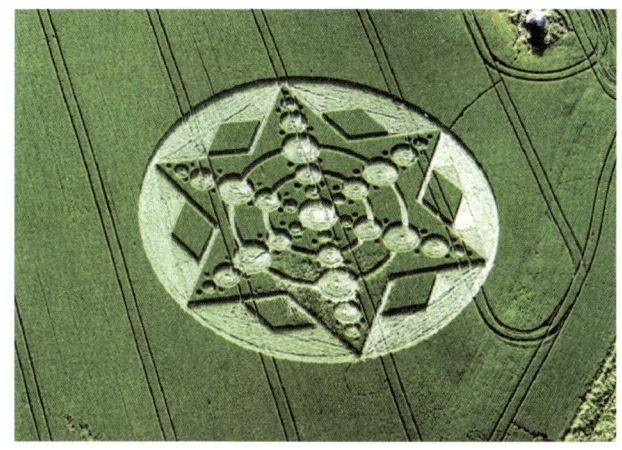	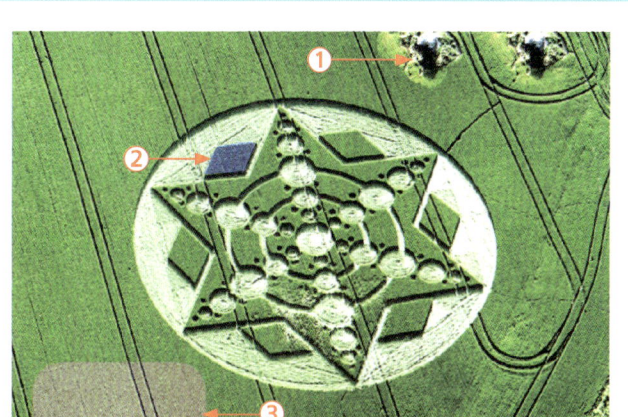

≪ 처리조건 ≫

▶ 다음과 같이 캔버스를 설정하시오.
- 크기 ⇒ 너비(650 픽셀) × 높이(450 픽셀)

▶ '사진1.jpg' 이미지를 불러와 기존 캔버스에 복사한 후, 다음과 같이 처리하시오.
- 이미지 복사 ⇒ 크기 변형으로 캔버스 크기에 맞게 변형, 레이어 이름 - Circle
- 밝기 조정 ⇒ 밝기/대비를 이용하여 이미지 조정 (밝기 : 20, 대비 : 10)
- ① ⇒ 복제 도장을 이용하여 이미지 복사
- ② ⇒ 색조/채도를 이용하여 파란색 계열로 조정

▶ 도형 도구를 이용하여 다음과 같이 처리하시오.
- ③ ⇒ 모서리가 둥근 사각형(크기 : 180 × 100), 채우기(색상 : BD25D7), 혼합모드(색 회피율, 불투명도 : 40)

▶ 지시사항이 없는 경우는 기본값을 적용하시오.

이미지 파일 저장	① [파일] – [내보내기]를 눌러서 저장	
	② 저장위치 : [바탕화면] – [KAIT] – [제출파일]	
이미지 파일명	JPG	dpi_01_수검번호_성명	※ 예시 : 수검번호가 DPI-2506-123456인 경우
	GPDP	dpi_01_수검번호_성명	"**dpi_01_123456_성명**"으로 저장할 것

※ 'JPG'와 'GPDP' 파일 중 하나라도 누락하여 저장할 시에는 "0점" 처리됩니다.

문제 2　　원본파일을 처리조건에 따라 결과파일로 완성하시오.　　　　　　**80점**

원본파일	결과파일

≪ 처리조건 ≫

▶ 다음과 같이 캔버스를 설정하시오.
- 크기 ⇒ 가로(600 픽셀) × 세로(400 픽셀)
- 배경 ⇒ 색상 : (D7D72C)

▶ '사진2.jpg' 이미지를 불러와 기존 캔버스에 복사한 후, 다음과 같이 처리하시오.
- 이미지 복사 ⇒ 레이어 마스크 설정, 가로 방향으로 흐릿하게

▶ 도형 도구와 텍스트를 이용하여 다음과 같이 처리하시오.
- ① ⇒ 사각형(크기 : 280 × 80), 그라데이션(색상 : 7C6F59 – EBDFB4)
- 맥주공장 견학 ⇒ 글꼴(궁서체), 글꼴 스타일(기울임꼴), 크기(28pt),
　　　　　　　　　　채우기(색상 : FFCC00), 외곽선(두께 : 2px, 색상 : 0033FF)

▶ 도형 도구와 '사진3.jpg'를 이용하여 클리핑 마스크를 생성하시오.
- ② ⇒ 원형/타원형(크기 : 160 × 160), 외곽선(두께 : 7px, 색상 : 8344FF)
　　　그림자(두께 : 7px, 거리 : 5px, 분산도 : 3px, 각도 : 125°)

▶ 지시사항이 없는 경우는 기본값을 적용하시오.

이미지 파일 저장	① [파일] – [내보내기]를 눌러서 저장 ② 저장위치 : [바탕화면] – [KAIT] – [제출파일]	
이미지 파일명	**JPG**	dpi_02_수검번호_성명
	GPDP	dpi_02_수검번호_성명

<table>
<tr><td rowspan="2">이미지 파일명</td><td>JPG</td><td>dpi_02_수검번호_성명</td><td rowspan="2">※ 예시 : 수검번호가 DPI-2506-123456인 경우
"dpi_02_123456_성명"으로 저장할 것</td></tr>
<tr><td>GPDP</td><td>dpi_02_수검번호_성명</td></tr>
</table>

※ 'JPG'와 'GPDP' 파일 중 하나라도 누락하여 저장할 시에는 "0점" 처리됩니다.

※ "Gom Mix for DIAT 프로그램"을 활용하여 [문제 3]을 작업하시오.

문제 3 처리조건에 따라 출력형태와 같이 완성하시오.   70점

≪ 출력형태 ≫

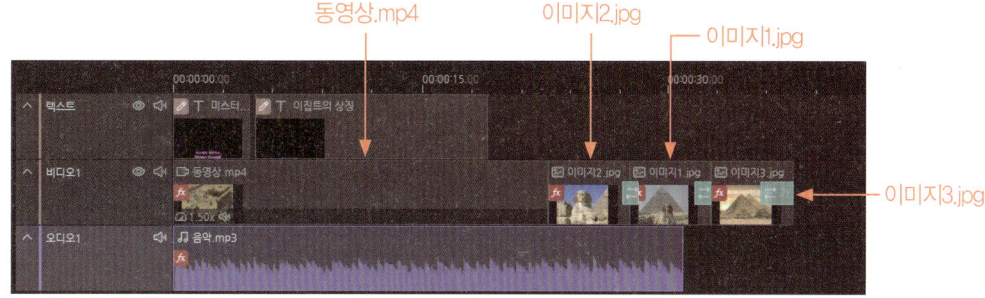

≪ 처리조건 ≫

원본파일	이미지1.jpg, 이미지2.jpg, 이미지3.jpg, 동영상.mp4, 음악.mp3

▶ 미디어 소스의 순서를 다음과 같이 지정하시오.
  • 미디어 소스 순서 ⇒ 동영상.mp4 > 이미지2.jpg > 이미지1.jpg > 이미지3.jpg

▶ 동영상 파일('동영상.mp4')을 다음과 같이 처리하시오.
  • 배속 : 1.5x • 자르기 : 시작 시간(0.00), 재생 시간(22.20) • 이펙트 : 이미지 보정-부드럽게(강도 : 10)
  • 텍스트 ⇒ 텍스트 입력 : [이집트의 상징]
    텍스트 서식 : 기본자막(한초롬돋움, 크기 100, 0100ff), 윤곽선 설정(없음), 위치 설정(화면 정가운데 아래), 시작 시간(5.00), 클립 길이(14.00)
  • 재생 속도 설정 후 자르기를 하여야 하며, 잘라진 뒷부분의 동영상 및 트랙의 모든 공백을 삭제할 것
  • 원본 동영상에 포함된 오디오는 모두 음소거 할 것

▶ 이미지 파일을 다음과 같이 처리하시오.
  • '이미지2.jpg' ⇒ 이미지 클립 길이 : 5.00, 오버레이 : 원형 비넷(반경 : 40, 페더 : 40),
                    클립 트랜지션 : 왼쪽으로 닦아내기(오버랩, 재생 시간 : 1.00)
  • '이미지1.jpg' ⇒ 이미지 클립 길이 : 5.00, 오버레이 : 집중선 01(속도 : 10),
                    클립 트랜지션 : 왼쪽으로 연하게 닦아내기(앞으로 이동, 재생 시간 : 1.00)
  • '이미지3.jpg' ⇒ 이미지 클립 길이 : 5.00, 오버레이 : 난기류(밝기 강도 : 70, 속도 : 60),
                    클립 트랜지션 : 가운데 초점 줌 아웃(앞으로 이동, 재생 시간 : 2.00)
  • 지시사항이 없는 경우는 기본 값을 적용하시오.

▶ 다음 조건에 따라 동영상 시작 부분의 텍스트를 지정하시오.
  • 텍스트 입력 : [미스터리 피라미드 (Mystery Pyramid)]

    텍스트 서식(한초롬바탕, 크기 120, ed5dd9), 윤곽선 설정(색상 : d33bc2, 두께 : 20),
    나타나기(작아지며 나타나기, 지속 시간 : 1.00), 시작 시간(0.00), 클립 길이(4.20)

▶ 다음 조건에 따라 동영상 전체에 음악 파일('음악.mp3')을 삽입하시오.
  • 시작 시간 : 0.00, 재생 시간 : 31.00, 페이드 아웃 : 2.00
  • 재생 시간 설정 후 자르기 하여야 하며, 잘라진 뒷부분의 음악 파일은 삭제할 것

동영상 파일 저장	① [파일] – [프로젝트 전체저장]을 눌러서 저장 ② 저장위치 : [바탕화면] – [KAIT] – [제출파일]	
이미지 파일명	GMEP	dpi_03_수검번호_성명 ※ 예시 : 수검번호가 DPI-2506-123456인 경우 "dpi_03_123456_성명"으로 저장할 것

※ 파일 확장자를 'GMDP'로 저장할 시에는 "0점" 처리됩니다.

제 11 회 디지털정보활용능력 출제예상 모의고사

작성 시간 / 시험 시간	채점 결과
분 / 40분	점 / 200점

◆ **시험과목 :** 멀티미디어제작(곰픽, 곰믹스)

◆ **시험일자 :** 20XX. XX. XX (토)

◆ **수검자 기재사항 및 감독위원 확인**

D

수검번호	DPI – XXXX –	감독위원 확인
성 명		

· 수험자 유의사항 ·

1. 수검자는 신분증을 지참하여야 시험에 응시할 수 있으며, 시험이 종료될 때까지 신분증을 제시하지 못 할 경우 해당 시험은 0점 처리됩니다.

2. 시스템(PC 작동 여부, 네트워크 상태 등)의 이상 여부를 반드시 확인하여야 하며, 시스템 이상이 있을 시 감독위원에게 조치를 받으셔야 합니다.

3. 시험 중 부주의 또는 고의로 시스템을 파손한 경우는 수검자 부담으로 합니다.

4. 답안 전송 프로그램을 통해 다운로드 받은 파일을 이용하여 답안 파일을 작성하시기 바랍니다.

5. 작성한 답안 파일은 답안 전송 프로그램을 통하여 전송됩니다. 감독위원의 지시에 따라 주시기 바랍니다.

6. 다음 사항의 경우 실격(0점) 혹은 부정행위 처리됩니다.
   1) 답안 파일을 저장하지 않았거나, 저장한 파일이 손상되었을 경우
   2) 답안 파일을 지정한 폴더(바탕화면 – "KAIT" 폴더)에 저장하지 않았을 경우
   ※ 답안 전송 프로그램 로그인 시 바탕화면에 자동 생성됨

7. 답안은 Gom Pic for DIAT와 Gom Mix for DIAT를 활용하여 작성하십시오.
   ※ Gom Mix for DIAT는 'DIAT 시험 프로젝트 생성하기'로 진입하여 작성하십시오.
   ※ Gom Mix for DIAT 답안 파일은 반드시 프로젝트 전체 저장으로 저장하십시오(미준수 시 0점 처리).

8. 시험지에 제시된 글꼴이 응시 프로그램에 없는 경우, 반드시 감독위원에게 해당 내용을 통보한 뒤 조치를 받아야 합니다.

9. 시험의 완료는 작성이 완료된 답안을 저장하고, 답안 전송이 완료된 상태를 확인한 것으로 합니다. 답안 전송 확인 후 문제지는 감독위원에게 제출한 후 퇴실하여야 합니다.

10. 답안 전송이 완료된 경우에는 수정 또는 정정이 불가능합니다.

11. 시험 시행 후 문제 공개 및 합격자 발표는 홈페이지(www.ihd.or.kr)에서 확인하시기 바랍니다.
    1) 문제 및 정답 공개 : 20XX. XX. XX.
    2) 합격자 발표 : 20XX. XX. XX.

KAIT 한국정보통신진흥협회
Korea Association for ICT Promotion

※ "Gom Pic for DIAT 프로그램"을 활용하여 [문제 1], [문제 2]를 작업하시오.

문제 1 ▶ 원본파일을 처리조건에 따라 결과파일로 완성하시오. 50점

원본파일	결과파일

≪ 처리조건 ≫

▶ 다음과 같이 캔버스를 설정하시오.
- 크기 ⇒ 너비(600 픽셀) × 높이(400 픽셀)

▶ '사진1.jpg' 이미지를 불러와 기존 캔버스에 복사한 후, 다음과 같이 처리하시오.
- 이미지 복사 ⇒ 크기 변형으로 캔버스 크기에 맞게 변형, 레이어 이름 - Stadium
- 밝기 조정 ⇒ 밝기/대비를 이용하여 이미지 조정 (밝기 : 30, 대비 : 5)
- ① ⇒ 복제 도장을 이용하여 이미지 복사
- ② ⇒ 색조/채도를 이용하여 초록색 계열로 조정

▶ 도형 도구를 이용하여 다음과 같이 처리하시오.
- ③ ⇒ 원형/타원형(크기 : 100 × 40), 채우기(색상 : F5F06A), 혼합모드(글로우, 불투명도 : 60)

▶ 지시사항이 없는 경우는 기본값을 적용하시오.

이미지 파일 저장	① [파일] – [내보내기]를 눌러서 저장	
	② 저장위치 : [바탕화면] – [KAIT] – [제출파일]	
이미지 파일명	JPG	dpi_01_수검번호_성명	※ 예시 : 수검번호가 DPI-2506-123456인 경우
	GPDP	dpi_01_수검번호_성명	"dpi_01_123456_성명"으로 저장할 것

※ 'JPG'와 'GPDP' 파일 중 하나라도 누락하여 저장할 시에는 "0점" 처리됩니다.

문제 2　　원본파일을 처리조건에 따라 결과파일로 완성하시오.　　**80점**

원본파일	결과파일

≪ 처리조건 ≫

▶ 다음과 같이 캔버스를 설정하시오.
- 크기 ⇒ 가로(500 픽셀) × 세로(400 픽셀)
- 배경 ⇒ 색상 : (FFFFC1)

▶ '사진2.jpg' 이미지를 불러와 기존 캔버스에 복사한 후, 다음과 같이 처리하시오.
- 이미지 복사 ⇒ 레이어 마스크 설정, 세로 방향으로 흐릿하게

▶ 도형 도구와 텍스트를 이용하여 다음과 같이 처리하시오.
- ① ⇒ 사각형(크기 : 250 × 90), 그라데이션(색상 : 904231 - E3CD37)
- 올림픽 ⇒ 글꼴(휴먼옛체), 글꼴 스타일(밑줄), 크기(36pt),
　　　　　채우기(색상 : 2E33C5), 외곽선(두께 : 5px, 색상 : FFEC00)

▶ 도형 도구와 '사진3.jpg'를 이용하여 클리핑 마스크를 생성하시오.
- ② ⇒ 모서리가 둥근 사각형(크기 : 100 × 100), 외곽선(두께 : 4px, 색상 : FF7A42)
　　　그림자(두께 : 10px, 거리 : 3px, 분산도 : 3px, 각도 : 100˚)

▶ 지시사항이 없는 경우는 기본값을 적용하시오.

이미지 파일 저장	① [파일] - [내보내기]를 눌러서 저장 ② 저장위치 : [바탕화면] - [KAIT] - [제출파일]	
이미지 파일명	JPG	dpi_02_수검번호_성명	※ 예시 : 수검번호가 DPI-2506-123456인 경우
	GPDP	dpi_02_수검번호_성명	"dpi_02_123456_성명"으로 저장할 것

※ 'JPG'와 'GPDP' 파일 중 하나라도 누락하여 저장할 시에는 "0점" 처리됩니다.

※ "Gom Mix for DIAT 프로그램"을 활용하여 [문제 3]을 작업하시오.

문제 3 처리조건에 따라 출력형태와 같이 완성하시오. **70점**

≪ 출력형태 ≫

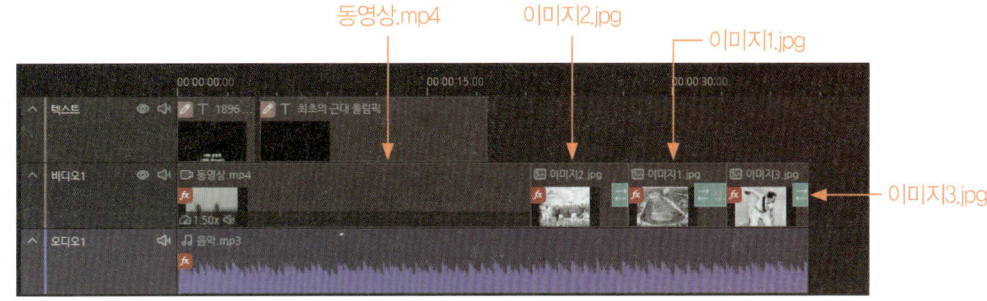

≪ 처리조건 ≫

원본파일	이미지1.jpg, 이미지2.jpg, 이미지3.jpg, 동영상.mp4, 음악.mp3

▶ **미디어 소스의 순서를 다음과 같이 지정하시오.**
- 미디어 소스 순서 ⇒ 동영상.mp4 > 이미지2.jpg > 이미지1.jpg > 이미지3.jpg

▶ **동영상 파일('동영상.mp4')을 다음과 같이 처리하시오.**
- 배속 : 1.5x   • 자르기 : 시작 시간(0.00), 재생 시간(21.10)   • 이펙트 : 색상 보정-세피아-프리셋 04(U값 : 65, V값 : 160)
- 텍스트 ⇒ 텍스트 입력 : 최초의 근대 올림픽
  텍스트 서식 : 기본자막(맑은 고딕, 크기 88, 000000), 윤곽선 설정(없음), 위치 설정(화면 정가운데 아래), 시작 시간(5.00), 클립 길이(13.20)
- 재생 속도 설정 후 자르기를 하여야 하며, 잘라진 뒷부분의 동영상 및 트랙의 모든 공백을 삭제할 것
- 원본 동영상에 포함된 오디오는 모두 음소거 할 것

▶ **이미지 파일을 다음과 같이 처리하시오.**
- '이미지2.jpg' ⇒ 이미지 클립 길이 : 6.00, 오버레이 : 가랜드(색상 시프트 속도 : 20),
  클립 트랜지션 : 문 열기(앞으로 이동, 재생 시간 : 1.00)
- '이미지1.jpg' ⇒ 이미지 클립 길이 : 6.00, 오버레이 : 불꽃 스파크(크기 : 10),
  클립 트랜지션 : 십자형 나누기(앞으로 이동, 재생 시간 : 2.00)
- '이미지3.jpg' ⇒ 이미지 클립 길이 : 5.00, 오버레이 : 떠오르는 하트(크기 : 3, 간격 : 15),
  클립 트랜지션 : 줌 아웃(앞으로 이동, 재생 시간 : 1.00)
- 지시사항이 없는 경우는 기본 값을 적용하시오.

▶ **다음 조건에 따라 동영상 시작 부분의 텍스트를 지정하시오.**
- 텍스트 입력 :   1896 올림픽
  (1896 Olympic)

  텍스트 서식(한초롬바탕, 크기 132, d0f29c), 윤곽선 설정(색상 : 4caec5, 두께 : 30),
  나타나기(작아지며 나타나기(회전), 지속 시간 : 1.00), 시작 시간(0.00), 클립 길이(4.20)

▶ **다음 조건에 따라 동영상 전체에 음악 파일('음악.mp3')을 삽입하시오.**
- 시작 시간 : 0.00, 재생 시간 : 38.10, 페이드 인 : 2.00
- 재생 시간 설정 후 자르기 하여야 하며, 잘라진 뒷부분의 음악 파일은 삭제할 것

동영상 파일 저장	① [파일] – [프로젝트 전체저장]을 눌러서 저장 ② 저장위치 : [바탕화면] – [KAIT] – [제출파일]	
이미지 파일명	GMEP	dpi_03_수검번호_성명 ※ 예시 : 수검번호가 DPI-2506-123456인 경우 "dpi_03_123456_성명"으로 저장할 것

※ 파일 확장자를 'GMDP'로 저장할 시에는 "0점" 처리됩니다.

제 12 회 디지털정보활용능력 출제예상 모의고사

작성 시간 / 시험 시간	채점 결과
분 / 40분	점 / 200점

◆ **시험과목 :** 멀티미디어제작(곰픽, 곰믹스)
◆ **시험일자 :** 20XX. XX. XX (토)
◆ **수검자 기재사항 및 감독위원 확인**

수검번호	DPI – XXXX –	감독위원 확인
성 명		

· 수험자 유의사항 ·

1. 수검자는 신분증을 지참하여야 시험에 응시할 수 있으며, 시험이 종료될 때까지 신분증을 제시하지 못 할 경우 해당 시험은 0점 처리됩니다.

2. 시스템(PC 작동 여부, 네트워크 상태 등)의 이상 여부를 반드시 확인하여야 하며, 시스템 이상이 있을 시 감독위원에게 조치를 받으셔야 합니다.

3. 시험 중 부주의 또는 고의로 시스템을 파손한 경우는 수검자 부담으로 합니다.

4. 답안 전송 프로그램을 통해 다운로드 받은 파일을 이용하여 답안 파일을 작성하시기 바랍니다.

5. 작성한 답안 파일은 답안 전송 프로그램을 통하여 전송됩니다. 감독위원의 지시에 따라 주시기 바랍니다.

6. 다음 사항의 경우 실격(0점) 혹은 부정행위 처리됩니다.
   1) 답안 파일을 저장하지 않았거나, 저장한 파일이 손상되었을 경우
   2) 답안 파일을 지정한 폴더(바탕화면 – "KAIT" 폴더)에 저장하지 않았을 경우
   ※ 답안 전송 프로그램 로그인 시 바탕화면에 자동 생성됨

7. 답안은 Gom Pic for DIAT와 Gom Mix for DIAT를 활용하여 작성하십시오.
   ※ Gom Mix for DIAT는 'DIAT 시험 프로젝트 생성하기'로 진입하여 작성하십시오.
   ※ Gom Mix for DIAT 답안 파일은 반드시 프로젝트 전체 저장으로 저장하십시오(미준수 시 0점 처리).

8. 시험지에 제시된 글꼴이 응시 프로그램에 없는 경우, 반드시 감독위원에게 해당 내용을 통보한 뒤 조치를 받아야 합니다.

9. 시험의 완료는 작성이 완료된 답안을 저장하고, 답안 전송이 완료된 상태를 확인한 것으로 합니다. 답안 전송 확인 후 문제지는 감독위원에게 제출한 후 퇴실하여야 합니다.

10. 답안 전송이 완료된 경우에는 수정 또는 정정이 불가능합니다.

11. 시험 시행 후 문제 공개 및 합격자 발표는 홈페이지(www.ihd.or.kr)에서 확인하시기 바랍니다.
    1) 문제 및 정답 공개 : 20XX. XX. XX.
    2) 합격자 발표 : 20XX. XX. XX.

KAIT 한국정보통신진흥협회
Korea Association for ICT Promotion

※ "Gom Pic for DIAT 프로그램"을 활용하여 [문제 1], [문제 2]를 작업하시오.

문제 I ▶ 원본파일을 처리조건에 따라 결과파일로 완성하시오. **50점**

원본파일	결과파일

≪ 처리조건 ≫

▶ 다음과 같이 캔버스를 설정하시오.
- 크기 ⇒ 너비(600 픽셀) × 높이(400 픽셀)

▶ '사진1.jpg' 이미지를 불러와 기존 캔버스에 복사한 후, 다음과 같이 처리하시오.
- 이미지 복사 ⇒ 크기 변형으로 캔버스 크기에 맞게 변형, 레이어 이름 - Playground
- 필터 효과 ⇒ 선명하게를 이용하여 이미지 조정 (양 : 4)
- ① ⇒ 복제 도장을 이용하여 이미지 제거
- ② ⇒ 색조/채도를 이용하여 파란색 계열로 조정

▶ 도형 도구를 이용하여 다음과 같이 처리하시오.
- ③ ⇒ 원형/타원형(크기 : 80 × 80), 채우기(색상 : 2883D6), 혼합모드(추가, 불투명도 : 50)

▶ 지시사항이 없는 경우는 기본값을 적용하시오.

이미지 파일 저장	① [파일] – [내보내기]를 눌러서 저장 ② 저장위치 : [바탕화면] – [KAIT] – [제출파일]		
이미지 파일명	JPG	dpi_01_수검번호_성명	※ 예시 : 수검번호가 DPI–2506–123456인 경우 "**dpi_01_123456_성명**"으로 저장할 것
	GPDP	dpi_01_수검번호_성명	

※ 'JPG'와 'GPDP' 파일 중 하나라도 누락하여 저장할 시에는 "0점" 처리됩니다.

문제 2 ▶ 원본파일을 처리조건에 따라 결과파일로 완성하시오. **80점**

원본파일	결과파일

≪ 처리조건 ≫

▶ **다음과 같이 캔버스를 설정하시오.**
- 크기 ⇒ 가로(600 픽셀) × 세로(300 픽셀)
- 배경 ⇒ 색상 : (80A2B1)

▶ **'사진2.jpg' 이미지를 불러와 기존 캔버스에 복사한 후, 다음과 같이 처리하시오.**
- 이미지 복사 ⇒ 레이어 마스크 설정, 가로 방향으로 흐릿하게

▶ **도형 도구와 텍스트를 이용하여 다음과 같이 처리하시오.**
- ① ⇒ 사각형(크기 : 280 × 70), 그라데이션(색상 : 336FE7 – A8C7E3)
- 행복한 휴일 ⇒ 글꼴(굴림체), 글꼴 스타일(굵게), 크기(36pt),
  채우기(색상 : FFFFFF), 외곽선(두께 : 3px, 색상 : 003463)

▶ **도형 도구와 '사진3.jpg'를 이용하여 클리핑 마스크를 생성하시오.**
- ② ⇒ 모서리가 둥근 사각형(크기 : 190 × 130), 외곽선(두께 : 3px, 색상 : 69047B)
  그림자(두께 : 10px, 거리 : 5px, 분산도 : 4px, 각도 : 250°)

▶ **지시사항이 없는 경우는 기본값을 적용하시오.**

이미지 파일 저장	① [파일] – [내보내기]를 눌러서 저장 ② 저장위치 : [바탕화면] – [KAIT] – [제출파일]		
이미지 파일명	JPG	dpi_02_수검번호_성명	※ 예시 : 수검번호가 DPI-2506-123456인 경우 "**dpi_02_123456_성명**"으로 저장할 것
	GPDP	dpi_02_수검번호_성명	

※ 'JPG'와 'GPDP' 파일 중 하나라도 누락하여 저장할 시에는 "0점" 처리됩니다.

※ "Gom Mix for DIAT 프로그램"을 활용하여 [문제 3]을 작업하시오.

문제 3   처리조건에 따라 출력형태와 같이 완성하시오.   **70점**

≪ 출력형태 ≫

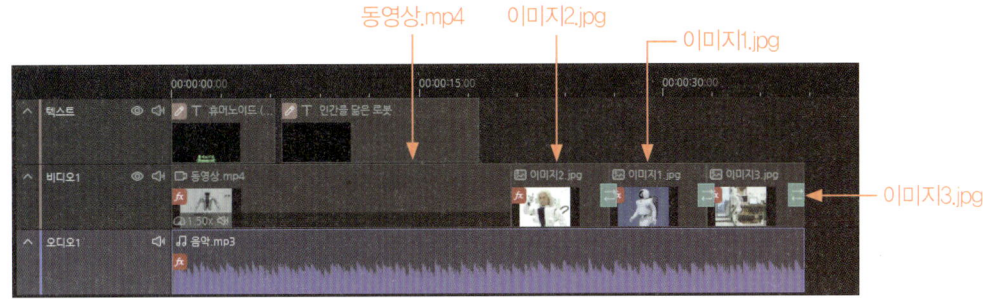

≪ 처리조건 ≫

원본파일	이미지1.jpg, 이미지2.jpg, 이미지3.jpg, 동영상.mp4, 음악.mp3

▶ **미디어 소스의 순서를 다음과 같이 지정하시오.**
- 미디어 소스 순서 ⇒ 동영상.mp4 > 이미지2.jpg > 이미지1.jpg > 이미지3.jpg

▶ **동영상 파일('동영상.mp4')을 다음과 같이 처리하시오.**
- 배속 : 1.5x　• 자르기 : 시작 시간(0.00), 재생 시간(20.20)
- 이펙트 : 이미지 보정-엠보스 01-블랙드 모드 Average Color(강도 : 40, 밝기 강도 : 60)
- 텍스트 ⇒ 텍스트 입력 : 인간을 닮은 로봇
  텍스트 서식(굴림체, 크기 105, 0007ff), 윤곽선 설정(없음), 위치 설정(화면 정가운데 아래), 시작 시간(6.20), 클립 길이(12.00)
- 재생 속도 설정 후 자르기를 하여야 하며, 잘라진 뒷부분의 동영상 및 트랙의 모든 공백을 삭제할 것
- 원본 동영상에 포함된 오디오는 모두 음소거 할 것

▶ **이미지 파일을 다음과 같이 처리하시오.**
- '이미지2.jpg' ⇒ 이미지 클립 길이 : 6.00, 오버레이 : 흩날림(개수/양 : 40), 클립 트랜지션 : 오른쪽으로 밀기(오버랩, 재생 시간 : 1.00)
- '이미지1.jpg' ⇒ 이미지 클립 길이 : 6.00, 오버레이 : 가우스(색상 1 : 3bff79, 강도 : 70),
  　　　　　　　　클립 트랜지션 : 왼쪽으로 밀기(오버랩, 재생 시간 : 1.00)
- '이미지3.jpg' ⇒ 이미지 클립 길이 : 6.00, 오버레이 : 지나가는 01(색상 1 : 24d6a8, 비넷 : 50),
  　　　　　　　　클립 트랜지션 : 왼쪽으로 덮기(앞으로 이동, 재생 시간 : 1.00)
- 지시사항이 없는 경우는 기본 값을 적용하시오.

▶ **다음 조건에 따라 동영상 시작 부분의 텍스트를 지정하시오.**
- 텍스트 입력 : 휴머노이드
  　　　　　　　(Humanoid)

  텍스트 서식(바탕, 크기 132, ffffff), 윤곽선 설정(색상 : 10ff00, 두께 : 20),
  나타나기(위로 당기기, 지속 시간 : 2.00), 시작 시간(0.00), 클립 길이(6.10)

▶ **다음 조건에 따라 동영상 전체에 음악 파일('음악.mp3')을 삽입하시오.**
- 시작 시간 : 0.00, 재생 시간 : 38.20, 페이드 아웃 : 2.00
- 재생 시간 설정 후 자르기 하여야 하며, 잘라진 뒷부분의 음악 파일은 삭제할 것

동영상 파일 저장	① [파일] – [프로젝트 전체저장]을 눌러서 저장 ② 저장위치 : [바탕화면] – [KAIT] – [제출파일]		
이미지 파일명	GMEP	dpi_03_수검번호_성명	※ 예시 : 수검번호가 DPI-2506-123456인 경우 "dpi_03_123456_성명"으로 저장할 것

※ 파일 확장자를 'GMDP'로 저장할 시에는 "0점" 처리됩니다.

제 13 회 디지털정보활용능력 출제예상 모의고사

작성 시간 / 시험 시간	채점 결과
분 / 40분	점 / 200점

◆ **시험과목 :** 멀티미디어제작(곰픽, 곰믹스)
◆ **시험일자 :** 20XX. XX. XX (토)
◆ **수검자 기재사항 및 감독위원 확인**

수검번호	DPI – XXXX –	감독위원 확인
성 명		

· 수험자 유의사항 ·

1. 수검자는 신분증을 지참하여야 시험에 응시할 수 있으며, 시험이 종료될 때까지 신분증을 제시하지 못 할 경우 해당 시험은 0점 처리됩니다.

2. 시스템(PC 작동 여부, 네트워크 상태 등)의 이상 여부를 반드시 확인하여야 하며, 시스템 이상이 있을 시 감독위원에게 조치를 받으셔야 합니다.

3. 시험 중 부주의 또는 고의로 시스템을 파손한 경우는 수검자 부담으로 합니다.

4. 답안 전송 프로그램을 통해 다운로드 받은 파일을 이용하여 답안 파일을 작성하시기 바랍니다.

5. 작성한 답안 파일은 답안 전송 프로그램을 통하여 전송됩니다. 감독위원의 지시에 따라 주시기 바랍니다.

6. 다음 사항의 경우 실격(0점) 혹은 부정행위 처리됩니다.
   1) 답안 파일을 저장하지 않았거나, 저장한 파일이 손상되었을 경우
   2) 답안 파일을 지정한 폴더(바탕화면 – "KAIT" 폴더)에 저장하지 않았을 경우
   ※ 답안 전송 프로그램 로그인 시 바탕화면에 자동 생성됨

7. 답안은 Gom Pic for DIAT와 Gom Mix for DIAT를 활용하여 작성하십시오.
   ※ Gom Mix for DIAT는 'DIAT 시험 프로젝트 생성하기'로 진입하여 작성하십시오.
   ※ Gom Mix for DIAT 답안 파일은 반드시 프로젝트 전체 저장으로 저장하십시오(미준수 시 0점 처리).

8. 시험지에 제시된 글꼴이 응시 프로그램에 없는 경우, 반드시 감독위원에게 해당 내용을 통보한 뒤 조치를 받아야 합니다.

9. 시험의 완료는 작성이 완료된 답안을 저장하고, 답안 전송이 완료된 상태를 확인한 것으로 합니다. 답안 전송 확인 후 문제지는 감독위원에게 제출한 후 퇴실하여야 합니다.

10. 답안 전송이 완료된 경우에는 수정 또는 정정이 불가능합니다.

11. 시험 시행 후 문제 공개 및 합격자 발표는 홈페이지(www.ihd.or.kr)에서 확인하시기 바랍니다.
   1) 문제 및 정답 공개 : 20XX. XX. XX.
   2) 합격자 발표 : 20XX. XX. XX.

※ "Gom Pic for DIAT 프로그램"을 활용하여 [문제 1], [문제 2]를 작업하시오.

문제 I ▶ 원본파일을 처리조건에 따라 결과파일로 완성하시오. 50점

원본파일	결과파일

≪ 처리조건 ≫

▶ 다음과 같이 캔버스를 설정하시오.
- 크기 ⇒ 너비(650 픽셀) × 높이(450 픽셀)

▶ '사진1.jpg' 이미지를 불러와 기존 캔버스에 복사한 후, 다음과 같이 처리하시오.
- 이미지 복사 ⇒ 크기 변형으로 캔버스 크기에 맞게 변형, 레이어 이름 - Camp
- 필터 효과 ⇒ 글로우를 이용하여 이미지 조정 (반경 : 2, 밝기 : 1, 대비 : 2)
- ① ⇒ 복제 도장을 이용하여 이미지 제거
- ② ⇒ 색조/채도를 이용하여 빨간색 계열로 조정

▶ 도형 도구를 이용하여 다음과 같이 처리하시오.
- ③ ⇒ 모서리가 둥근 사각형(크기 : 250 × 80), 채우기(색상 : DA41A1), 혼합모드(중첩, 불투명도 : 50)

▶ 지시사항이 없는 경우는 기본값을 적용하시오.

이미지 파일 저장	① [파일] – [내보내기]를 눌러서 저장 ② 저장위치 : [바탕화면] – [KAIT] – [제출파일]	
이미지 파일명	JPG	dpi_01_수검번호_성명	※ 예시 : 수검번호가 DPI-2506-123456인 경우
	GPDP	dpi_01_수검번호_성명	"dpi_01_123456_성명"으로 저장할 것

※ 'JPG'와 'GPDP' 파일 중 하나라도 누락하여 저장 시에는 "0점" 처리됩니다.

문제 2 ▶ 원본파일을 처리조건에 따라 결과파일로 완성하시오.   80점

원본파일	결과파일

≪ 처리조건 ≫

▶ 다음과 같이 캔버스를 설정하시오.
- 크기 ⇒ 가로(600 픽셀) × 세로(400 픽셀)
- 배경 ⇒ 색상 : (2126A9)

▶ '사진2.jpg' 이미지를 불러와 기존 캔버스에 복사한 후, 다음과 같이 처리하시오.
- 이미지 복사 ⇒ 레이어 마스크 설정, 가로 방향으로 흐릿하게

▶ 도형 도구와 텍스트를 이용하여 다음과 같이 처리하시오.
- ① ⇒ 원형/타원형(크기 : 300 × 100), 그라데이션(색상 : E0F378 – E88540)
- 등산의 즐거움 ⇒ 글꼴(궁서), 글꼴 스타일(기울임꼴), 크기(28pt),
  채우기(색상 : 0085FF), 외곽선(두께 : 1px, 색상 : 5B00A3)

▶ 도형 도구와 '사진3.jpg'를 이용하여 클리핑 마스크를 생성하시오.
- ② ⇒ 사각형(크기 : 100 × 100), 외곽선(두께 : 3px, 색상 : 304EFF)
  그림자(두께 : 2px, 거리 : 2px, 분산도 : 1px, 각도 : 180°)

▶ 지시사항이 없는 경우는 기본값을 적용하시오.

이미지 파일 저장	① [파일] – [내보내기]를 눌러서 저장 ② 저장위치 : [바탕화면] – [KAIT] – [제출파일]	
이미지 파일명	JPG	dpi_02_수검번호_성명	※ 예시 : 수검번호가 DPI-2506-123456인 경우
	GPDP	dpi_02_수검번호_성명	"dpi_02_123456_성명"으로 저장할 것

※ 'JPG'와 'GPDP' 파일 중 하나라도 누락하여 저장할 시에는 "0점" 처리됩니다

※ "Gom Mix for DIAT 프로그램"을 활용하여 [문제 3]을 작업하시오.

문제 3　　처리조건에 따라 출력형태와 같이 완성하시오.　　　　　　　**70점**

≪ 출력형태 ≫

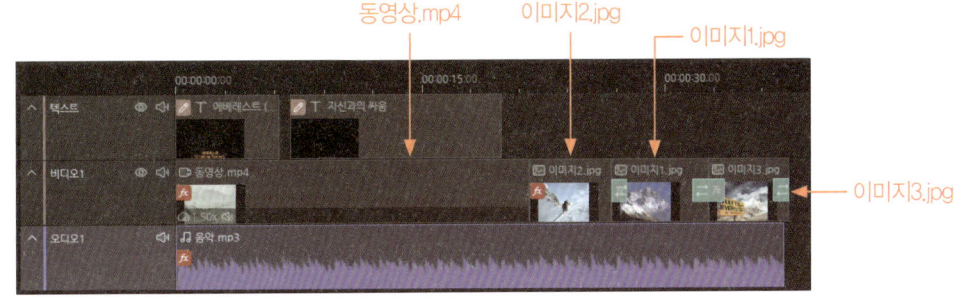

≪ 처리조건 ≫

원본파일	이미지1.jpg, 이미지2.jpg, 이미지3.jpg, 동영상.mp4, 음악.mp3

▶ 미디어 소스의 순서를 다음과 같이 지정하시오.
- 미디어 소스 순서 ⇒ 동영상.mp4 > 이미지2.jpg > 이미지1.jpg > 이미지3.jpg

▶ 동영상 파일('동영상.mp4')을 다음과 같이 처리하시오.
- 배속 : 1.5x　　• 자르기 : 시작 시간(0.00), 재생 시간(21.20)　　• 이펙트 : 변환-페인트 인(색상 : f63e3e, 나타나는 : 3.0)
- 텍스트 ⇒ 텍스트 입력 : [자신과의 싸움]
  텍스트 서식 : 기본자막(궁서, 크기 90, 990000), 윤곽선 설정(없음), 위치 설정(화면 정가운데 아래), 시작 시간(6.29), 클립 길이(13.00)
- 재생 속도 설정 후 자르기를 하여야 하며, 잘라진 뒷부분의 동영상 및 트랙의 모든 공백을 삭제할 것
- 원본 동영상에 포함된 오디오는 모두 음소거 할 것

▶ 이미지 파일을 다음과 같이 처리하시오.
- '이미지2.jpg' ⇒ 이미지 클립 길이 : 5.00, 오버레이 : 내려앉는(속도 : 8),
  클립 트랜지션 : 문 열기(뒤로 이동, 재생 시간 : 1.00)
- '이미지1.jpg' ⇒ 이미지 클립 길이 : 6.00, 오버레이 : 떠오르는(색상 1 : ffffff, 색상 2 : ffffff),
  클립 트랜지션 : 가로 나누기(오버랩, 재생 시간 : 2.00)
- '이미지3.jpg' ⇒ 이미지 클립 길이 : 5.00, 오버레이 : 수면아래 01(색상 2 : ffffff),
  클립 트랜지션 : 문 닫기(앞으로 이동, 재생 시간 : 1.00)
- 지시사항이 없는 경우는 기본 값을 적용하시오.

▶ 다음 조건에 따라 동영상 시작 부분의 텍스트를 지정하시오.
- 텍스트 입력 : [에베레스트 (Climbing Everest)]
  텍스트 서식(돋움체, 크기 132, 9a4400), 윤곽선 설정(색상 : f77200, 두께 : 30),
  나타나기(왼쪽으로 펼치기, 지속 시간 : 2.00), 시작 시간(0.00), 클립 길이(6.10)

▶ 다음 조건에 따라 동영상 전체에 음악 파일('음악.mp3')을 삽입하시오.
- 시작 시간 : 0.00, 재생 시간 : 37.10, 페이드 아웃 : 3.00
- 재생 시간 설정 후 자르기 하여야 하며, 잘라진 뒷부분의 음악 파일은 삭제할 것

동영상 파일 저장	① [파일] – [프로젝트 전체저장]을 눌러서 저장　② 저장위치 : [바탕화면] – [KAIT] – [제출파일]	
이미지 파일명	GMEP	dpi_03_수검번호_성명　※ 예시 : 수검번호가 DPI-2506-123456인 경우 "dpi_03_123456_성명"으로 저장할 것

※ 파일 확장자를 'GMDP'로 저장할 시에는 "0점" 처리됩니다.

제 14 회 디지털정보활용능력 출제예상 모의고사

작성 시간 / 시험 시간	채점 결과
분 / 40분	점 / 200점

◆ **시험과목 :** 멀티미디어제작(곰픽, 곰믹스)
◆ **시험일자 :** 20XX. XX. XX (토)
◆ **수검자 기재사항 및 감독위원 확인**

수검번호	DPI - XXXX -	감독위원 확인
성 명		

· 수험자 유의사항 ·

1. 수검자는 신분증을 지참하여야 시험에 응시할 수 있으며, 시험이 종료될 때까지 신분증을 제시하지 못 할 경우 해당 시험은 0점 처리됩니다.

2. 시스템(PC 작동 여부, 네트워크 상태 등)의 이상 여부를 반드시 확인하여야 하며, 시스템 이상이 있을 시 감독위원에게 조치를 받으셔야 합니다.

3. 시험 중 부주의 또는 고의로 시스템을 파손한 경우는 수검자 부담으로 합니다.

4. 답안 전송 프로그램을 통해 다운로드 받은 파일을 이용하여 답안 파일을 작성하시기 바랍니다.

5. 작성한 답안 파일은 답안 전송 프로그램을 통하여 전송됩니다. 감독위원의 지시에 따라 주시기 바랍니다.

6. 다음 사항의 경우 실격(0점) 혹은 부정행위 처리됩니다.
    1) 답안 파일을 저장하지 않았거나, 저장한 파일이 손상되었을 경우
    2) 답안 파일을 지정한 폴더(바탕화면 – "KAIT" 폴더)에 저장하지 않았을 경우
    ※ 답안 전송 프로그램 로그인 시 바탕화면에 자동 생성됨

7. 답안은 Gom Pic for DIAT와 Gom Mix for DIAT를 활용하여 작성하십시오.
    ※ Gom Mix for DIAT는 'DIAT 시험 프로젝트 생성하기'로 진입하여 작성하십시오.
    ※ Gom Mix for DIAT 답안 파일은 반드시 프로젝트 전체 저장으로 저장하십시오(미준수 시 0점 처리).

8. 시험지에 제시된 글꼴이 응시 프로그램에 없는 경우, 반드시 감독위원에게 해당 내용을 통보한 뒤 조치를 받아야 합니다.

9. 시험의 완료는 작성이 완료된 답안을 저장하고, 답안 전송이 완료된 상태를 확인한 것으로 합니다. 답안 전송 확인 후 문제지는 감독위원에게 제출한 후 퇴실하여야 합니다.

10. 답안 전송이 완료된 경우에는 수정 또는 정정이 불가능합니다.

11. 시험 시행 후 문제 공개 및 합격자 발표는 홈페이지(www.ihd.or.kr)에서 확인하시기 바랍니다.
    1) 문제 및 정답 공개 : 20XX. XX. XX.
    2) 합격자 발표 : 20XX. XX. XX.

※ "Gom Pic for DIAT 프로그램"을 활용하여 [문제 1], [문제 2]를 작업하시오.

문제 I ▶ 원본파일을 처리조건에 따라 결과파일로 완성하시오.   50점

원본파일	결과파일

≪ 처리조건 ≫

▶ 다음과 같이 캔버스를 설정하시오.
- 크기 ⇒ 너비(500 픽셀) × 높이(300 픽셀)

▶ '사진1.jpg' 이미지를 불러와 기존 캔버스에 복사한 후, 다음과 같이 처리하시오.
- 이미지 복사 ⇒ 크기 변형으로 캔버스 크기에 맞게 변형, 레이어 이름 - Sea
- 밝기 조정 ⇒ 밝기/대비를 이용하여 이미지 조정 (밝기 : 6, 대비 : 4)
- ① ⇒ 복제 도장을 이용하여 이미지 복사
- ② ⇒ 세피아를 이용하여 초록색 계열로 조정

▶ 도형 도구를 이용하여 다음과 같이 처리하시오.
- ③ ⇒ 원형/타원형(크기 : 50 × 50), 채우기(색상 : 8344FF), 혼합모드(색 굽기, 불투명도 : 50)

▶ 지시사항이 없는 경우는 기본값을 적용하시오.

이미지 파일 저장	① [파일] – [내보내기]를 눌러서 저장	
	② 저장위치 : [바탕화면] – [KAIT] – [제출파일]	
이미지 파일명	JPG	dpi_01_수검번호_성명
	GPDP	dpi_01_수검번호_성명

※ 예시 : 수검번호가 DPI-2506-123456인 경우
"dpi_01_123456_성명"으로 저장할 것

※ 'JPG'와 'GPDP' 파일 중 하나라도 누락하여 저장할 시에는 "0점" 처리됩니다.

문제 2 원본파일을 처리조건에 따라 결과파일로 완성하시오. 80점

원본파일	결과파일

≪ 처리조건 ≫

▶ 다음과 같이 캔버스를 설정하시오.
- 크기 ⇒ 가로(600 픽셀) × 세로(400 픽셀)
- 배경 ⇒ 색상 : (202020)

▶ '사진2.jpg' 이미지를 불러와 기존 캔버스에 복사한 후, 다음과 같이 처리하시오.
- 이미지 복사 ⇒ 레이어 마스크 설정, 가로 방향으로 흐릿하게

▶ 도형 도구와 텍스트를 이용하여 다음과 같이 처리하시오.
- ① ⇒ 사각형(크기 : 500 × 60), 그라데이션(색상 : 35487F – 661F97)
- Giant leap for mankind ⇒ 글꼴(Arial), 글꼴 스타일(굵게), 크기(24pt),
  채우기(색상 : E9FD91), 외곽선(두께 : 4px, 색상 : FB25D2)

▶ 도형 도구와 '사진3.jpg'를 이용하여 클리핑 마스크를 생성하시오.
- ② ⇒ 원형/타원형(크기 : 120 × 120), 외곽선(두께 : 5px, 색상 : D0FF2E)
  그림자(두께 : 3px, 거리 : 5px, 분산도 : 2px, 각도 : 270°)

▶ 지시사항이 없는 경우는 기본값을 적용하시오.

이미지 파일 저장	① [파일] – [내보내기]를 눌러서 저장	
	② 저장위치 : [바탕화면] – [KAIT] – [제출파일]	
이미지 파일명	JPG	dpi_02_수검번호_성명	※ 예시 : 수검번호가 DPI-2506-123456인 경우
	GPDP	dpi_02_수검번호_성명	"dpi_02_123456_성명"으로 저장할 것

※ 'JPG'와 'GPDP' 파일 중 하나라도 누락하여 저장할 시에는 "0점" 처리됩니다.

※ "Gom Mix for DIAT 프로그램"을 활용하여 [문제 3]을 작업하시오.

문제 3 처리조건에 따라 출력형태와 같이 완성하시오. **70점**

≪ 출력형태 ≫

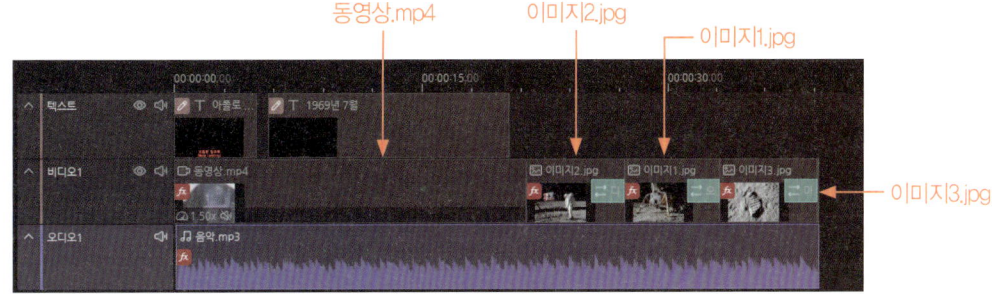

≪ 처리조건 ≫

원본파일	이미지1.jpg, 이미지2.jpg, 이미지3.jpg, 동영상.mp4, 음악.mp3

▶ 미디어 소스의 순서를 다음과 같이 지정하시오.
- 미디어 소스 순서 ⇒ 동영상.mp4 > 이미지2.jpg > 이미지1.jpg > 이미지3.jpg

▶ 동영상 파일('동영상.mp4')을 다음과 같이 처리하시오.
- 배속 : 1.5x   • 자르기 : 시작 시간(0.00), 재생 시간(21.10)   • 이펙트 : 변환-노이즈 페이드(나타나는 : 2.0, 사라지는 : 3.0)
- 텍스트 ⇒ 텍스트 입력 :   1969년 7월
  텍스트 서식 : 기본자막(궁서체, 크기 88, 89d9ea), 윤곽선 설정(없음), 위치 설정(화면 정가운데 아래), 시작 시간(5.20), 클립 길이(14.20)
- 재생 속도 설정 후 자르기를 하여야 하며, 잘라진 뒷부분의 동영상 및 트랙의 모든 공백을 삭제할 것
- 원본 동영상에 포함된 오디오는 모두 음소거 할 것

▶ 이미지 파일을 다음과 같이 처리하시오.
- '이미지2.jpg' ⇒ 이미지 클립 길이 : 6.00, 오버레이 : 비누 방울(개수/양 : 6, 방울 속성 01 : 10),
  클립 트랜지션 : 디졸브(앞으로 이동, 재생 시간 : 2.00)
- '이미지1.jpg' ⇒ 이미지 클립 길이 : 6.00, 오버레이 : 불꽃 스파크(크기 : 8, 기울기 : 20),
  클립 트랜지션 : 오른쪽으로 밀기(앞으로 이동, 재생 시간 : 2.00)
- '이미지3.jpg' ⇒ 이미지 클립 길이 : 6.00, 오버레이 : 레이얼 라이트(크기 : 80),
  클립 트랜지션 : 마름모 닫기(앞으로 이동, 재생 시간 : 2.00)
- 지시사항이 없는 경우는 기본 값을 적용하시오.

▶ 다음 조건에 따라 동영상 시작 부분의 텍스트를 지정하시오.
- 텍스트 입력 :   아폴로 달착륙
  (Moon Landing)

  텍스트 서식(굴림체, 크기 132, e65c5b), 윤곽선 설정(색상 : f50000, 두께 : 20),
  나타나기(클립 위에서 나타나기, 지속 시간 : 2.00), 시작 시간(0.00), 클립 길이(5.00)

▶ 다음 조건에 따라 동영상 전체에 음악 파일('음악.mp3')을 삽입하시오.
- 시작 시간 : 0.00, 재생 시간 : 39.10, 페이드 인 : 2.00
- 재생 시간 설정 후 자르기 하여야 하며, 잘라진 뒷부분의 음악 파일은 삭제할 것

동영상 파일 저장	① [파일] – [프로젝트 전체저장]을 눌러서 저장 ② 저장위치 : [바탕화면] – [KAIT] – [제출파일]	
이미지 파일명	GMEP	dpi_03_수검번호_성명 ※ 예시 : 수검번호가 DPI-2506-123456인 경우 "dpi_03_123456_성명"으로 저장할 것

※ 파일 확장자를 'GMDP'로 저장할 시에는 "0점" 처리됩니다.

제 15 회 디지털정보활용능력 출제예상 모의고사

작성 시간 / 시험 시간	채점 결과
분 / 40분	점 / 200점

◆ **시험과목 :** 멀티미디어제작(곰픽, 곰믹스)
◆ **시험일자 :** 20XX. XX. XX (토)
◆ **수검자 기재사항 및 감독위원 확인**

수검 번호	DPI – XXXX –	감독위원 확인
성 명		

· 수험자 유의사항 ·

1. 수검자는 신분증을 지참하여야 시험에 응시할 수 있으며, 시험이 종료될 때까지 신분증을 제시하지 못 할 경우 해당 시험은 0점 처리됩니다.

2. 시스템(PC 작동 여부, 네트워크 상태 등)의 이상 여부를 반드시 확인하여야 하며, 시스템 이상이 있을 시 감독위원에게 조치를 받으셔야 합니다.

3. 시험 중 부주의 또는 고의로 시스템을 파손한 경우는 수검자 부담으로 합니다.

4. 답안 전송 프로그램을 통해 다운로드 받은 파일을 이용하여 답안 파일을 작성하시기 바랍니다.

5. 작성한 답안 파일은 답안 전송 프로그램을 통하여 전송됩니다. 감독위원의 지시에 따라 주시기 바랍니다.

6. 다음 사항의 경우 실격(0점) 혹은 부정행위 처리됩니다.
   1) 답안 파일을 저장하지 않았거나, 저장한 파일이 손상되었을 경우
   2) 답안 파일을 지정한 폴더(바탕화면 – "KAIT" 폴더)에 저장하지 않았을 경우
   ※ 답안 전송 프로그램 로그인 시 바탕화면에 자동 생성됨

7. 답안은 Gom Pic for DIAT와 Gom Mix for DIAT를 활용하여 작성하십시오.
   ※ Gom Mix for DIAT는 'DIAT 시험 프로젝트 생성하기'로 진입하여 작성하십시오.
   ※ Gom Mix for DIAT 답안 파일은 반드시 프로젝트 전체 저장으로 저장하십시오(미준수 시 0점 처리).

8. 시험지에 제시된 글꼴이 응시 프로그램에 없는 경우, 반드시 감독위원에게 해당 내용을 통보한 뒤 조치를 받아야 합니다.

9. 시험의 완료는 작성이 완료된 답안을 저장하고, 답안 전송이 완료된 상태를 확인한 것으로 합니다. 답안 전송 확인 후 문제지는 감독위원에게 제출한 후 퇴실하여야 합니다.

10. 답안 전송이 완료된 경우에는 수정 또는 정정이 불가능합니다.

11. 시험 시행 후 문제 공개 및 합격자 발표는 홈페이지(www.ihd.or.kr)에서 확인하시기 바랍니다.
    1) 문제 및 정답 공개 : 20XX. XX. XX.
    2) 합격자 발표 : 20XX. XX. XX.

※ "Gom Pic for DIAT 프로그램"을 활용하여 [문제 1], [문제 2]를 작업하시오.

문제 I   원본파일을 처리조건에 따라 결과파일로 완성하시오.   50점

원본파일	결과파일

≪ 처리조건 ≫

▶ 다음과 같이 캔버스를 설정하시오.
- 크기 ⇒ 너비(600 픽셀) × 높이(400 픽셀)

▶ '사진1.jpg' 이미지를 불러와 기존 캔버스에 복사한 후, 다음과 같이 처리하시오.
- 이미지 복사 ⇒ 크기 변형으로 캔버스 크기에 맞게 변형, 레이어 이름 - Home
- 밝기 조정 ⇒ 밝기/대비를 이용하여 이미지 조정 (밝기 : 5, 대비 : 5)
- ① ⇒ 복제 도장을 이용하여 이미지 복사
- ② ⇒ 색조/채도를 이용하여 빨간색 계열로 조정

▶ 도형 도구를 이용하여 다음과 같이 처리하시오.
- ③ ⇒ 사각형(크기 : 150 × 40), 채우기(색상 : 2FAD46), 혼합모드(곱하기, 불투명도 : 50)

▶ 지시사항이 없는 경우는 기본값을 적용하시오.

이미지 파일 저장	① [파일] – [내보내기]를 눌러서 저장 ② 저장위치 : [바탕화면] – [KAIT] – [제출파일]		
이미지 파일명	JPG	dpi_01_수검번호_성명	※ 예시 : 수검번호가 DPI-2506-123456인 경우 "**dpi_01_123456_성명**"으로 저장할 것
	GPDP	dpi_01_수검번호_성명	

※ 'JPG'와 'GPDP' 파일 중 하나라도 누락하여 저장할 시에는 "0점" 처리됩니다.

| 문제 2 | 원본파일을 처리조건에 따라 결과파일로 완성하시오. | 80점 |

원본파일	결과파일
	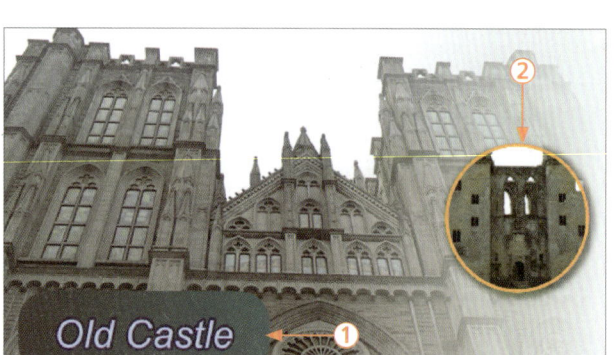

≪ 처리조건 ≫

▶ 다음과 같이 캔버스를 설정하시오.
- 크기 ⇒ 가로(600 픽셀) × 세로(350 픽셀)
- 배경 ⇒ 색상 : (E3E3E3)

▶ '사진2.jpg' 이미지를 불러와 기존 캔버스에 복사한 후, 다음과 같이 처리하시오.
- 이미지 복사 ⇒ 레이어 마스크 설정, 가로 방향으로 흐릿하게

▶ 도형 도구와 텍스트를 이용하여 다음과 같이 처리하시오.
- ① ⇒ 모서리가 둥근 사각형(크기 : 250×80), 그라데이션(색상 : 383838 – 15575A)
- Old Castle ⇒ 글꼴(Arial), 글꼴 스타일(기울임꼴), 크기(28pt),
  채우기(색상 : 91B4FD), 외곽선(두께 : 5px, 색상 : 15123D)

▶ 도형 도구와 '사진3.jpg'를 이용하여 클리핑 마스크를 생성하시오.
- ② ⇒ 원형/타원형(크기 : 140 × 140), 외곽선(두께 : 3px, 색상 : FF922E)
  그림자(두께 : 5px, 거리 : 4px, 분산도 : 3px, 각도 : 320°)

▶ 지시사항이 없는 경우는 기본값을 적용하시오.

이미지 파일 저장	① [파일] – [내보내기]를 눌러서 저장 ② 저장위치 : [바탕화면] – [KAIT] – [제출파일]	
이미지 파일명	JPG	dpi_02_수검번호_성명	※ 예시 : 수검번호가 DPI-2506-123456인 경우
	GPDP	dpi_02_수검번호_성명	"dpi_02_123456_성명"으로 저장할 것

※ 'JPG'와 'GPDP' 파일 중 하나라도 누락하여 저장할 시에는 "0점" 처리됩니다.

※ "Gom Mix for DIAT 프로그램"을 활용하여 [문제 3]을 작업하시오.

문제 3 ▶ 처리조건에 따라 출력형태와 같이 완성하시오. **70점**

≪ 출력형태 ≫

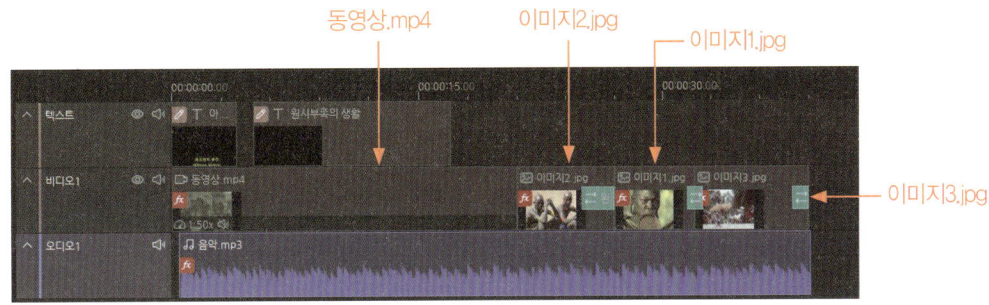

≪ 처리조건 ≫

원본파일	이미지1.jpg, 이미지2.jpg, 이미지3.jpg, 동영상.mp4, 음악.mp3

▶ **미디어 소스의 순서를 다음과 같이 지정하시오.**
- 미디어 소스 순서 ⇒ 동영상.mp4 > 이미지2.jpg > 이미지1.jpg > 이미지3.jpg

▶ **동영상 파일('동영상.mp4')을 다음과 같이 처리하시오.**
- 배속 : 1.5x • 자르기 : 시작 시간(0.00), 재생 시간(21.00) • 이펙트 : LUT 필터-파스텔-파스텔 02(노출 : 10, 감마 : 0.5)
- 텍스트 ⇒ 텍스트 입력 : 원시부족의 생활
  텍스트 서식 : 기본자막(바탕체, 크기 88, 000000), 윤곽선 설정(없음), 위치 설정(화면 정가운데 아래), 시작 시간(5.00), 클립 길이(12.00)
- 재생 속도 설정 후 자르기를 하여야 하며, 잘라진 뒷부분의 동영상 및 트랙의 모든 공백을 삭제할 것
- 원본 동영상에 포함된 오디오는 모두 음소거 할 것

▶ **이미지 파일을 다음과 같이 처리하시오.**
- '이미지2.jpg' ⇒ 이미지 클립 길이 : 6.00, 오버레이 : 영롱한(크기 : 10),
  클립 트랜지션 : 왼쪽으로 스크롤(앞으로 이동, 재생 시간 : 2.00)
- '이미지1.jpg' ⇒ 이미지 클립 길이 : 5.00, 오버레이 : 원형 비넷(반경 : 70),
  클립 트랜지션 : 문 열기(오버랩, 재생 시간 : 1.00)
- '이미지3.jpg' ⇒ 이미지 클립 길이 : 7.00, 오버레이 : 비누 방울(속도 : 8),
  클립 트랜지션 : 위로 덮기(앞으로 이동, 재생 시간 : 1.00)
- 지시사항이 없는 경우는 기본 값을 적용하시오.

▶ **다음 조건에 따라 동영상 시작 부분의 텍스트를 지정하시오.**
- 텍스트 입력 : 아프리카 부족
  (African Native)

  텍스트 서식(맑은 고딕, 크기 150, fff400), 윤곽선 설정(색상 : 000000, 두께 : 20),
  나타나기(왼쪽으로 닦아내기, 지속 시간 : 2.00), 시작 시간(0.00), 클립 길이(4.00)

▶ **다음 조건에 따라 동영상 전체에 음악 파일('음악.mp3')을 삽입하시오.**
- 시작 시간 : 0.00, 재생 시간 : 38.20, 페이드 인 : 1.20
- 재생 시간 설정 후 자르기 하여야 하며, 잘라진 뒷부분의 음악 파일은 삭제할 것

동영상 파일 저장	① [파일] – [프로젝트 전체저장]을 눌러서 저장 ② 저장위치 : [바탕화면] – [KAIT] – [제출파일]	
이미지 파일명	**GMEP** dpi_03_수검번호_성명	※ 예시 : 수검번호가 DPI-2506-123456인 경우 "dpi_03_123456_성명"으로 저장할 것

※ 파일 확장자를 'GMDP'로 저장할 시에는 "0점" 처리됩니다.

제 16 회 디지털정보활용능력 출제예상 모의고사

작성 시간 / 시험 시간	채점 결과
분 / 40분	점 / 200점

◆ **시험과목 :** 멀티미디어제작(곰픽, 곰믹스)

◆ **시험일자 :** 20XX. XX. XX (토)

◆ **수검자 기재사항 및 감독위원 확인**

수검번호	DPI – XXXX –	감독위원 확인
성 명		

· 수험자 유의사항 ·

1. 수검자는 신분증을 지참하여야 시험에 응시할 수 있으며, 시험이 종료될 때까지 신분증을 제시하지 못 할 경우 해당 시험은 0점 처리됩니다.

2. 시스템(PC 작동 여부, 네트워크 상태 등)의 이상 여부를 반드시 확인하여야 하며, 시스템 이상이 있을 시 감독위원에게 조치를 받으셔야 합니다.

3. 시험 중 부주의 또는 고의로 시스템을 파손한 경우는 수검자 부담으로 합니다.

4. 답안 전송 프로그램을 통해 다운로드 받은 파일을 이용하여 답안 파일을 작성하시기 바랍니다.

5. 작성한 답안 파일은 답안 전송 프로그램을 통하여 전송됩니다. 감독위원의 지시에 따라 주시기 바랍니다.

6. 다음 사항의 경우 실격(0점) 혹은 부정행위 처리됩니다.
   1) 답안 파일을 저장하지 않았거나, 저장한 파일이 손상되었을 경우
   2) 답안 파일을 지정한 폴더(바탕화면 – "KAIT" 폴더)에 저장하지 않았을 경우
   ※ 답안 전송 프로그램 로그인 시 바탕화면에 자동 생성됨

7. 답안은 Gom Pic for DIAT와 Gom Mix for DIAT를 활용하여 작성하십시오.
   ※ Gom Mix for DIAT는 'DIAT 시험 프로젝트 생성하기'로 진입하여 작성하십시오.
   ※ Gom Mix for DIAT 답안 파일은 반드시 프로젝트 전체 저장으로 저장하십시오(미준수 시 0점 처리).

8. 시험지에 제시된 글꼴이 응시 프로그램에 없는 경우, 반드시 감독위원에게 해당 내용을 통보한 뒤 조치를 받아야 합니다.

9. 시험의 완료는 작성이 완료된 답안을 저장하고, 답안 전송이 완료된 상태를 확인한 것으로 합니다. 답안 전송 확인 후 문제지는 감독위원에게 제출한 후 퇴실하여야 합니다.

10. 답안 전송이 완료된 경우에는 수정 또는 정정이 불가능합니다.

11. 시험 시행 후 문제 공개 및 합격자 발표는 홈페이지(www.ihd.or.kr)에서 확인하시기 바랍니다.
    1) 문제 및 정답 공개 : 20XX. XX. XX.
    2) 합격자 발표 : 20XX. XX. XX.

KAIT 한국정보통신진흥협회
Korea Association for ICT Promotion

※ "Gom Pic for DIAT 프로그램"을 활용하여 [문제 1], [문제 2]를 작업하시오.

문제 1 원본파일을 처리조건에 따라 결과파일로 완성하시오. **50점**

원본파일	결과파일

≪ 처리조건 ≫

▶ 다음과 같이 캔버스를 설정하시오.
   • 크기 ⇒ 너비(600 픽셀) × 높이(400 픽셀)

▶ '사진1.jpg' 이미지를 불러와 기존 캔버스에 복사한 후, 다음과 같이 처리하시오.
   • 이미지 복사 ⇒ 크기 변형으로 캔버스 크기에 맞게 변형, 레이어 이름 - Prince
   • 밝기 조정 ⇒ 노출을 이용하여 이미지 조정 (노출 : 10)
   • ① ⇒ 복제 도장을 이용하여 이미지 제거
   • ② ⇒ 색조/채도를 이용하여 빨간색 계열로 조정

▶ 도형 도구를 이용하여 다음과 같이 처리하시오.
   • ③ ⇒ 원형/타원형(크기 : 80 × 80), 채우기(색상 : D2DF33), 혼합모드(반사, 불투명도 : 50)

▶ 지시사항이 없는 경우는 기본값을 적용하시오.

이미지 파일 저장	① [파일] – [내보내기]를 눌러서 저장 ② 저장위치 : [바탕화면] – [KAIT] – [제출파일]	
이미지 파일명	**JPG**　　dpi_01_수검번호_성명	※ 예시 : 수검번호가 DPI-2506-123456인 경우
	GPDP　　dpi_01_수검번호_성명	"dpi_01_123456_성명"으로 저장할 것

※ 'JPG'와 'GPDP' 파일 중 하나라도 누락하여 저장할 시에는 "0점" 처리됩니다.

문제 2 ▶ 원본파일을 처리조건에 따라 결과파일로 완성하시오.　　　　**80점**

원본파일	결과파일

≪ 처리조건 ≫

▶ 다음과 같이 캔버스를 설정하시오.
- 크기 ⇒ 가로(550 픽셀) × 세로(350 픽셀)
- 배경 ⇒ 색상 : (E9E952)

▶ '사진2.jpg' 이미지를 불러와 기존 캔버스에 복사한 후, 다음과 같이 처리하시오.
- 이미지 복사 ⇒ 레이어 마스크 설정, 세로 방향으로 흐릿하게

▶ 도형 도구와 텍스트를 이용하여 다음과 같이 처리하시오.
- ① ⇒ 사각형(크기 : 300 × 80), 그라데이션(색상 : 449C5E － ECEC03)
- 신기한 토피어리 ⇒ 글꼴(굴림), 글꼴 스타일(굵게), 크기(28pt),
  　　　　　　　　　　채우기(색상 : FFFFFF), 외곽선(두께 : 3px, 색상 : 050CCB)

▶ 도형 도구와 '사진3.jpg'를 이용하여 클리핑 마스크를 생성하시오.
- ② ⇒ 모서리가 둥근 사각형(크기 : 130 × 130), 외곽선(두께 : 3px, 색상 : 4092DC)
  　　그림자(두께 : 10px, 거리 : 5px, 분산도 : 2px, 각도 : 300°)

▶ 지시사항이 없는 경우는 기본값을 적용하시오.

이미지 파일 저장	① [파일] – [내보내기]를 눌러서 저장 ② 저장위치 : [바탕화면] – [KAIT] – [제출파일]		
이미지 파일명	JPG	dpi_02_수검번호_성명	※ 예시 : 수검번호가 DPI-2506-123456인 경우
	GPDP	dpi_02_수검번호_성명	"**dpi_02_123456_성명**"으로 저장할 것

※ 'JPG'와 'GPDP' 파일 중 하나라도 누락하여 저장할 시에는 "0점" 처리됩니다.

※ "Gom Mix for DIAT 프로그램"을 활용하여 [문제 3]을 작업하시오.

문제 3 ▶ 처리조건에 따라 출력형태와 같이 완성하시오.　　　　　**70점**

≪ 출력형태 ≫

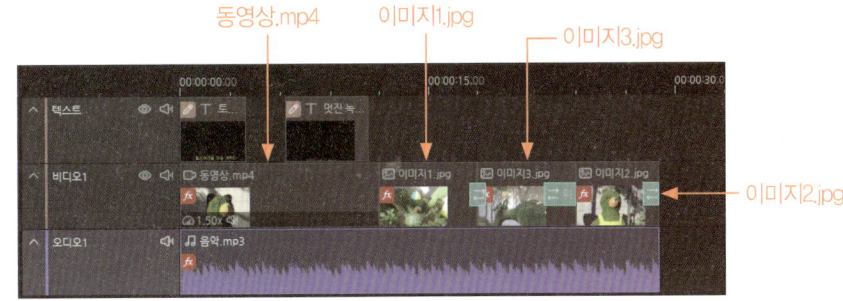

≪ 처리조건 ≫

원본파일	이미지1.jpg, 이미지2.jpg, 이미지3.jpg, 동영상.mp4, 음악.mp3

▶ **미디어 소스의 순서를 다음과 같이 지정하시오.**
- 미디어 소스 순서 ⇒ 동영상.mp4 > 이미지1.jpg > 이미지3.jpg > 이미지2.jpg

▶ **동영상 파일('동영상.mp4')을 다음과 같이 처리하시오.**
- 배속 : 1.5x　• 자르기 : 시작 시간(0.00), 재생 시간(12.00)　• 이펙트 : 이미지 보정-화사하게 01(가로 : 80, 세로 : 60)
- 텍스트 ⇒ 텍스트 입력 :　멋진 녹색 곰 가족
  텍스트 서식 : 기본자막(바탕체, 크기 108, ff8e24), 윤곽선 설정(없음), 위치 설정(화면 정가운데 아래), 시작 시간(6.10), 클립 길이(5.00)
- 재생 속도 설정 후 자르기를 하여야 하며, 잘라진 뒷부분의 동영상 및 트랙의 모든 공백을 삭제할 것
- 원본 동영상에 포함된 오디오는 모두 음소거 할 것

▶ **이미지 파일을 다음과 같이 처리하시오.**
- '이미지1.jpg' ⇒ 이미지 클립 길이 : 6.00, 오버레이 : 난기류(크기 : 300, 속도 : 60),
  　　　　　　　　클립 트랜지션 : 검정색 페이드(오버랩, 재생 시간 : 1.00)
- '이미지3.jpg' ⇒ 이미지 클립 길이 : 6.00, 오버레이 : 가우스(강도 : 80, 속도 : 7),
  　　　　　　　　클립 트랜지션 : 위로 밀기(앞으로 이동, 재생 시간 : 2.00)
- '이미지2.jpg' ⇒ 이미지 클립 길이 : 5.00, 오버레이 : 지나가는 01(기울기 : 60),
  　　　　　　　　클립 트랜지션 : 아래로 밀기(앞으로 이동, 재생 시간 : 1.00)
- 지시사항이 없는 경우는 기본 값을 적용하시오.

▶ **다음 조건에 따라 동영상 시작 부분의 텍스트를 지정하시오.**
- 텍스트 입력 :　토피어리로 만든 캐릭터
  　　　　　　　(Topiary art)

  텍스트 서식(굴림체, 크기 144, ffff02), 윤곽선 설정(색상 : 000000, 두께 : 30),
  나타나기(클립 아래에서 나타나기, 지속 시간 : 2.00), 시작 시간(0.00), 클립 길이(4.00)

▶ **다음 조건에 따라 동영상 전체에 음악 파일('음악.mp3')을 삽입하시오.**
- 시작 시간 : 0.00, 재생 시간 : 29.00, 페이드 아웃: 3.00
- 재생 시간 설정 후 자르기 하여야 하며, 잘라진 뒷부분의 음악 파일은 삭제할 것

동영상 파일 저장	① [파일] – [프로젝트 전체저장]을 눌러서 저장 ② 저장위치 : [바탕화면] – [KAIT] – [제출파일]	
이미지 파일명	GMEP	dpi_03_수검번호_성명　※ 예시 : 수검번호가 DPI-2506-123456인 경우 "dpi_03_123456_성명"으로 저장할 것

※ 파일 확장자를 'GMDP'로 저장할 시에는 "0점" 처리됩니다.

제 17 회 디지털정보활용능력 출제예상 모의고사

작성 시간 / 시험 시간	채점 결과
분 / 40분	점 / 200점

◆ **시험과목 :** 멀티미디어제작(곰픽, 곰믹스)
◆ **시험일자 :** 20XX. XX. XX (토)
◆ **수검자 기재사항 및 감독위원 확인**

수검번호	DPI - XXXX -	감독위원 확인
성 명		

· 수험자 유의사항 ·

1. 수검자는 신분증을 지참하여야 시험에 응시할 수 있으며, 시험이 종료될 때까지 신분증을 제시하지 못 할 경우 해당 시험은 0점 처리됩니다.

2. 시스템(PC 작동 여부, 네트워크 상태 등)의 이상 여부를 반드시 확인하여야 하며, 시스템 이상이 있을 시 감독위원에게 조치를 받으셔야 합니다.

3. 시험 중 부주의 또는 고의로 시스템을 파손한 경우는 수검자 부담으로 합니다.

4. 답안 전송 프로그램을 통해 다운로드 받은 파일을 이용하여 답안 파일을 작성하시기 바랍니다.

5. 작성한 답안 파일은 답안 전송 프로그램을 통하여 전송됩니다. 감독위원의 지시에 따라 주시기 바랍니다.

6. 다음 사항의 경우 실격(0점) 혹은 부정행위 처리됩니다.
   1) 답안 파일을 저장하지 않았거나, 저장한 파일이 손상되었을 경우
   2) 답안 파일을 지정한 폴더(바탕화면 – "KAIT" 폴더)에 저장하지 않았을 경우
   ※ 답안 전송 프로그램 로그인 시 바탕화면에 자동 생성됨

7. 답안은 Gom Pic for DIAT와 Gom Mix for DIAT를 활용하여 작성하십시오.
   ※ Gom Mix for DIAT는 'DIAT 시험 프로젝트 생성하기'로 진입하여 작성하십시오.
   ※ Gom Mix for DIAT 답안 파일은 반드시 프로젝트 전체 저장으로 저장하십시오(미준수 시 0점 처리).

8. 시험지에 제시된 글꼴이 응시 프로그램에 없는 경우, 반드시 감독위원에게 해당 내용을 통보한 뒤 조치를 받아야 합니다.

9. 시험의 완료는 작성이 완료된 답안을 저장하고, 답안 전송이 완료된 상태를 확인한 것으로 합니다. 답안 전송 확인 후 문제지는 감독위원에게 제출한 후 퇴실하여야 합니다.

10. 답안 전송이 완료된 경우에는 수정 또는 정정이 불가능합니다.

11. 시험 시행 후 문제 공개 및 합격자 발표는 홈페이지(www.ihd.or.kr)에서 확인하시기 바랍니다.
    1) 문제 및 정답 공개 : 20XX. XX. XX.
    2) 합격자 발표 : 20XX. XX. XX.

KAIT 한국정보통신진흥협회
Korea Association for ICT Promotion

※ "Gom Pic for DIAT 프로그램"을 활용하여 [문제 1], [문제 2]를 작업하시오.

문제 Ⅰ　　원본파일을 처리조건에 따라 결과파일로 완성하시오.　　50점

원본파일	결과파일

≪ 처리조건 ≫

▶ 다음과 같이 캔버스를 설정하시오.
- 크기 ⇒ 너비(650 픽셀) × 높이(450 픽셀)

▶ '사진1.jpg' 이미지를 불러와 기존 캔버스에 복사한 후, 다음과 같이 처리하시오.
- 이미지 복사 ⇒ 크기 변형으로 캔버스 크기에 맞게 변형, 레이어 이름 - Home
- 밝기 조정 ⇒ 감마를 이용하여 이미지 조정 (어두운 영역 : 0.78, 미드톤 : 1.78)
- ① ⇒ 복제 도장을 이용하여 이미지 제거
- ② ⇒ 색조/채도를 이용하여 초록색 계열로 조정

▶ 도형 도구를 이용하여 다음과 같이 처리하시오.
- ③ ⇒ 사각형(크기 : 50 × 30), 채우기(색상 : 0ACE85), 혼합모드(곱하기, 불투명도 : 50)

▶ 지시사항이 없는 경우는 기본값을 적용하시오.

이미지 파일 저장	① [파일] – [내보내기]를 눌러서 저장 ② 저장위치 : [바탕화면] – [KAIT] – [제출파일]		
이미지 파일명	JPG	dpi_01_수검번호_성명	※ 예시 : 수검번호가 DPI-2506-123456인 경우 "dpi_01_123456_성명"으로 저장할 것
	GPDP	dpi_01_수검번호_성명	

※ 'JPG'와 'GPDP' 파일 중 하나라도 누락하여 저장할 시에는 "0점" 처리됩니다.

문제 2 ▶ 원본파일을 처리조건에 따라 결과파일로 완성하시오. **80점**

원본파일	결과파일

≪ 처리조건 ≫

▶ 다음과 같이 캔버스를 설정하시오.
- 크기 ⇒ 가로(600 픽셀) × 세로(400 픽셀)
- 배경 ⇒ 색상 : (31C21F)

▶ '사진2.jpg' 이미지를 불러와 기존 캔버스에 복사한 후, 다음과 같이 처리하시오.
- 이미지 복사 ⇒ 레이어 마스크 설정, 세로 방향으로 흐릿하게

▶ 도형 도구와 텍스트를 이용하여 다음과 같이 처리하시오.
- ① ⇒ 모서리가 둥근 사각형(크기 : 400 × 80), 그라데이션(색상 : 2B84E4 − 7FE5F1)
- 이야기가 있는 동네 ⇒ 글꼴(궁서), 글꼴 스타일(밑줄), 크기(30pt),
  채우기(색상 : FFFF7C), 외곽선(두께 : 5px, 색상 : D841DE)

▶ 도형 도구와 '사진3.jpg'를 이용하여 클리핑 마스크를 생성하시오.
- ② ⇒ 원형/타원형(크기 : 130 × 130), 외곽선(두께 : 5px, 색상 : FFE000)
  그림자(두께 : 5px, 거리 : 3px, 분산도 : 1px, 각도 : 190°)

▶ 지시사항이 없는 경우는 기본값을 적용하시오.

이미지 파일 저장	① [파일] − [내보내기]를 눌러서 저장 ② 저장위치 : [바탕화면] − [KAIT] − [제출파일]	
이미지 파일명	JPG	dpi_02_수검번호_성명	※ 예시 : 수검번호가 DPI-2506-123456인 경우 "**dpi_02_123456_성명**"으로 저장할 것
	GPDP	dpi_02_수검번호_성명	

※ 'JPG'와 'GPDP' 파일 중 하나라도 누락하여 저장할 시에는 "0점" 처리됩니다.

※ "Gom Mix for DIAT 프로그램"을 활용하여 [문제 3]을 작업하시오.

문제 3　　처리조건에 따라 출력형태와 같이 완성하시오.　　**70점**

≪ 출력형태 ≫

≪ 처리조건 ≫

원본파일	이미지1.jpg, 이미지2.jpg, 이미지3.jpg, 동영상.mp4, 음악.mp3

▶ 미디어 소스의 순서를 다음과 같이 지정하시오.
- 미디어 소스 순서 ⇒ 동영상.mp4 > 이미지3.jpg > 이미지1.jpg > 이미지2.jpg

▶ 동영상 파일('동영상.mp4')을 다음과 같이 처리하시오.
- 배속 : 1.3x　　• 자르기 : 시작 시간(0.00), 재생 시간(12.20)　　• 이펙트 : 이미지 보정-그런지 스탬프(강도 : 10, 경곗값 : 30)
- 텍스트 ⇒ 텍스트 입력 :　재미있는 캐릭터
  텍스트 서식 : 기본자막(돋움체, 크기 96, ff8e24), 윤곽선 설정(없음), 위치 설정(화면 정가운데 아래), 시작 시간(5.00), 클립 길이(5.29)
- 재생 속도 설정 후 자르기를 하여야 하며, 잘라진 뒷부분의 동영상 및 트랙의 모든 공백을 삭제할 것
- 원본 동영상에 포함된 오디오는 모두 음소거 할 것

▶ 이미지 파일을 다음과 같이 처리하시오.
- '이미지3.jpg' ⇒ 이미지 클립 길이 : 5.00, 오버레이 : 색종이 조각(크기 : 8),
  클립 트랜지션 : 세로 나누기(오버랩, 재생 시간 : 1.00)
- '이미지1.jpg' ⇒ 이미지 클립 길이 : 5.00, 오버레이 : 좋아요(개수/양 : 80),
  클립 트랜지션 : 가로 나누기(오버랩, 재생 시간 : 2.00)
- '이미지2.jpg' ⇒ 이미지 클립 길이 : 6.00, 오버레이 : 영롱한(밝기 강도 : 80),
  클립 트랜지션 : 십자형 나누기(앞으로 이동, 재생 시간 : 1.00)
- 지시사항이 없는 경우는 기본 값을 적용하시오.

▶ 다음 조건에 따라 동영상 시작 부분의 텍스트를 지정하시오.
- 텍스트 입력 :　토피어리로 만든 캐릭터
  　　　　　　　　(Topiary art)
  텍스트 서식(굴림체, 크기 144, ffff02), 윤곽선 설정(색상 : 000000, 두께 : 20),
  나타나기(오른쪽으로 닦아내기, 지속 시간 : 2.00), 시작 시간(0.00), 클립 길이(4.00)

▶ 다음 조건에 따라 동영상 전체에 음악 파일('음악.mp3')을 삽입하시오.
- 시작 시간 : 0.00, 재생 시간 : 27.20, 페이드 아웃 : 1.00
- 재생 시간 설정 후 자르기 하여야 하며, 잘라진 뒷부분의 음악 파일은 삭제할 것

동영상 파일 저장	① [파일] - [프로젝트 전체저장]을 눌러서 저장　② 저장위치 : [바탕화면] - [KAIT] - [제출파일]	
이미지 파일명	GMEP　dpi_03_수검번호_성명	※ 예시 : 수검번호가 DPI-2506-123456인 경우 "dpi_03_123456_성명"으로 저장할 것

※ 파일 확장자를 'GMDP'로 저장할 시에는 "0점" 처리됩니다.

작성 시간 / 시험 시간	채점 결과
분 / 40분	점 / 200점

◆ **시험과목 :** 멀티미디어제작(곰픽, 곰믹스)
◆ **시험일자 :** 20XX. XX. XX (토)
◆ **수검자 기재사항 및 감독위원 확인**

수 검 번 호	DPI – XXXX –	감독위원 확인
성 명		

· 수험자 유의사항 ·

1. 수검자는 신분증을 지참하여야 시험에 응시할 수 있으며, 시험이 종료될 때까지 신분증을 제시하지 못 할 경우 해당 시험은 0점 처리됩니다.

2. 시스템(PC 작동 여부, 네트워크 상태 등)의 이상 여부를 반드시 확인하여야 하며, 시스템 이상이 있을 시 감독위원에게 조치를 받으셔야 합니다.

3. 시험 중 부주의 또는 고의로 시스템을 파손한 경우는 수검자 부담으로 합니다.

4. 답안 전송 프로그램을 통해 다운로드 받은 파일을 이용하여 답안 파일을 작성하시기 바랍니다.

5. 작성한 답안 파일은 답안 전송 프로그램을 통하여 전송됩니다. 감독위원의 지시에 따라 주시기 바랍니다.

6. 다음 사항의 경우 실격(0점) 혹은 부정행위 처리됩니다.
   1) 답안 파일을 저장하지 않았거나, 저장한 파일이 손상되었을 경우
   2) 답안 파일을 지정한 폴더(바탕화면 – "KAIT" 폴더)에 저장하지 않았을 경우
   ※ 답안 전송 프로그램 로그인 시 바탕화면에 자동 생성됨

7. 답안은 Gom Pic for DIAT와 Gom Mix for DIAT를 활용하여 작성하십시오.
   ※ Gom Mix for DIAT는 'DIAT 시험 프로젝트 생성하기'로 진입하여 작성하십시오.
   ※ Gom Mix for DIAT 답안 파일은 반드시 프로젝트 전체 저장으로 저장하십시오(미준수 시 0점 처리).

8. 시험지에 제시된 글꼴이 응시 프로그램에 없는 경우, 반드시 감독위원에게 해당 내용을 통보한 뒤 조치를 받아야 합니다.

9. 시험의 완료는 작성이 완료된 답안을 저장하고, 답안 전송이 완료된 상태를 확인한 것으로 합니다. 답안 전송 확인 후 문제지는 감독위원에게 제출한 후 퇴실하여야 합니다.

10. 답안 전송이 완료된 경우에는 수정 또는 정정이 불가능합니다.

11. 시험 시행 후 문제 공개 및 합격자 발표는 홈페이지(www.ihd.or.kr)에서 확인하시기 바랍니다.
    1) 문제 및 정답 공개 : 20XX. XX. XX.
    2) 합격자 발표 : 20XX. XX. XX.

KAIT 한국정보통신진흥협회
Korea Association for ICT Promotion

※ "Gom Pic for DIAT 프로그램"을 활용하여 [문제 1], [문제 2]를 작업하시오.

문제 I 　원본파일을 처리조건에 따라 결과파일로 완성하시오.　　**50점**

원본파일	결과파일

≪ 처리조건 ≫

▶ 다음과 같이 캔버스를 설정하시오.
  - 크기 ⇒ 너비(650 픽셀) × 높이(450 픽셀)

▶ '사진1.jpg' 이미지를 불러와 기존 캔버스에 복사한 후, 다음과 같이 처리하시오.
  - 이미지 복사 ⇒ 크기 변형으로 캔버스 크기에 맞게 변형, 레이어 이름 - Photo
  - 밝기 조정 ⇒ 노출을 이용하여 이미지 조정 (노출 : 10)
  - ① ⇒ 복제 도장을 이용하여 이미지 복사
  - ② ⇒ 세피아를 이용하여 초록색 계열로 조정

▶ 도형 도구를 이용하여 다음과 같이 처리하시오.
  - ③ ⇒ 원형/타원형(크기 : 100 × 100), 채우기(색상 : 2CDC67), 혼합모드(추가, 불투명도 : 50)

▶ 지시사항이 없는 경우는 기본값을 적용하시오.

이미지 파일 저장	① [파일] – [내보내기]를 눌러서 저장 ② 저장위치 : [바탕화면] – [KAIT] – [제출파일]		
이미지 파일명	JPG	dpi_01_수검번호_성명	※ 예시 : 수검번호가 DPI-2506-123456인 경우
	GPDP	dpi_01_수검번호_성명	"dpi_01_123456_성명"으로 저장할 것

※ 'JPG'와 'GPDP' 파일 중 하나라도 누락하여 저장할 시에는 "0점" 처리됩니다.

문제 2　　원본파일을 처리조건에 따라 결과파일로 완성하시오.　　**80점**

원본파일	결과파일

≪ 처리조건 ≫

▶ 다음과 같이 캔버스를 설정하시오.
- 크기 ⇒ 가로(600 픽셀) × 세로(300 픽셀)
- 배경 ⇒ 색상 : (133B9B)

▶ '사진2.jpg' 이미지를 불러와 기존 캔버스에 복사한 후, 다음과 같이 처리하시오.
- 이미지 복사 ⇒ 레이어 마스크 설정, 가로 방향으로 흐릿하게

▶ 도형 도구와 텍스트를 이용하여 다음과 같이 처리하시오.
- ① ⇒ 사각형(크기 : 270 × 80), 그라데이션(색상 : 780606 – CD8C2D)
- 차이나타운 ⇒ 글꼴(궁서체), 글꼴 스타일(굵게), 크기(32pt),
  채우기(색상 : BFF9B5), 외곽선(두께 : 3px, 색상 : 000000)

▶ 도형 도구와 '사진3.jpg'를 이용하여 클리핑 마스크를 생성하시오.
- ② ⇒ 모서리가 둥근 사각형(크기 : 140 × 100), 외곽선(두께 : 6px, 색상 : 8C2798)
  그림자(두께 : 4px, 거리 : 2px, 분산도 : 2px, 각도 : 350°)

▶ 지시사항이 없는 경우는 기본값을 적용하시오.

이미지 파일 저장	① [파일] – [내보내기]를 눌러서 저장 ② 저장위치 : [바탕화면] – [KAIT] – [제출파일]	
이미지 파일명	JPG	dpi_02_수검번호_성명	※ 예시 : 수검번호가 DPI-2506-123456인 경우
	GPDP	dpi_02_수검번호_성명	"dpi_02_123456_성명"으로 저장할 것

※ 'JPG'와 'GPDP' 파일 중 하나라도 누락하여 저장 시에는 "0점" 처리됩니다.

※ "Gom Mix for DIAT 프로그램"을 활용하여 [문제 3]을 작업하시오.

문제 3   처리조건에 따라 출력형태와 같이 완성하시오.   **70점**

≪ 출력형태 ≫

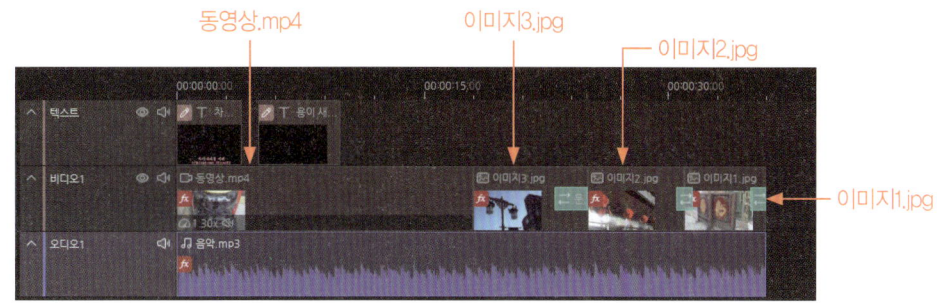

≪ 처리조건 ≫

원본파일	이미지1.jpg, 이미지2.jpg, 이미지3.jpg, 동영상.mp4, 음악.mp3

▶ **미디어 소스의 순서를 다음과 같이 지정하시오.**
- 미디어 소스 순서 ⇒ 동영상.mp4 > 이미지3.jpg > 이미지2.jpg > 이미지1.jpg

▶ **동영상 파일('동영상.mp4')을 다음과 같이 처리하시오.**
- 배속 : 1.3x   • 자르기 : 시작 시간(0.00), 재생 시간(18.00)   • 이펙트 : LUT 필터-맑은 햇살-맑은 햇살 03(노출 : 5, 감마 : 0.5)
- 텍스트 ⇒ 텍스트 입력 : 용이 새겨진 기둥
  텍스트 서식 : 기본자막(돋움체, 크기 96, f8994c), 윤곽선 설정(없음), 위치 설정(화면 정가운데 아래), 시작 시간(5.00), 클립 길이(5.00)
- 재생 속도 설정 후 자르기를 하여야 하며, 잘라진 뒷부분의 동영상 및 트랙의 모든 공백을 삭제할 것
- 원본 동영상에 포함된 오디오는 모두 음소거 할 것

▶ **이미지 파일을 다음과 같이 처리하시오.**
- '이미지3.jpg' ⇒ 이미지 클립 길이 : 7.00, 오버레이 : 스페이스 01(속도 : 7),
                 클립 트랜지션 : 문 열기(앞으로 이동, 재생 시간 : 2.00)
- '이미지2.jpg' ⇒ 이미지 클립 길이 : 6.00, 오버레이 : 레디얼 라이트(노출 : -50),
                 클립 트랜지션 : 마름모 열기(오버랩, 재생 시간 : 1.00)
- '이미지1.jpg' ⇒ 이미지 클립 길이 : 5.00, 오버레이 : 비누 방울(개수/양 : 5, 크기 : 8),
                 클립 트랜지션 : 문 닫기(앞으로 이동, 재생 시간 : 1.00)
- 지시사항이 없는 경우는 기본 값을 적용하시오.

▶ **다음 조건에 따라 동영상 시작 부분의 텍스트를 지정하시오.**
- 텍스트 입력 : 차이나타운 거리 (Chinatown Street)

  텍스트 서식(궁서, 크기 144, fccff8), 윤곽선 설정(색상 : 990000, 두께 : 20),
  나타나기(클립 왼쪽으로 나타나기, 지속 시간 : 2.00), 시작 시간(0.00), 클립 길이(4.00)

▶ **다음 조건에 따라 동영상 전체에 음악 파일('음악.mp3')을 삽입하시오.**
- 시작 시간 : 0.00, 재생 시간 : 36.00, 페이드 아웃 : 2.00
- 재생 시간 설정 후 자르기 하여야 하며, 잘라진 뒷부분의 음악 파일은 삭제할 것

동영상 파일 저장	① [파일] – [프로젝트 전체저장]을 눌러서 저장 ② 저장위치 : [바탕화면] – [KAIT] – [제출파일]	
이미지 파일명	GMEP	dpi_03_수검번호_성명 ※ 예시 : 수검번호가 DPI-2506-123456인 경우 "dpi_03_123456_성명"으로 저장할 것

※ 파일 확장자를 'GMDP'로 저장할 시에는 "0점" 처리됩니다.

제 19 회 디지털정보활용능력 출제예상 모의고사

작성 시간 / 시험 시간	채점 결과
분 / 40분	점 / 200점

◆ **시험과목 :** 멀티미디어제작(곰픽, 곰믹스)
◆ **시험일자 :** 20XX. XX. XX (토)
◆ **수검자 기재사항 및 감독위원 확인**

수 검 번 호	DPI – XXXX –	감독위원 확인
성 명		

· 수험자 유의사항 ·

1. 수검자는 신분증을 지참하여야 시험에 응시할 수 있으며, 시험이 종료될 때까지 신분증을 제시하지 못 할 경우 해당 시험은 0점 처리됩니다.

2. 시스템(PC 작동 여부, 네트워크 상태 등)의 이상 여부를 반드시 확인하여야 하며, 시스템 이상이 있을 시 감독위원에게 조치를 받으셔야 합니다.

3. 시험 중 부주의 또는 고의로 시스템을 파손한 경우는 수검자 부담으로 합니다.

4. 답안 전송 프로그램을 통해 다운로드 받은 파일을 이용하여 답안 파일을 작성하시기 바랍니다.

5. 작성한 답안 파일은 답안 전송 프로그램을 통하여 전송됩니다. 감독위원의 지시에 따라 주시기 바랍니다.

6. 다음 사항의 경우 실격(0점) 혹은 부정행위 처리됩니다.
   1) 답안 파일을 저장하지 않았거나, 저장한 파일이 손상되었을 경우
   2) 답안 파일을 지정한 폴더(바탕화면 – "KAIT" 폴더)에 저장하지 않았을 경우
   ※ 답안 전송 프로그램 로그인 시 바탕화면에 자동 생성됨

7. 답안은 Gom Pic for DIAT와 Gom Mix for DIAT를 활용하여 작성하십시오.
   ※ Gom Mix for DIAT는 'DIAT 시험 프로젝트 생성하기'로 진입하여 작성하십시오.
   ※ Gom Mix for DIAT 답안 파일은 반드시 프로젝트 전체 저장으로 저장하십시오(미준수 시 0점 처리).

8. 시험지에 제시된 글꼴이 응시 프로그램에 없는 경우, 반드시 감독위원에게 해당 내용을 통보한 뒤 조치를 받아야 합니다.

9. 시험의 완료는 작성이 완료된 답안을 저장하고, 답안 전송이 완료된 상태를 확인한 것으로 합니다. 답안 전송 확인 후 문제지는 감독위원에게 제출한 후 퇴실하여야 합니다.

10. 답안 전송이 완료된 경우에는 수정 또는 정정이 불가능합니다.

11. 시험 시행 후 문제 공개 및 합격자 발표는 홈페이지(www.ihd.or.kr)에서 확인하시기 바랍니다.
    1) 문제 및 정답 공개 : 20XX. XX. XX.
    2) 합격자 발표 : 20XX. XX. XX.

※ "Gom Pic for DIAT 프로그램"을 활용하여 [문제 1], [문제 2]를 작업하시오.

문제 I | 원본파일을 처리조건에 따라 결과파일로 완성하시오.   **50점**

원본파일	결과파일

① ② ③

≪ 처리조건 ≫

▶ 다음과 같이 캔버스를 설정하시오.
- 크기 ⇒ 너비(500 픽셀) × 높이(400 픽셀)

▶ '사진1.jpg' 이미지를 불러와 기존 캔버스에 복사한 후, 다음과 같이 처리하시오.
- 이미지 복사 ⇒ 크기 변형으로 캔버스 크기에 맞게 변형, 레이어 이름 - Flower
- 밝기 조정 ⇒ 밝기/대비를 이용하여 이미지 조정 (밝기 : 10, 대비 : 4)
- ① ⇒ 복제 도장을 이용하여 이미지 제거
- ② ⇒ 색조/채도를 이용하여 파란색 계열로 조정

▶ 도형 도구를 이용하여 다음과 같이 처리하시오.
- ③ ⇒ 사각형(크기 : 80 × 15), 채우기(색상 : 9040E6), 혼합모드(곱하기, 불투명도 : 50)

▶ 지시사항이 없는 경우는 기본값을 적용하시오.

이미지 파일 저장	① [파일] – [내보내기]를 눌러서 저장		
	② 저장위치 : [바탕화면] – [KAIT] – [제출파일]		
이미지 파일명	JPG	dpi_01_수검번호_성명	※ 예시 : 수검번호가 DPI-2506-123456인 경우
	GPDP	dpi_01_수검번호_성명	"dpi_01_123456_성명"으로 저장할 것

※ 'JPG'와 'GPDP' 파일 중 하나라도 누락하여 저장 시에는 "0점" 처리됩니다.

문제 2   원본파일을 처리조건에 따라 결과파일로 완성하시오.   **80점**

원본파일	결과파일

≪ 처리조건 ≫

▶ 다음과 같이 캔버스를 설정하시오.
  - 크기 ⇒ 가로(650 픽셀) × 세로(450 픽셀)
  - 배경 ⇒ 색상 : (BA61CE)

▶ '사진2.jpg' 이미지를 불러와 기존 캔버스에 복사한 후, 다음과 같이 처리하시오.
  - 이미지 복사 ⇒ 레이어 마스크 설정, 세로 방향으로 흐릿하게

▶ 도형 도구와 텍스트를 이용하여 다음과 같이 처리하시오.
  - ① ⇒ 모서리가 둥근 사각형(크기 : 300 × 70), 그라데이션(색상 : 3173A1 - 121867)
  - Lock of Love ⇒ 글꼴(Arial), 글꼴 스타일(굵게, 기울임꼴), 크기(30pt),
    채우기(색상 : E6B4E9), 외곽선(두께 : 6px, 색상 : 6F064A)

▶ 도형 도구와 '사진3.jpg'를 이용하여 클리핑 마스크를 생성하시오.
  - ② ⇒ 원형/타원형(크기 : 150 × 150), 외곽선(두께 : 7px, 색상 : BA1081)
    그림자(두께 : 5px, 거리 : 2px, 분산도 : 2px, 각도 : 200°)

▶ 지시사항이 없는 경우는 기본값을 적용하시오.

이미지 파일 저장	① [파일] – [내보내기]를 눌러서 저장 ② 저장위치 : [바탕화면] – [KAIT] – [제출파일]	
이미지 파일명	JPG	dpi_02_수검번호_성명	※ 예시 : 수검번호가 DPI-2506-123456인 경우
	GPDP	dpi_02_수검번호_성명	"dpi_02_123456_성명"으로 저장할 것

※ 'JPG'와 'GPDP' 파일 중 하나라도 누락하여 저장할 시에는 "0점" 처리됩니다.

※ "Gom Mix for DIAT 프로그램"을 활용하여 [문제 3]을 작업하시오.

문제 3   처리조건에 따라 출력형태와 같이 완성하시오.   70점

≪ 출력형태 ≫

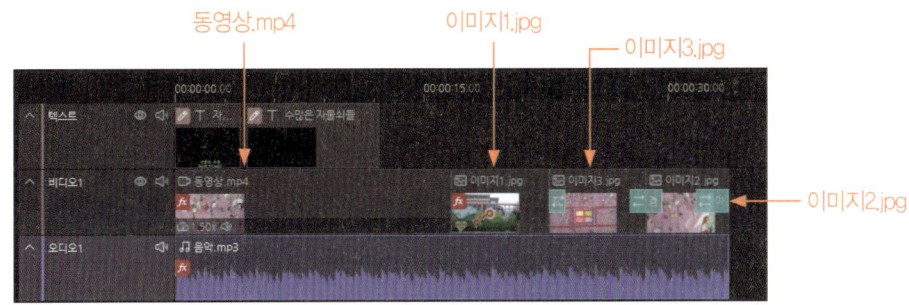

≪ 처리조건 ≫

원본파일	이미지1.jpg, 이미지2.jpg, 이미지3.jpg, 동영상.mp4, 음악.mp3

▶ 미디어 소스의 순서를 다음과 같이 지정하시오.
- 미디어 소스 순서 ⇒ 동영상.mp4 > 이미지1.jpg > 이미지3.jpg > 이미지2.jpg

▶ 동영상 파일('동영상.mp4')을 다음과 같이 처리하시오.
- 배속 : 1.5x   • 자르기 : 시작 시간(0.00), 재생 시간(16.20)   • 이펙트 : LUT 필터-파스텔-파스텔 08(노출 : 3, 감마 : 1.5)
- 텍스트 ⇒ 텍스트 입력 : ┃ 수많은 자물쇠들 ┃
  텍스트 서식 : 기본자막(돋움, 크기 88, 680000), 윤곽선 설정(없음), 위치 설정(화면 정가운데 아래), 시작 시간(4.10), 클립 길이(8.00)
- 재생 속도 설정 후 자르기를 하여야 하며, 잘라진 뒷부분의 동영상 및 트랙의 모든 공백을 삭제할 것
- 원본 동영상에 포함된 오디오는 모두 음소거 할 것

▶ 이미지 파일을 다음과 같이 처리하시오.
- '이미지1.jpg' ⇒ 이미지 클립 길이 : 6.00, 오버레이 : 가랜드(줄 색상 : 3b3dff),
  클립 트랜지션 : 흰색 페이드(뒤로 이동, 재생 시간 : 1.00)
- '이미지3.jpg' ⇒ 이미지 클립 길이 : 6.00, 오버레이 : 떨림(개수/양 : 70, 속도 : 8),
  클립 트랜지션 : 검정색 페이드(오버랩, 재생 시간 : 2.00)
- '이미지2.jpg' ⇒ 이미지 클립 길이 : 5.00, 오버레이 : 원형 비넷(반경 : 70, 페더 : 60),
  클립 트랜지션 : 아래로 덮기(앞으로 이동, 재생 시간 : 2.00)
- 지시사항이 없는 경우는 기본 값을 적용하시오.

▶ 다음 조건에 따라 동영상 시작 부분의 텍스트를 지정하시오.
- 텍스트 입력 : ┃ 자물쇠 마을
(Lock Vilage) ┃

  텍스트 서식(궁서체, 크기 144, 1f5617), 윤곽선 설정(색상 : 43b335, 두께 : 30),
  나타나기(클립 오른쪽에서 나타나기, 지속 시간 : 2.00), 시작 시간(0.00), 클립 길이(4.00)

▶ 다음 조건에 따라 동영상 전체에 음악 파일('음악.mp3')을 삽입하시오.
- 시작 시간 : 0.00, 재생 시간 : 33.20, 페이드 인 : 2.00
- 재생 시간 설정 후 자르기 하여야 하며, 잘라진 뒷부분의 음악 파일은 삭제할 것

동영상 파일 저장	① [파일] – [프로젝트 전체저장]을 눌러서 저장 ② 저장위치 : [바탕화면] – [KAIT] – [제출파일]	
이미지 파일명	GMEP	dpi_03_수검번호_성명 ※ 예시 : 수검번호가 DPI-2506-123456인 경우 "dpi_03_123456_성명"으로 저장할 것

※ 파일 확장자를 'GMDP'로 저장할 시에는 "0점" 처리됩니다.

작성 시간 / 시험 시간	채점 결과
분 / 40분	점 / 200점

◆ **시험과목** : 멀티미디어제작(곰픽, 곰믹스)

◆ **시험일자** : 20XX. XX. XX (토)

◆ **수검자 기재사항 및 감독위원 확인**

수검번호	DPI – XXXX –	감독위원 확인
성 명		

· 수험자 유의사항 ·

1. 수검자는 신분증을 지참하여야 시험에 응시할 수 있으며, 시험이 종료될 때까지 신분증을 제시하지 못 할 경우 해당 시험은 0점 처리됩니다.

2. 시스템(PC 작동 여부, 네트워크 상태 등)의 이상 여부를 반드시 확인하여야 하며, 시스템 이상이 있을 시 감독위원에게 조치를 받으셔야 합니다.

3. 시험 중 부주의 또는 고의로 시스템을 파손한 경우는 수검자 부담으로 합니다.

4. 답안 전송 프로그램을 통해 다운로드 받은 파일을 이용하여 답안 파일을 작성하시기 바랍니다.

5. 작성한 답안 파일은 답안 전송 프로그램을 통하여 전송됩니다. 감독위원의 지시에 따라 주시기 바랍니다.

6. 다음 사항의 경우 실격(0점) 혹은 부정행위 처리됩니다.
   1) 답안 파일을 저장하지 않았거나, 저장한 파일이 손상되었을 경우
   2) 답안 파일을 지정한 폴더(바탕화면 – "KAIT" 폴더)에 저장하지 않았을 경우
   ※ 답안 전송 프로그램 로그인 시 바탕화면에 자동 생성됨

7. 답안은 Gom Pic for DIAT와 Gom Mix for DIAT를 활용하여 작성하십시오.
   ※ Gom Mix for DIAT는 'DIAT 시험 프로젝트 생성하기'로 진입하여 작성하십시오.
   ※ Gom Mix for DIAT 답안 파일은 반드시 프로젝트 전체 저장으로 저장하십시오(미준수 시 0점 처리).

8. 시험지에 제시된 글꼴이 응시 프로그램에 없는 경우, 반드시 감독위원에게 해당 내용을 통보한 뒤 조치를 받아야 합니다.

9. 시험의 완료는 작성이 완료된 답안을 저장하고, 답안 전송이 완료된 상태를 확인한 것으로 합니다. 답안 전송 확인 후 문제지는 감독위원에게 제출한 후 퇴실하여야 합니다.

10. 답안 전송이 완료된 경우에는 수정 또는 정정이 불가능합니다.

11. 시험 시행 후 문제 공개 및 합격자 발표는 홈페이지(www.ihd.or.kr)에서 확인하시기 바랍니다.
    1) 문제 및 정답 공개 : 20XX. XX. XX.
    2) 합격자 발표 : 20XX. XX. XX.

KAIT 한국정보통신진흥협회
Korea Association for ICT Promotion

※ "Gom Pic for DIAT 프로그램"을 활용하여 [문제 1], [문제 2]를 작업하시오.

문제 I ▶ 원본파일을 처리조건에 따라 결과파일로 완성하시오.　　　　50점

원본파일	결과파일
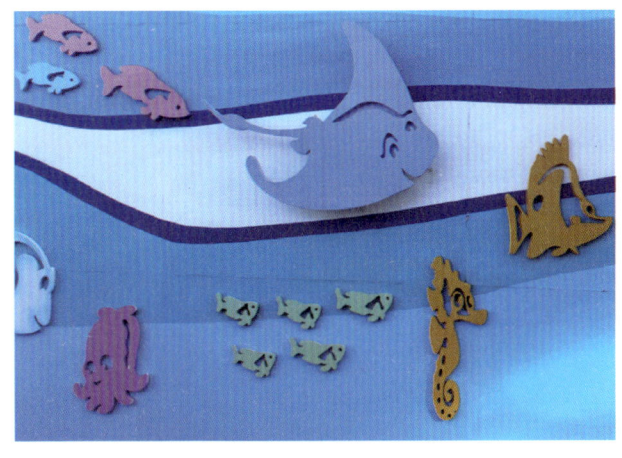	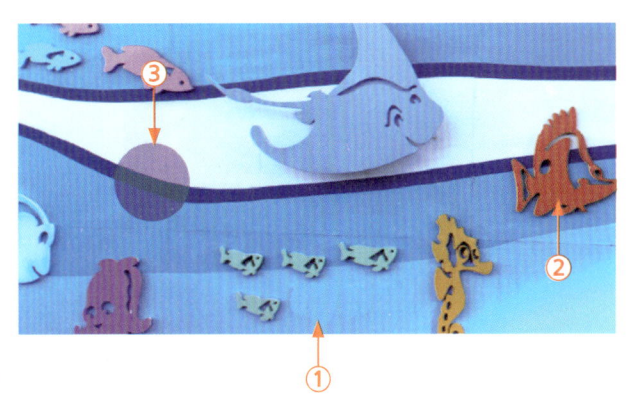

≪ 처리조건 ≫

▶ 다음과 같이 캔버스를 설정하시오.
  - 크기 ⇒ 너비(600 픽셀) × 높이(300 픽셀)

▶ '사진1.jpg' 이미지를 불러와 기존 캔버스에 복사한 후, 다음과 같이 처리하시오.
  - 이미지 복사 ⇒ 크기 변형으로 캔버스 크기에 맞게 변형. 레이어 이름 - Sea
  - 밝기 조정 ⇒ 노출을 이용하여 이미지 조정 (노출 : 30)
  - ① ⇒ 복제 도장을 이용하여 이미지 제거
  - ② ⇒ 색조/채도를 이용하여 빨간색 계열로 조정

▶ 도형 도구를 이용하여 다음과 같이 처리하시오.
  - ③ ⇒ 원형/타원형(크기 : 75 × 75), 채우기(색상 : 72D448), 혼합모드(차이, 불투명도 : 50)

▶ 지시사항이 없는 경우는 기본값을 적용하시오.

이미지 파일 저장	① [파일] – [내보내기]를 눌러서 저장 ② 저장위치 : [바탕화면] – [KAIT] – [제출파일]	
이미지 파일명	**JPG** · dpi_01_수검번호_성명	※ 예시 : 수검번호가 DPI–2506–123456인 경우 **"dpi_01_123456_성명"**으로 저장할 것
	GPDP dpi_01_수검번호_성명	

※ 'JPG'와 'GPDP' 파일 중 하나라도 누락하여 저장할 시에는 "0점" 처리됩니다.

문제 2 원본파일을 처리조건에 따라 결과파일로 완성하시오.   **80점**

원본파일	결과파일

≪ 처리조건 ≫

▶ 다음과 같이 캔버스를 설정하시오.
   • 크기 ⇒ 가로(600 픽셀) × 세로(400 픽셀)
   • 배경 ⇒ 색상 : (090355)

▶ '사진2.jpg' 이미지를 불러와 기존 캔버스에 복사한 후, 다음과 같이 처리하시오.
   • 이미지 복사 ⇒ 레이어 마스크 설정, 대각선 방향으로 흐릿하게

▶ 도형 도구와 텍스트를 이용하여 다음과 같이 처리하시오.
   • ① ⇒ 사각형(크기 : 250 × 70), 그라데이션(색상 : 2B8632 – 7BE997)
   • Sea Story ⇒ 글꼴(Arial), 글꼴 스타일(굵게), 크기(30pt),
                    채우기(색상 : E7E26B), 외곽선(두께 : 8px, 색상 : 1F336D)

▶ 도형 도구와 '사진3.jpg'를 이용하여 클리핑 마스크를 생성하시오.
   • ② ⇒ 모서리가 둥근 사각형(크기 : 150 × 130), 외곽선(두께 : 5px, 색상 : 2D4888)
          그림자(두께 : 8px, 거리 : 3px, 분산도 : 3px, 각도 : 130˚)

▶ 지시사항이 없는 경우는 기본값을 적용하시오.

이미지 파일 저장	① [파일] – [내보내기]를 눌러서 저장 ② 저장위치 : [바탕화면] – [KAIT] – [제출파일]	
이미지 파일명	JPG	dpi_02_수검번호_성명	※ 예시 : 수검번호가 DPI-2506-123456인 경우
	GPDP	dpi_02_수검번호_성명	"dpi_02_123456_성명"으로 저장할 것

※ 'JPG'와 'GPDP' 파일 중 하나라도 누락하여 저장할 시에는 "0점" 처리됩니다.

※ "Gom Mix for DIAT 프로그램"을 활용하여 [문제 3]을 작업하시오.

문제 3   처리조건에 따라 출력형태와 같이 완성하시오.   **70점**

≪ 출력형태 ≫

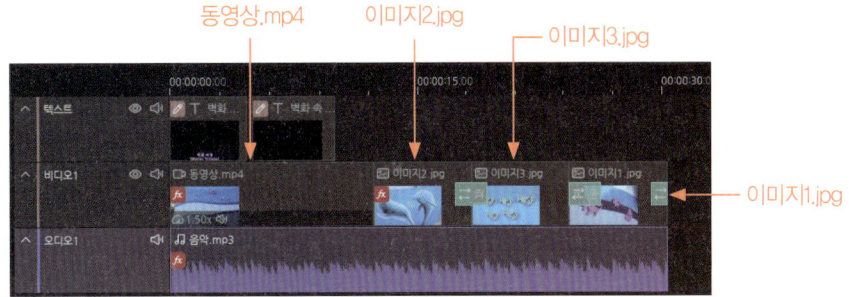

≪ 처리조건 ≫

원본파일	이미지1.jpg, 이미지2.jpg, 이미지3.jpg, 동영상.mp4, 음악.mp3

▶ 미디어 소스의 순서를 다음과 같이 지정하시오.
- 미디어 소스 순서 ⇒ 동영상.mp4 > 이미지2.jpg > 이미지3.jpg > 이미지1.jpg

▶ 동영상 파일('동영상.mp4')을 다음과 같이 처리하시오.
- 배속 : 1.5x   • 자르기 : 시작 시간(0.00), 재생 시간(12.10)   • 이펙트 : LUT 필터-카메라 필름-카메라 필름 07(노출 : 5, 감마 : 0.5)
- 텍스트 ⇒ 텍스트 입력 : 벽화 속 바다생물
  텍스트 서식 : 기본자막(바탕체, 크기 88, 000000), 윤곽선 설정(없음), 위치 설정(화면 정가운데 아래), 시작 시간(5.00), 클립 길이(5.00)
- 재생 속도 설정 후 자르기를 하여야 하며, 잘라진 뒷부분의 동영상 및 트랙의 모든 공백을 삭제할 것
- 원본 동영상에 포함된 오디오는 모두 음소거 할 것

▶ 이미지 파일을 다음과 같이 처리하시오.
- '이미지2.jpg' ⇒ 이미지 클립 길이 : 6.00, 오버레이 : 내려앉는(속도 : 8),
  클립 트랜지션 : 디졸브(오버랩, 재생 시간 : 2.00)
- '이미지3.jpg' ⇒ 이미지 클립 길이 : 6.00, 오버레이 : 영롱한(크기 : 6),
  클립 트랜지션 : 문 열기(뒤로 이동, 재생 시간 : 2.00)
- '이미지1.jpg' ⇒ 이미지 클립 길이 : 6.00, 오버레이 : 사각 비넷(페더 : 60),
  클립 트랜지션 : 문 닫기(앞으로 이동, 재생 시간 : 1.00)
- 지시사항이 없는 경우는 기본 값을 적용하시오.

▶ 다음 조건에 따라 동영상 시작 부분의 텍스트를 지정하시오.
- 텍스트 입력 : 벽화 마을
  (Mural Vilage)

  텍스트 서식(궁서, 크기 144, e9cffe), 윤곽선 설정(색상 : 6900af, 두께 : 20),
  나타나기(커지면서 나타나기, 지속 시간 : 3.00), 시작 시간(0.00), 클립 길이(4.20)

▶ 다음 조건에 따라 동영상 전체에 음악 파일('음악.mp3')을 삽입하시오.
- 시작 시간 : 0.00, 재생 시간 : 30.10, 페이드 인 : 3.00
- 재생 시간 설정 후 자르기 하여야 하며, 잘라진 뒷부분의 음악 파일은 삭제할 것

동영상 파일 저장	① [파일] – [프로젝트 전체저장]을 눌러서 저장 ② 저장위치 : [바탕화면] – [KAIT] – [제출파일]	
이미지 파일명	GMEP	dpi_03_수검번호_성명 ※ 예시 : 수검번호가 DPI-2506-123456인 경우 "dpi_03_123456_성명"으로 저장할 것

※ 파일 확장자를 'GMDP'로 저장할 시에는 "0점" 처리됩니다.

MEMO

PART 06
최신유형 기출문제

제 01 회 디지털정보활용능력 최신유형 기출문제

작성 시간 / 시험 시간	채점 결과
분 / 40분	점 / 200점

◆ **시험과목** : 멀티미디어제작(곰픽, 곰믹스)

◆ **시험일자** : 20XX. XX. XX (토)

◆ **수검자 기재사항 및 감독위원 확인**

수 검 번 호	DPI - XXXX -	감독위원 확인
성 명		

· 수험자 유의사항 ·

1. 수검자는 신분증을 지참하여야 시험에 응시할 수 있으며, 시험이 종료될 때까지 신분증을 제시하지 못 할 경우 해당 시험은 0점 처리됩니다.

2. 시스템(PC 작동 여부, 네트워크 상태 등)의 이상 여부를 반드시 확인하여야 하며, 시스템 이상이 있을 시 감독위원에게 조치를 받으셔야 합니다.

3. 시험 중 부주의 또는 고의로 시스템을 파손한 경우는 수검자 부담으로 합니다.

4. 답안 전송 프로그램을 통해 다운로드 받은 파일을 이용하여 답안 파일을 작성하시기 바랍니다.

5. 작성한 답안 파일은 답안 전송 프로그램을 통하여 전송됩니다. 감독위원의 지시에 따라 주시기 바랍니다.

6. 다음 사항의 경우 실격(0점) 혹은 부정행위 처리됩니다.
   1) 답안 파일을 저장하지 않았거나, 저장한 파일이 손상되었을 경우
   2) 답안 파일을 지정한 폴더(바탕화면 – "KAIT" 폴더)에 저장하지 않았을 경우
   ※ 답안 전송 프로그램 로그인 시 바탕화면에 자동 생성됨

7. 답안은 Gom Pic for DIAT와 Gom Mix for DIAT를 활용하여 작성하십시오.
   ※ Gom Mix for DIAT는 'DIAT 시험 프로젝트 생성하기'로 진입하여 작성하십시오.
   ※ Gom Mix for DIAT 답안 파일은 반드시 프로젝트 전체 저장으로 저장하십시오(미준수 시 0점 처리).

8. 시험지에 제시된 글꼴이 응시 프로그램에 없는 경우, 반드시 감독위원에게 해당 내용을 통보한 뒤 조치를 받아야 합니다.

9. 시험의 완료는 작성이 완료된 답안을 저장하고, 답안 전송이 완료된 상태를 확인한 것으로 합니다. 답안 전송 확인 후 문제지는 감독위원에게 제출한 후 퇴실하여야 합니다.

10. 답안 전송이 완료된 경우에는 수정 또는 정정이 불가능합니다.

11. 시험 시행 후 문제 공개 및 합격자 발표는 홈페이지(www.ihd.or.kr)에서 확인하시기 바랍니다.
   1) 문제 및 정답 공개 : 20XX. XX. XX.
   2) 합격자 발표 : 20XX. XX. XX.

KAIT 한국정보통신진흥협회
Korea Association for ICT Promotion

※ "Gom Pic for DIAT 프로그램"을 활용하여 [문제 1], [문제 2]를 작업하시오.

문제 1 ▶ 원본파일을 처리조건에 따라 결과파일로 완성하시오.　　　　**50점**

원본파일	결과파일

≪ 처리조건 ≫

▶ 다음과 같이 캔버스를 설정하시오.
- 크기 ⇒ 너비(650 픽셀) × 높이(350 픽셀)

▶ '사진1.jpg' 이미지를 불러와 기존 캔버스에 복사한 후, 다음과 같이 처리하시오.
- 이미지 복사 ⇒ 크기 변형으로 캔버스 크기에 맞게 변형, 레이어 이름 – Flower
- 밝기 조정 ⇒ 생동감을 이용하여 이미지 조정 (생동감 : 40)
- ① ⇒ 복제 도장을 이용하여 이미지 복사
- ② ⇒ 세피아를 이용하여 보라색 계열로 조정

▶ 도형 도구를 이용하여 다음과 같이 처리하시오.
- ③ ⇒ 원형/타원형(크기 : 120 x 120), 채우기(색상 : 7097BB), 혼합모드(반사, 불투명도 : 80)

▶ 지시사항이 없는 경우는 기본값을 적용하시오.

이미지 파일 저장	① [파일] – [내보내기]를 눌러서 저장 ② 저장위치 : [바탕화면] – [KAIT] – [제출파일]	
이미지 파일명	JPG	dpi_01_수검번호_성명
	GPDP	dpi_01_수검번호_성명

※ 예시 : 수검번호가 DPI-2506-123456인 경우 "dpi_01_123456_성명"으로 저장할 것

※ 'JPG'와 'GPDP' 파일 중 하나라도 누락하여 저장 시에는 "0점" 처리됩니다.

문제 2

원본파일을 처리조건에 따라 결과파일로 완성하시오.

80점

원본파일	결과파일

≪ 처리조건 ≫

▶ 다음과 같이 캔버스를 설정하시오.
- 크기 ⇒ 가로(650 픽셀) × 세로(450 픽셀)
- 배경 ⇒ 색상 : (81098F)

▶ '사진2.jpg' 이미지를 불러와 기존 캔버스에 복사한 후, 다음과 같이 처리하시오.
- 이미지 복사 ⇒ 레이어 마스크 설정, 가로 방향으로 흐릿하게

▶ 도형 도구와 텍스트를 이용하여 다음과 같이 처리하시오.
- ① ⇒ 모서리가 둥근 사각형(크기 : 400 × 60), 그라데이션(색상 : FFE000 – 34A159)
- 흰 꽃 사이 노란 꽃 ⇒ 글꼴(맑은 고딕), 글꼴 스타일(기울임꼴), 크기(30pt),
  채우기(색상 : B46EF8), 외곽선(두께 : 7px, 색상 : FFFFFF)

▶ 도형 도구와 '사진3.jpg'를 이용하여 클리핑 마스크를 생성하시오.
- ② ⇒ 사각형(크기 : 150 × 150), 외곽선(두께 : 7px, 색상 : E8E88E)
  그림자(두께 : 3px, 거리 : 5px, 분산도 : 1px, 각도 : 320°)

▶ 지시사항이 없는 경우는 기본값을 적용하시오.

이미지 파일 저장	① [파일] – [내보내기]를 눌러서 저장 ② 저장위치 : [바탕화면] – [KAIT] – [제출파일]		
이미지 파일명	JPG	dpi_02_수검번호_성명	※ 예시 : 수검번호가 DPI-2506-123456인 경우 "dpi_02_123456_성명"으로 저장할 것
	GPDP	dpi_02_수검번호_성명	

※ 'JPG'와 'GPDP' 파일 중 하나라도 누락하여 저장할 시에는 "0점" 처리됩니다.

※ "Gom Mix for DIAT 프로그램"을 활용하여 [문제 3]을 작업하시오.

문제 3　처리조건에 따라 출력형태와 같이 완성하시오.　**70점**

≪ 출력형태 ≫

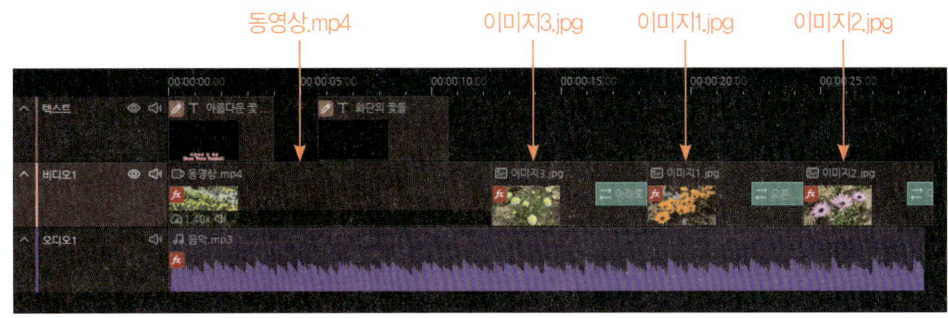

≪ 처리조건 ≫

원본파일	이미지1.jpg, 이미지2.jpg, 이미지3.jpg, 동영상.mp4, 음악.mp3

▶ **미디어 소스의 순서를 다음과 같이 지정하시오.**
  • 미디어 소스 순서 ⇒ 동영상.mp4 > 이미지3.jpg > 이미지1.jpg > 이미지2.jpg

▶ **동영상 파일('동영상.mp4')을 다음과 같이 처리하시오.**
  • 배속 : 1.4x　• 자르기 : 시작 시간(0.00), 재생 시간(12.10)　• 이펙트 : LUT 필터-카메라 필름-카메라 필름 09(노출 : 8, 감마 : 0.9)
  • 텍스트 ⇒ 텍스트 입력 : │ 화단의 꽃들 │
　　　　　　　텍스트 서식 : 기본자막(돋움체, 크기 110, ff531b),
　　　　　　　윤곽선 설정(없음), 위치 설정(화면 정가운데 아래), 시작 시간(5.20), 클립 길이 (5.00)
  • 재생 속도 설정 후 자르기를 하여야 하며, 잘라진 뒷부분의 동영상 및 트랙의 모든 공백을 삭제할 것
  • 원본 동영상에 포함된 오디오는 모두 음소거 할 것

▶ **이미지 파일을 다음과 같이 처리하시오.**
  • '이미지3.jpg' ⇒ 이미지 클립 길이 : 6.00, 오버레이 : 흩날림(개수/양 : 40),
　　　　　　　　　　클립 트랜지션 : 아래로 밀기(앞으로 이동, 재생 시간 : 2.00)
  • '이미지1.jpg' ⇒ 이미지 클립 길이 : 6.00, 오버레이 : 내려앉는(속도 : 7),
　　　　　　　　　　클립 트랜지션 : 오른쪽으로 덮기(앞으로 이동, 재생 시간 : 2.00)
  • '이미지2.jpg' ⇒ 이미지 클립 길이 : 5.00, 오버레이 : 비누 방울(크기 : 3),
　　　　　　　　　　클립 트랜지션 : 디졸브(앞으로 이동, 재생 시간 : 1.00)
  • 지시사항이 없는 경우는 기본 값을 적용하시오.

▶ **다음 조건에 따라 동영상 시작 부분의 텍스트를 지정하시오.**
  • 텍스트 입력 : │ 아름다운 꽃 축제
　　　　　　　　　(Happy Flower Festival) │

　　텍스트 서식(궁서체, 크기 140, ec008c), 윤곽선 설정(색상 : fff9c4, 두께 : 40),
　　나타나기(오른쪽으로 펼치기, 지속 시간 : 2.00), 시작 시간(0.00), 클립 길이(4.00)

▶ **다음 조건에 따라 동영상 전체에 음악 파일('음악.mp3')을 삽입하시오.**
  • 시작 시간 : 0.00, 재생 시간 : 29.00, 페이드 아웃 : 2.00
  • 재생 시간 설정 후, 자르기 하여야 하며, 잘라진 뒷부분의 음악 파일은 삭제할 것

동영상 파일 저장	① [파일] – [프로젝트 전체저장]을 눌러서 저장　② 저장위치 : [바탕화면] – [KAIT] – [제출파일]	
이미지 파일명	**GMEP**	dpi_03_수검번호_성명　※ 예시 : 수검번호가 DPI-2506-123456인 경우 "dpi_03_123456_성명"으로 저장할 것

※ 파일 확장자를 'GMDP'로 저장할 시에는 "0점" 처리됩니다.

제 02 회 디지털정보활용능력 최신유형 기출문제

작성 시간 / 시험 시간	채점 결과
분 / 40분	점 / 200점

◆ **시험과목 :** 멀티미디어제작(곰픽, 곰믹스)
◆ **시험일자 :** 20XX. XX. XX (토)
◆ **수검자 기재사항 및 감독위원 확인**

수검번호	DPI - XXXX -	감독위원 확인
성 명		

· 수험자 유의사항 ·

1. 수검자는 신분증을 지참하여야 시험에 응시할 수 있으며, 시험이 종료될 때까지 신분증을 제시하지 못 할 경우 해당 시험은 0점 처리됩니다.

2. 시스템(PC 작동 여부, 네트워크 상태 등)의 이상 여부를 반드시 확인하여야 하며, 시스템 이상이 있을 시 감독위원에게 조치를 받으셔야 합니다.

3. 시험 중 부주의 또는 고의로 시스템을 파손한 경우는 수검자 부담으로 합니다.

4. 답안 전송 프로그램을 통해 다운로드 받은 파일을 이용하여 답안 파일을 작성하시기 바랍니다.

5. 작성한 답안 파일은 답안 전송 프로그램을 통하여 전송됩니다. 감독위원의 지시에 따라 주시기 바랍니다.

6. 다음 사항의 경우 실격(0점) 혹은 부정행위 처리됩니다.
    1) 답안 파일을 저장하지 않았거나, 저장한 파일이 손상되었을 경우
    2) 답안 파일을 지정한 폴더(바탕화면 – "KAIT" 폴더)에 저장하지 않았을 경우
    ※ 답안 전송 프로그램 로그인 시 바탕화면에 자동 생성됨

7. 답안은 Gom Pic for DIAT와 Gom Mix for DIAT를 활용하여 작성하십시오.
    ※ Gom Mix for DIAT는 'DIAT 시험 프로젝트 생성하기'로 진입하여 작성하십시오.
    ※ Gom Mix for DIAT 답안 파일은 반드시 프로젝트 전체 저장으로 저장하십시오(미준수 시 0점 처리).

8. 시험지에 제시된 글꼴이 응시 프로그램에 없는 경우, 반드시 감독위원에게 해당 내용을 통보한 뒤 조치를 받아야 합니다.

9. 시험의 완료는 작성이 완료된 답안을 저장하고, 답안 전송이 완료된 상태를 확인한 것으로 합니다. 답안 전송 확인 후 문제지는 감독위원에게 제출한 후 퇴실하여야 합니다.

10. 답안 전송이 완료된 경우에는 수정 또는 정정이 불가능합니다.

11. 시험 시행 후 문제 공개 및 합격자 발표는 홈페이지(www.ihd.or.kr)에서 확인하시기 바랍니다.
    1) 문제 및 정답 공개 : 20XX. XX. XX.
    2) 합격자 발표 : 20XX. XX. XX.

※ "Gom Pic for DIAT 프로그램"을 활용하여 [문제 1], [문제 2]를 작업하시오.

문제 1 원본파일을 처리조건에 따라 결과파일로 완성하시오. **50점**

원본파일	결과파일

≪ 처리조건 ≫

▶ 다음과 같이 캔버스를 설정하시오.
- 크기 ⇒ 너비(650 픽셀) × 높이(350 픽셀)

▶ '사진1.jpg' 이미지를 불러와 기존 캔버스에 복사한 후, 다음과 같이 처리하시오.
- 이미지 복사 ⇒ 크기 변형으로 캔버스 크기에 맞게 변형, 레이어 이름 - Museum
- 필터 효과 ⇒ 선명하게를 이용하여 이미지 조정 (양 : 10)
- ① ⇒ 올가미 선택을 이용하여 이미지 복사
- ② ⇒ 세피아를 이용하여 초록색 계열로 조정

▶ 도형 도구를 이용하여 다음과 같이 처리하시오.
- ③ ⇒ 모서리가 둥근 사각형(크기 : 90 × 20), 채우기(색상 : FF0000), 혼합모드(중첩, 불투명도 : 80)

▶ 지시사항이 없는 경우는 기본값을 적용하시오.

이미지 파일 저장	① [파일] - [내보내기]를 눌러서 저장 ② 저장위치 : [바탕화면] - [KAIT] - [제출파일]		
이미지 파일명	JPG	dpi_01_수검번호_성명	※ 예시 : 수검번호가 DPI-2506-123456인 경우 "**dpi_01_123456_성명**"으로 저장할 것
	GPDP	dpi_01_수검번호_성명	

※ 'JPG'와 'GPDP' 파일 중 하나라도 누락하여 저장할 시에는 "0점" 처리됩니다.

문제 2　　원본파일을 처리조건에 따라 결과파일로 완성하시오.　　**80점**

원본파일	결과파일

≪ 처리조건 ≫

▶ 다음과 같이 캔버스를 설정하시오.
- 크기 ⇒ 가로(650 픽셀) × 세로(450 픽셀)
- 배경 ⇒ 색상 : (008FFF)

▶ '사진2.jpg' 이미지를 불러와 기존 캔버스에 복사한 후, 다음과 같이 처리하시오.
- 이미지 복사 ⇒ 레이어 마스크 설정, 가로 방향으로 흐릿하게

▶ 도형 도구와 텍스트를 이용하여 다음과 같이 처리하시오.
- ① ⇒ 사각형(크기 : 380 × 70), 그라데이션(색상 : 00C9BA – A6A600)
- 해양 박물관 ⇒ 글꼴(바탕체), 글꼴 스타일(기울임꼴), 크기(36pt),
  채우기(색상 : 151DE8), 외곽선(두께 : 3px, 색상 : FFFFFF)

▶ 도형 도구와 '사진3.jpg'를 이용하여 클리핑 마스크를 생성하시오.
- ② ⇒ 원형/타원형(크기 : 180 × 180), 외곽선(두께 : 7px, 색상 : FF3030)
  그림자(두께 : 5px, 거리 : 3px, 분산도 : 1px, 각도 : 320°)

▶ 지시사항이 없는 경우는 기본값을 적용하시오.

이미지 파일 저장	① [파일] – [내보내기]를 눌러서 저장 ② 저장위치 : [바탕화면] – [KAIT] – [제출파일]	
이미지 파일명	**JPG**	dpi_02_수검번호_성명	※ 예시 : 수검번호가 DPI-2506-123456인 경우
	GPDP	dpi_02_수검번호_성명	"dpi_02_123456_성명"으로 저장할 것

※ 'JPG'와 'GPDP' 파일 중 하나라도 누락하여 저장할 시에는 "0점" 처리됩니다.

※ "Gom Mix for DIAT 프로그램"을 활용하여 [문제 3]을 작업하시오.

문제 3 처리조건에 따라 출력형태와 같이 완성하시오. 70점

≪ 출력형태 ≫

≪ 처리조건 ≫

원본파일	이미지1.jpg, 이미지2.jpg, 이미지3.jpg, 동영상.mp4, 음악.mp3

▶ 미디어 소스의 순서를 다음과 같이 지정하시오.
- 미디어 소스 순서 ⇒ 동영상.mp4 > 이미지3.jpg > 이미지1.jpg > 이미지2.jpg

▶ 동영상 파일('동영상.mp4')을 다음과 같이 처리하시오.
- 배속 : 1.1x • 자르기 : 시작 시간(0.00), 재생 시간(12.20) • 이펙트 : LUT 필터-카메라 필름-카메라 필름 03(노출 : 10, 감마 : 1.2)
- 텍스트 ⇒ 텍스트 입력 : 호수의 시원한 전경
  텍스트 서식 : 기본자막(굴림체, 크기 110, f4511e), 윤곽선 설정(없음),
  위치 설정(화면 정가운데 아래), 시작 시간(5.20), 클립 길이 (6.00)
- 재생 속도 설정 후 자르기를 하여야 하며, 잘라진 뒷부분의 동영상 및 트랙의 모든 공백을 삭제할 것
- 원본 동영상에 포함된 오디오는 모두 음소거 할 것

▶ 이미지 파일을 다음과 같이 처리하시오.
- '이미지3.jpg' ⇒ 이미지 클립 길이 : 5.00, 오버레이 : 난기류(크기 : 300),
  클립 트랜지션 : 세로 나누기(앞으로 이동, 재생 시간 : 1.00)
- '이미지1.jpg' ⇒ 이미지 클립 길이 : 7.00, 오버레이 : 흩날림(개수/양 : 60),
  클립 트랜지션 : 아래로 밀기(앞으로 이동, 재생 시간 : 2.00)
- '이미지2.jpg' ⇒ 이미지 클립 길이 : 6.00, 오버레이 : 지나가는 01(밀도 : 50),
  클립 트랜지션 : 왼쪽으로 밀기(앞으로 이동, 재생 시간 : 1.00)
- 지시사항이 없는 경우는 기본 값을 적용하시오.

▶ 다음 조건에 따라 동영상 시작 부분의 텍스트를 지정하시오.
- 텍스트 입력 : 호수공원의 추억
  (Memories of Lake Park)

  텍스트 서식(궁서체, 크기 150, 1976d2), 윤곽선 설정(색상 : cdf9fc, 두께 : 25),
  나타나기(왼쪽으로 펼치기, 지속 시간 : 2.00), 시작 시간(0.00), 클립 길이(4.00)

▶ 다음 조건에 따라 동영상 전체에 음악 파일('음악.mp3')을 삽입하시오.
- 시작 시간 : 0.00, 재생 시간 : 30.00, 페이드 아웃 : 2.00
- 재생 시간 설정 후, 자르기 하여야 하며, 잘라진 뒷부분의 음악 파일은 삭제할 것

동영상 파일 저장	① [파일] – [프로젝트 전체저장]을 눌러서 저장 ② 저장위치 : [바탕화면] – [KAIT] – [제출파일]	
이미지 파일명	GMEP	dpi_03_수검번호_성명 ※ 예시 : 수검번호가 DPI-2506-123456인 경우 "dpi_03_123456_성명"으로 저장할 것

※ 파일 확장자를 'GMDP'로 저장할 시에는 "0점" 처리됩니다.

작성 시간 / 시험 시간	채점 결과
분 / 40분	점 / 200점

◆ **시험과목 :** 멀티미디어제작(곰픽, 곰믹스)

◆ **시험일자 :** 20XX. XX. XX (토)

◆ **수검자 기재사항 및 감독위원 확인**

수검번호	DPI - XXXX -	감독위원 확인
성 명		

· 수험자 유의사항 ·

1. 수검자는 신분증을 지참하여야 시험에 응시할 수 있으며, 시험이 종료될 때까지 신분증을 제시하지 못 할 경우 해당 시험은 0점 처리됩니다.

2. 시스템(PC 작동 여부, 네트워크 상태 등)의 이상 여부를 반드시 확인하여야 하며, 시스템 이상이 있을 시 감독위원에게 조치를 받으셔야 합니다.

3. 시험 중 부주의 또는 고의로 시스템을 파손한 경우는 수검자 부담으로 합니다.

4. 답안 전송 프로그램을 통해 다운로드 받은 파일을 이용하여 답안 파일을 작성하시기 바랍니다.

5. 작성한 답안 파일은 답안 전송 프로그램을 통하여 전송됩니다. 감독위원의 지시에 따라 주시기 바랍니다.

6. 다음 사항의 경우 실격(0점) 혹은 부정행위 처리됩니다.
   1) 답안 파일을 저장하지 않았거나, 저장한 파일이 손상되었을 경우
   2) 답안 파일을 지정한 폴더(바탕화면 – "KAIT" 폴더)에 저장하지 않았을 경우
   ※ 답안 전송 프로그램 로그인 시 바탕화면에 자동 생성됨

7. 답안은 Gom Pic for DIAT와 Gom Mix for DIAT를 활용하여 작성하십시오.
   ※ Gom Mix for DIAT는 'DIAT 시험 프로젝트 생성하기'로 진입하여 작성하십시오.
   ※ Gom Mix for DIAT 답안 파일은 반드시 프로젝트 전체 저장으로 저장하십시오(미준수 시 0점 처리).

8. 시험지에 제시된 글꼴이 응시 프로그램에 없는 경우, 반드시 감독위원에게 해당 내용을 통보한 뒤 조치를 받아야 합니다.

9. 시험의 완료는 작성이 완료된 답안을 저장하고, 답안 전송이 완료된 상태를 확인한 것으로 합니다. 답안 전송 확인 후 문제지는 감독위원에게 제출한 후 퇴실하여야 합니다.

10. 답안 전송이 완료된 경우에는 수정 또는 정정이 불가능합니다.

11. 시험 시행 후 문제 공개 및 합격자 발표는 홈페이지(www.ihd.or.kr)에서 확인하시기 바랍니다.
    1) 문제 및 정답 공개 : 20XX. XX. XX.
    2) 합격자 발표 : 20XX. XX. XX.

KAIT 한국정보통신진흥협회
Korea Association for ICT Promotion

※ "Gom Pic for DIAT 프로그램"을 활용하여 [문제 1], [문제 2]를 작업하시오.

문제 I ▶ 원본파일을 처리조건에 따라 결과파일로 완성하시오. 50점

원본파일	결과파일
	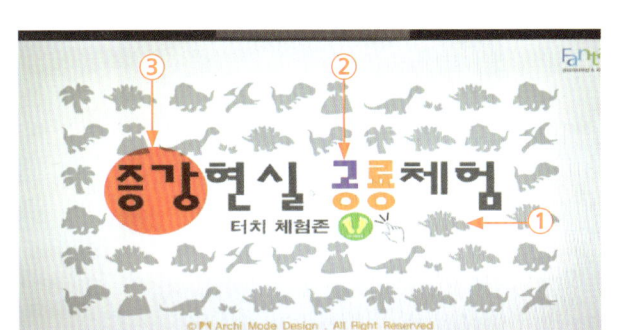

≪ 처리조건 ≫

▶ 다음과 같이 캔버스를 설정하시오.
- 크기 ⇒ 너비(650 픽셀) × 높이(350 픽셀)

▶ '사진1.jpg' 이미지를 불러와 기존 캔버스에 복사한 후, 다음과 같이 처리하시오.
- 이미지 복사 ⇒ 크기 변형으로 캔버스 크기에 맞게 변형, 레이어 이름 - Dinosaur
- 밝기 조정 ⇒ 밝기/대비를 이용하여 이미지 조정 (밝기 : 20)
- ① ⇒ 올가미 선택을 이용하여 이미지 복사
- ② ⇒ 색조/채도를 이용하여 보라색 계열로 조정

▶ 도형 도구를 이용하여 다음과 같이 처리하시오.
- ③ ⇒ 원형/타원형(크기 : 110 × 90), 채우기(색상 : FF0000), 혼합모드(색 굽기, 불투명도 : 70)

▶ 지시사항이 없는 경우는 기본값을 적용하시오.

이미지 파일 저장	① [파일] – [내보내기]를 눌러서 저장		
	② 저장위치 : [바탕화면] – [KAIT] – [제출파일]		
이미지 파일명	JPG	dpi_01_수검번호_성명	※ 예시 : 수검번호가 DPI-2506-123456인 경우
	GPDP	dpi_01_수검번호_성명	"dpi_01_123456_성명"으로 저장할 것

※ 'JPG'와 'GPDP' 파일 중 하나라도 누락하여 저장할 시에는 "0점" 처리됩니다.

문제 2 ▶ 원본파일을 처리조건에 따라 결과파일로 완성하시오.   **80점**

원본파일	결과파일

≪ 처리조건 ≫

▶ **다음과 같이 캔버스를 설정하시오.**
- 크기 ⇒ 가로(650 픽셀) × 세로(450 픽셀)
- 배경 ⇒ 색상 : (04861E)

▶ **'사진2.jpg' 이미지를 불러와 기존 캔버스에 복사한 후, 다음과 같이 처리하시오.**
- 이미지 복사 ⇒ 레이어 마스크 설정, 가로 방향으로 흐릿하게

▶ **도형 도구와 텍스트를 이용하여 다음과 같이 처리하시오.**
- ① ⇒ 모서리가 둥근 사각형(크기 : 360 × 70), 그라데이션(색상 : E24A19 - ECEC2F)
- 공룡의 세계 ⇒ 글꼴(돋움체), 글꼴 스타일(굵게), 크기(40pt),
  채우기(색상 : 8200DC), 외곽선(두께 : 4px, 색상 : FFFF8B)

▶ **도형 도구와 '사진3.jpg'를 이용하여 클리핑 마스크를 생성하시오.**
- ② ⇒ 사각형(크기 : 160 × 160), 외곽선(두께 : 5px, 색상 : 8344FF)
  그림자(두께 : 7px, 거리 : 3px, 분산도 : 2px, 각도 : 320˚)

▶ **지시사항이 없는 경우는 기본값을 적용하시오.**

이미지 파일 저장	① [파일] – [내보내기]를 눌러서 저장		
	② 저장위치 : [바탕화면] – [KAIT] – [제출파일]		
이미지 파일명	JPG	dpi_02_수검번호_성명	※ 예시 : 수검번호가 DPI-2506-123456인 경우
	GPDP	dpi_02_수검번호_성명	**"dpi_02_123456_성명"**으로 저장할 것

※ 'JPG'와 'GPDP' 파일 중 하나라도 누락하여 저장할 시에는 "0점" 처리됩니다.

※ "Gom Mix for DIAT 프로그램"을 활용하여 [문제 3]을 작업하시오.

문제 3 처리조건에 따라 출력형태와 같이 완성하시오. **70점**

≪ 출력형태 ≫

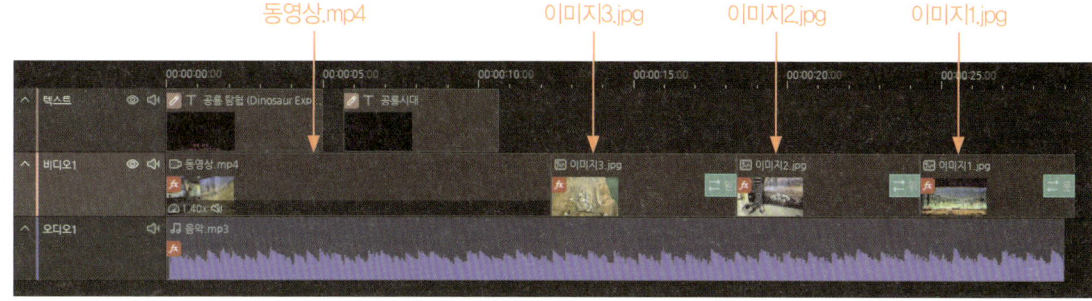

≪ 처리조건 ≫

원본파일	이미지1.jpg, 이미지2.jpg, 이미지3.jpg, 동영상.mp4, 음악.mp3

▶ 미디어 소스의 순서를 다음과 같이 지정하시오.
- 미디어 소스 순서 ⇒ 동영상.mp4 > 이미지3.jpg > 이미지2.jpg > 이미지1.jpg

▶ 동영상 파일('동영상.mp4')을 다음과 같이 처리하시오.
- 배속 : 1.4x ・ 자르기 : 시작 시간(0.00), 재생 시간(12.10) ・ 이펙트 : LUT 필터-맑은 햇살-맑은 햇살 02(노출 : 30, 감마 : 1.2)
- 텍스트 ⇒ 텍스트 입력 : ☐ 공룡시대
  텍스트 서식 : 기본자막(돋움체, 크기 90, 0cea00), 윤곽선 설정(없음),
  위치 설정(화면 정가운데 아래), 시작 시간(5.20), 클립 길이 (5.00)
- 재생 속도 설정 후 자르기를 하여야 하며, 잘라진 뒷부분의 동영상 및 트랙의 모든 공백을 삭제할 것
- 원본 동영상에 포함된 오디오는 모두 음소거 할 것

▶ 이미지 파일을 다음과 같이 처리하시오.
- '이미지3.jpg' ⇒ 이미지 클립 길이 : 6.00, 오버레이 : 내려앉는(속도 : 10),
  클립 트랜지션 : 왼쪽으로 덮기(앞으로 이동, 재생 시간 : 1.00)
- '이미지2.jpg' ⇒ 이미지 클립 길이 : 6.00, 오버레이 : 비누 방울(크기 : 4),
  클립 트랜지션 : 위로 덮기(앞으로 이동, 재생 시간 : 1.00)
- '이미지1.jpg' ⇒ 이미지 클립 길이 : 5.00, 오버레이 : 흩날림(크기 : 6),
  클립 트랜지션 : 문 열기(앞으로 이동, 재생 시간 : 1.00)
- 지시사항이 없는 경우는 기본 값을 적용하시오.

▶ 다음 조건에 따라 동영상 시작 부분의 텍스트를 지정하시오.
- 텍스트 입력 : ☐ 공룡 탐험
  (Dinosaur Exploration)

  텍스트 서식(바탕체, 크기 140, ff2c2c), 윤곽선 설정(색상 : 0c0b53, 두께 : 20),
  나타나기(위로 펼치기, 지속 시간 : 2.00), 시작 시간(0.00), 클립 길이(5.00)

▶ 다음 조건에 따라 동영상 전체에 음악 파일('음악.mp3')을 삽입하시오.
- 시작 시간 : 0.00, 재생 시간 : 29.00, 페이드 아웃 : 3.00
- 재생 시간 설정 후, 자르기 하여야 하며, 잘라진 뒷부분의 음악 파일은 삭제할 것

동영상 파일 저장	① [파일] – [프로젝트 전체저장]을 눌러서 저장 ② 저장위치 : [바탕화면] – [KAIT] – [제출파일]	
이미지 파일명	GMEP	dpi_03_수검번호_성명 ※ 예시 : 수검번호가 DPI-2506-123456인 경우 "dpi_03_123456_성명"으로 저장할 것

※ 파일 확장자를 'GMDP'로 저장할 시에는 "0점" 처리됩니다.

디지털정보활용능력 최신유형 기출문제

작성 시간 / 시험 시간	채점 결과
분 / 40분	점 / 200점

◆ **시험과목 :** 멀티미디어제작(곰픽, 곰믹스)

◆ **시험일자 :** 20XX. XX. XX (토)

◆ **수검자 기재사항 및 감독위원 확인**

수검번호	DPI - XXXX -	감독위원 확인
성 명		

· 수험자 유의사항 ·

1. 수검자는 신분증을 지참하여야 시험에 응시할 수 있으며, 시험이 종료될 때까지 신분증을 제시하지 못 할 경우 해당 시험은 0점 처리됩니다.

2. 시스템(PC 작동 여부, 네트워크 상태 등)의 이상 여부를 반드시 확인하여야 하며, 시스템 이상이 있을 시 감독위원에게 조치를 받으셔야 합니다.

3. 시험 중 부주의 또는 고의로 시스템을 파손한 경우는 수검자 부담으로 합니다.

4. 답안 전송 프로그램을 통해 다운로드 받은 파일을 이용하여 답안 파일을 작성하시기 바랍니다.

5. 작성한 답안 파일은 답안 전송 프로그램을 통하여 전송됩니다. 감독위원의 지시에 따라 주시기 바랍니다.

6. 다음 사항의 경우 실격(0점) 혹은 부정행위 처리됩니다.
   1) 답안 파일을 저장하지 않았거나, 저장한 파일이 손상되었을 경우
   2) 답안 파일을 지정한 폴더(바탕화면 – "KAIT" 폴더)에 저장하지 않았을 경우
   ※ 답안 전송 프로그램 로그인 시 바탕화면에 자동 생성됨

7. 답안은 Gom Pic for DIAT와 Gom Mix for DIAT를 활용하여 작성하십시오.
   ※ Gom Mix for DIAT는 'DIAT 시험 프로젝트 생성하기'로 진입하여 작성하십시오.
   ※ Gom Mix for DIAT 답안 파일은 반드시 프로젝트 전체 저장으로 저장하십시오(미준수 시 0점 처리).

8. 시험지에 제시된 글꼴이 응시 프로그램에 없는 경우, 반드시 감독위원에게 해당 내용을 통보한 뒤 조치를 받아야 합니다.

9. 시험의 완료는 작성이 완료된 답안을 저장하고, 답안 전송이 완료된 상태를 확인한 것으로 합니다. 답안 전송 확인 후 문제지는 감독위원에게 제출한 후 퇴실하여야 합니다.

10. 답안 전송이 완료된 경우에는 수정 또는 정정이 불가능합니다.

11. 시험 시행 후 문제 공개 및 합격자 발표는 홈페이지(www.ihd.or.kr)에서 확인하시기 바랍니다.
    1) 문제 및 정답 공개 : 20XX. XX. XX.
    2) 합격자 발표 : 20XX. XX. XX.

KAIT 한국정보통신진흥협회
Korea Association for ICT Promotion

※ "Gom Pic for DIAT 프로그램"을 활용하여 [문제 1], [문제 2]를 작업하시오.

문제 Ⅰ 원본파일을 처리조건에 따라 결과파일로 완성하시오. **50점**

원본파일	결과파일

≪ 처리조건 ≫

▶ 다음과 같이 캔버스를 설정하시오.
- 크기 ⇒ 너비(650 픽셀) × 높이(350 픽셀)

▶ '사진1.jpg' 이미지를 불러와 기존 캔버스에 복사한 후, 다음과 같이 처리하시오.
- 이미지 복사 ⇒ 크기 변형으로 캔버스 크기에 맞게 변형, 레이어 이름 - Vacation
- 밝기 조정 ⇒ 밝기/대비를 이용하여 이미지 조정 (대비 : 24)
- ① ⇒ 복제 도장을 이용하여 이미지 제거
- ② ⇒ 세피아를 이용하여 빨간색 계열로 조정

▶ 도형 도구를 이용하여 다음과 같이 처리하시오.
- ③ ⇒ 원형/타원형(크기 : 100 × 80), 채우기(색상 : 316CE4), 혼합모드(색 굽기, 불투명도 : 65)

▶ 지시사항이 없는 경우는 기본값을 적용하시오.

이미지 파일 저장	① [파일] – [내보내기]를 눌러서 저장 ② 저장위치 : [바탕화면] – [KAIT] – [제출파일]		
이미지 파일명	JPG	dpi_01_수검번호_성명	※ 예시 : 수검번호가 DPI-2506-123456인 경우
	GPDP	dpi_01_수검번호_성명	"dpi_01_123456_성명"으로 저장할 것

※ 'JPG'와 'GPDP' 파일 중 하나라도 누락하여 저장 시에는 "0점" 처리됩니다.

| 문제 2 | 원본파일을 처리조건에 따라 결과파일로 완성하시오. | 80점 |

원본파일	결과파일

≪ 처리조건 ≫

▶ 다음과 같이 캔버스를 설정하시오.
  - 크기 ⇒ 가로(650 픽셀) × 세로(450 픽셀)
  - 배경 ⇒ 색상 : (E685CA)

▶ '사진2.jpg' 이미지를 불러와 기존 캔버스에 복사한 후, 다음과 같이 처리하시오.
  - 이미지 복사 ⇒ 레이어 마스크 설정, 세로 방향으로 흐릿하게

▶ 도형 도구와 텍스트를 이용하여 다음과 같이 처리하시오.
  - ① ⇒ 사각형(크기 : 500 × 60), 그라데이션(색상 : 8BED53 – FFE52A)
  - 하천의 먹이사슬 구조 ⇒ 글꼴(맑은 고딕), 글꼴 스타일(밑줄), 크기(26pt),
                     채우기(색상 : F04DA5), 외곽선(두께 : 5px, 색상 : FFFFFF)

▶ 도형 도구와 '사진3.jpg'를 이용하여 클리핑 마스크를 생성하시오.
  - ② ⇒ 모서리가 둥근 사각형(크기 : 160 × 160), 외곽선(두께 : 4px, 색상 : 92DAAA)
      그림자(두께 : 5px, 거리 : 20px, 분산도 : 1px, 각도 : 320°)

▶ 지시사항이 없는 경우는 기본값을 적용하시오.

이미지 파일 저장	① [파일] – [내보내기]를 눌러서 저장 ② 저장위치 : [바탕화면] – [KAIT] – [제출파일]	
이미지 파일명	JPG	dpi_02_수검번호_성명	※ 예시 : 수검번호가 DPI-2506-123456인 경우
	GPDP	dpi_02_수검번호_성명	"dpi_02_123456_성명"으로 저장할 것

※ 'JPG'와 'GPDP' 파일 중 하나라도 누락하여 저장할 시에는 "0점" 처리됩니다.

※ "Gom Mix for DIAT 프로그램"을 활용하여 [문제 3]을 작업하시오.

문제 3   처리조건에 따라 출력형태와 같이 완성하시오.   **70점**

≪ 출력형태 ≫

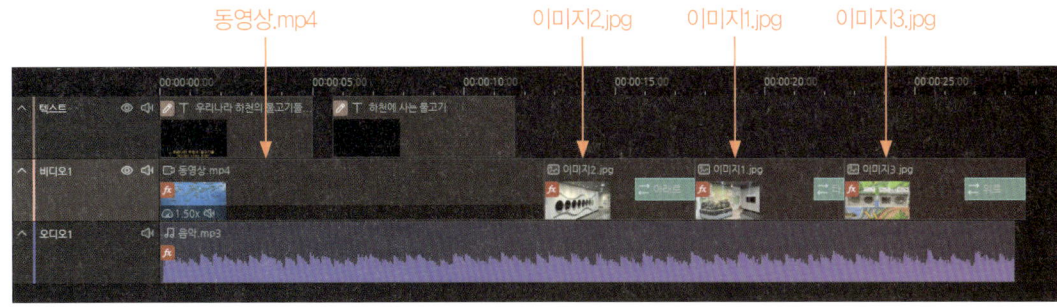

≪ 처리조건 ≫

원본파일	이미지1.jpg, 이미지2.jpg, 이미지3.jpg, 동영상.mp4, 음악.mp3

▶ 미디어 소스의 순서를 다음과 같이 지정하시오.
- 미디어 소스 순서 ⇒ 동영상.mp4 > 이미지2.jpg > 이미지1.jpg > 이미지3.jpg

▶ 동영상 파일('동영상.mp4')을 다음과 같이 처리하시오.
- 배속 : 1.5x   • 자르기 : 시작 시간(0.00), 재생 시간(12.20)   • 이펙트 : LUT 필터-맑은 햇살-맑은 햇살 02(노출 : 30, 감마 : 0.9)
- 텍스트 ⇒ 텍스트 입력 : [하천에 사는 물고기]
      텍스트 서식 : 기본자막(궁서체, 크기 90, f116f2), 윤곽선 설정(없음),
      위치 설정(화면 정가운데 아래), 시작 시간(5.20), 클립 길이 (6.00)
- 재생 속도 설정 후 자르기를 하여야 하며, 잘라진 뒷부분의 동영상 및 트랙의 모든 공백을 삭제할 것
- 원본 동영상에 포함된 오디오는 모두 음소거 할 것

▶ 이미지 파일을 다음과 같이 처리하시오.
- '이미지2.jpg' ⇒ 이미지 클립 길이 : 5.00, 오버레이 : 불꽃 스파크(속도 : 9),
            클립 트랜지션 : 아래로 덮기(앞으로 이동, 재생 시간 : 2.00)
- '이미지1.jpg' ⇒ 이미지 클립 길이 : 5.00, 오버레이 : 영롱한(크기 : 8),
            클립 트랜지션 : 타원 열기(앞으로 이동, 재생 시간 : 1.00)
- '이미지3.jpg' ⇒ 이미지 클립 길이 : 6.00, 오버레이 : 떨림(크기 : 11),
            클립 트랜지션 : 위로 밀기(앞으로 이동, 재생 시간 : 2.00)
- 지시사항이 없는 경우는 기본 값을 적용하시오.

▶ 다음 조건에 따라 동영상 시작 부분의 텍스트를 지정하시오.
- 텍스트 입력 : [우리나라 하천의 물고기들
            (Korean river fish)]

  텍스트 서식(돋움체, 크기 140, ecd000), 윤곽선 설정(색상 : 3c0000, 두께 : 10),
  나타나기(오른쪽으로 펼치기, 지속 시간 : 2.00), 시작 시간(0.00), 클립 길이(5.00)

▶ 다음 조건에 따라 동영상 전체에 음악 파일('음악.mp3')을 삽입하시오.
- 시작 시간 : 0.00, 재생 시간 : 28.10, 페이드 아웃 : 3.00
- 재생 시간 설정 후, 자르기 하여야 하며, 잘라진 뒷부분의 음악 파일은 삭제할 것

동영상 파일 저장	① [파일] – [프로젝트 전체저장]을 눌러서 저장 ② 저장위치 : [바탕화면] – [KAIT] – [제출파일]
이미지 파일명	GMEP dpi_03_수검번호_성명 ※ 예시 : 수검번호가 DPI-2506-123456인 경우 "dpi_03_123456_성명"으로 저장할 것

※ 파일 확장자를 'GMDP'로 저장할 시에는 "0점" 처리됩니다.

제 05 회 디지털정보활용능력 최신유형 기출문제

작성 시간 / 시험 시간	채점 결과
분 / 40분	점 / 200점

◆ **시험과목 :** 멀티미디어제작(곰픽, 곰믹스)

◆ **시험일자 :** 20XX. XX. XX (토)

◆ **수검자 기재사항 및 감독위원 확인**

수검번호	DPI - XXXX -	감독위원 확인
성 명		

· 수험자 유의사항 ·

1. 수검자는 신분증을 지참하여야 시험에 응시할 수 있으며, 시험이 종료될 때까지 신분증을 제시하지 못 할 경우 해당 시험은 0점 처리됩니다.

2. 시스템(PC 작동 여부, 네트워크 상태 등)의 이상 여부를 반드시 확인하여야 하며, 시스템 이상이 있을 시 감독위원에게 조치를 받으셔야 합니다.

3. 시험 중 부주의 또는 고의로 시스템을 파손한 경우는 수검자 부담으로 합니다.

4. 답안 전송 프로그램을 통해 다운로드 받은 파일을 이용하여 답안 파일을 작성하시기 바랍니다.

5. 작성한 답안 파일은 답안 전송 프로그램을 통하여 전송됩니다. 감독위원의 지시에 따라 주시기 바랍니다.

6. 다음 사항의 경우 실격(0점) 혹은 부정행위 처리됩니다.
    1) 답안 파일을 저장하지 않았거나, 저장한 파일이 손상되었을 경우
    2) 답안 파일을 지정한 폴더(바탕화면 – "KAIT" 폴더)에 저장하지 않았을 경우
    ※ 답안 전송 프로그램 로그인 시 바탕화면에 자동 생성됨

7. 답안은 Gom Pic for DIAT와 Gom Mix for DIAT를 활용하여 작성하십시오.
    ※ Gom Mix for DIAT는 'DIAT 시험 프로젝트 생성하기'로 진입하여 작성하십시오.
    ※ Gom Mix for DIAT 답안 파일은 반드시 프로젝트 전체 저장으로 저장하십시오(미준수 시 0점 처리).

8. 시험지에 제시된 글꼴이 응시 프로그램에 없는 경우, 반드시 감독위원에게 해당 내용을 통보한 뒤 조치를 받아야 합니다.

9. 시험의 완료는 작성이 완료된 답안을 저장하고, 답안 전송이 완료된 상태를 확인한 것으로 합니다. 답안 전송 확인 후 문제지는 감독위원에게 제출한 후 퇴실하여야 합니다.

10. 답안 전송이 완료된 경우에는 수정 또는 정정이 불가능합니다.

11. 시험 시행 후 문제 공개 및 합격자 발표는 홈페이지(www.ihd.or.kr)에서 확인하시기 바랍니다.
    1) 문제 및 정답 공개 : 20XX. XX. XX.
    2) 합격자 발표 : 20XX. XX. XX.

※ "Gom Pic for DIAT 프로그램"을 활용하여 [문제 1], [문제 2]를 작업하시오.

문제 1 ▶ 원본파일을 처리조건에 따라 결과파일로 완성하시오.   **50점**

원본파일	결과파일
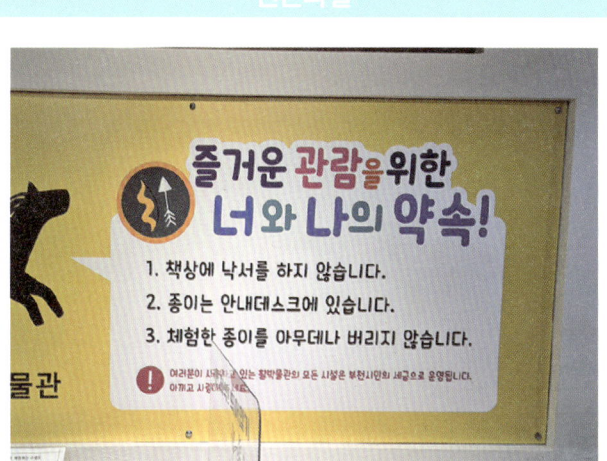	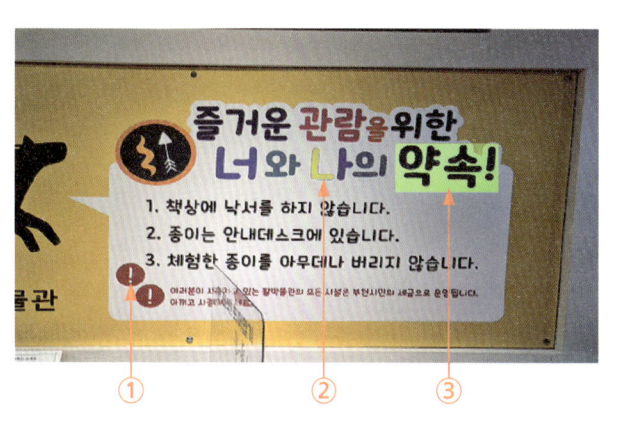

≪ 처리조건 ≫

▶ 다음과 같이 캔버스를 설정하시오.
- 크기 ⇒ 너비(650 픽셀) X 높이(350 픽셀)

▶ '사진1.jpg' 이미지를 불러와 기존 캔버스에 복사한 후, 다음과 같이 처리하시오.
- 이미지 복사 ⇒ 크기 변형으로 캔버스 크기에 맞게 변형, 레이어 이름 - Bow
- 밝기 조정 ⇒ 밝기/감마를 이용하여 이미지 조정 (어두운 영역 : 0.60)
- ① ⇒ 올가미 선택을 이용하여 이미지 복사
- ② ⇒ 색조/채도를 이용하여 노란색 계열로 조정

▶ 도형 도구를 이용하여 다음과 같이 처리하시오.
- ③ ⇒ 사각형(크기 : 110 × 50), 채우기(색상 : 9BF50A), 혼합모드(중첩, 불투명도 : 80)

▶ 지시사항이 없는 경우는 기본값을 적용하시오.

이미지 파일 저장	① [파일] – [내보내기]를 눌러서 저장 ② 저장위치 : [바탕화면] – [KAIT] – [제출파일]	
이미지 파일명	JPG	dpi_01_수검번호_성명	※ 예시 : 수검번호가 DPI-2506-123456인 경우 "dpi_01_123456_성명"으로 저장할 것
	GPDP	dpi_01_수검번호_성명	

※ 'JPG'와 'GPDP' 파일 중 하나라도 누락하여 저장할 시에는 "0점" 처리됩니다.

문제 2 원본파일을 처리조건에 따라 결과파일로 완성하시오. **80점**

원본파일	결과파일
 	① 활의 민족 ②

≪ 처리조건 ≫

▶ 다음과 같이 캔버스를 설정하시오.
  • 크기 ⇒ 가로(650 픽셀) × 세로(450 픽셀)
  • 배경 ⇒ 색상 : (D7B702)

▶ '사진2.jpg' 이미지를 불러와 기존 캔버스에 복사한 후, 다음과 같이 처리하시오.
  • 이미지 복사 ⇒ 레이어 마스크 설정, 세로 방향으로 흐릿하게

▶ 도형 도구와 텍스트를 이용하여 다음과 같이 처리하시오.
  • ① ⇒ 원형/타원형(크기 : 260 × 80), 그라데이션(색상 : 28B257 – FFFF5C)
  • 활의 민족 ⇒ 글꼴(궁서), 글꼴 스타일(기울임꼴), 크기(24pt),
              채우기(색상 : DC0000), 외곽선(두께 : 3px, 색상 : FFF4A6)

▶ 도형 도구와 '사진3.jpg'를 이용하여 클리핑 마스크를 생성하시오.
  • ② ⇒ 모서리가 둥근 사각형(크기 : 150 × 150), 외곽선(두께 : 6px, 색상 : FF43A2)
      그림자(두께 : 5px, 거리 : 2px, 분산도 : 2px, 각도 : 320˚)

▶ 지시사항이 없는 경우는 기본값을 적용하시오.

이미지 파일 저장	① [파일] – [내보내기]를 눌러서 저장 ② 저장위치 : [바탕화면] – [KAIT] – [제출파일]	
이미지 파일명	JPG	dpi_02_수검번호_성명	※ 예시 : 수검번호가 DPI-2506-123456인 경우
	GPDP	dpi_02_수검번호_성명	"dpi_02_123456_성명"으로 저장할 것

※ 'JPG'와 'GPDP' 파일 중 하나라도 누락하여 저장할 시에는 "0점" 처리됩니다.

※ "Gom Mix for DIAT 프로그램"을 활용하여 [문제 3]을 작업하시오.

문제 3   처리조건에 따라 출력형태와 같이 완성하시오.   70점

≪ 출력형태 ≫

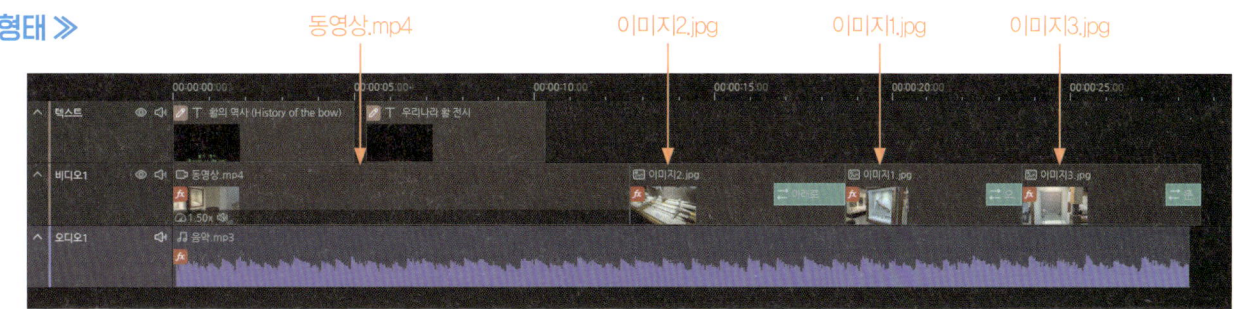

≪ 처리조건 ≫

원본파일	이미지1.jpg, 이미지2.jpg, 이미지3.jpg, 동영상.mp4, 음악.mp3

▶ 미디어 소스의 순서를 다음과 같이 지정하시오.
- 미디어 소스 순서 ⇒ 동영상.mp4 > 이미지2.jpg > 이미지1.jpg > 이미지3.jpg

▶ 동영상 파일('동영상.mp4')을 다음과 같이 처리하시오.
- 배속 : 1.5x   • 자르기 : 시작 시간(0.00), 재생 시간(12.20)   • 이펙트 : LUT 필터-파스텔-파스텔 03(노출 : 20, 감마 : 0.8)
- 텍스트 ⇒ 텍스트 입력 :   우리나라 활 전시
  텍스트 서식 : 기본자막(궁서체, 크기 110, ff6010), 윤곽선 설정(없음),
  위치 설정(화면 정가운데 아래), 시작 시간(5.10), 클립 길이 (5.00)
- 재생 속도 설정 후 자르기를 하여야 하며, 잘라진 뒷부분의 동영상 및 트랙의 모든 공백을 삭제할 것
- 원본 동영상에 포함된 오디오는 모두 음소거 할 것

▶ 이미지 파일을 다음과 같이 처리하시오.
- '이미지2.jpg' ⇒ 이미지 클립 길이 : 6.00, 오버레이 : 지나가는 01(기울기 : 20),
  클립 트랜지션 : 아래로 덮기(앞으로 이동, 재생 시간 : 2.00)
- '이미지1.jpg' ⇒ 이미지 클립 길이 : 5.00, 오버레이 : 스페이스 01(개수/양 : 10),
  클립 트랜지션 : 오른쪽으로 덮기(앞으로 이동, 재생 시간 : 1.00)
- '이미지3.jpg' ⇒ 이미지 클립 길이 : 5.00, 오버레이 : 원형 비넷(반경 : 80),
  클립 트랜지션 : 문 열기(앞으로 이동, 재생 시간 : 1.00)
- 지시사항이 없는 경우는 기본 값을 적용하시오.

▶ 다음 조건에 따라 동영상 시작 부분의 텍스트를 지정하시오.
- 텍스트 입력 :   활의 역사
  (History of the bow)

  텍스트 서식(바탕체, 크기 160, 0bdb00), 윤곽선 설정(색상 : 001624, 두께 : 20),
  나타나기(위로 펼치기, 지속 시간 : 2.00), 시작 시간(0.00), 클립 길이(5.00)

▶ 다음 조건에 따라 동영상 전체에 음악 파일('음악.mp3')을 삽입하시오.
- 시작 시간 : 0.00, 재생 시간 : 28.10, 페이드 아웃 : 1.00
- 재생 시간 설정 후, 자르기 하여야 하며, 잘라진 뒷부분의 음악 파일은 삭제할 것

동영상 파일 저장	① [파일] – [프로젝트 전체저장]을 눌러서 저장 ② 저장위치 : [바탕화면] – [KAIT] – [제출파일]	
이미지 파일명	GMEP	dpi_03_수검번호_성명 ※ 예시 : 수검번호가 DPI-2506-123456인 경우 "dpi_03_123456_성명"으로 저장할 것

※ 파일 확장자를 'GMDP'로 저장할 시에는 "0점" 처리됩니다.

MEMO